AF154794

Max Endres

Die Waldbenutzung vom 13. bis Ende des 18. Jahrhunderts

Ein Beitrag zur Geschichte der Forstpolitik

Max Endres

Die Waldbenutzung vom 13. bis Ende des 18. Jahrhunderts
Ein Beitrag zur Geschichte der Forstpolitik

ISBN/EAN: 9783743661455

Hergestellt in Europa, USA, Kanada, Australien, Japan

Cover: Foto ©ninafisch / pixelio.de

Weitere Bücher finden Sie auf **www.hansebooks.com**

DIE WALDBENUTZUNG.

DIE

WALDBENUTZUNG

VOM 13. BIS ENDE DES 18. JAHRHUNDERTS.

EIN BEITRAG

ZUR

GESCHICHTE DER FORSTPOLITIK

VON

DR. MAX ENDRES

A. O. PROFESSOR DER FORSTWISSENSCHAFT AN DER GROSSHERZOGL.
BADISCHEN TECHNISCHEN HOCHSCHULE ZU KARLSRUHE.

————

TÜBINGEN 1888.
VERLAG DER H. LAUPP'SCHEN BUCHHANDLUNG,

VORWORT.

Ein Beitrag zur Geschichte der Forstpolitik soll die vorliegende Arbeit sein und damit ist zugleich das Zugeständnis gemacht, dass dieselbe auf Vollständigkeit und Erschöpfung des Stoffes keinen Anspruch erhebt. Wenn letztere jeder Geschichtsschreiber für seine Forschung nur bedingungsweise beanspruchen kann, so muss vollends die Forstgeschichte vorerst und wahrscheinlich noch bis in ferne Zeiten ganz darauf verzichten. Denn die unergründliche Mannigfaltigkeit der Waldnatur hat von jeher dem menschlichen Denken und Schaffen schwere und nur annähernd zu lösende Räthsel gestellt, hat jeden einseitigen menschlichen Zwang gehasst und schwere Rache genommen für alle erlittenen Unbilden, selbst wenn sie sich zur eigenen Existenzlosigkeit verdammen musste. Deshalb beugte sie sich auch nicht immer unter das Joch der Gesetze und Verordnungen, die den Geist und das Bedürfnis der Zeiten, deren Liebe und pflegenden Sinn für den Wald wiederspiegeln. Zufall könnte man es oft nennen, wenn alle Gesetze des Menschen für alle Waldgebiete als heilbringend sich erwiesen. Die kargen Andeutungen über den Wiederaufbau des genutzten Waldes waren meist ebensowenig allgemein zutreffend als die leitenden Ideen, welcher der Nutzung des Waldes und seiner Dienstbarmachung für die Bedürfnisbefriedigung der Menschen zur Richtschnur dienen sollten. Jedes Waldgebiet hat seine

eigene natürliche Geschichte und erst wenn diese aus den ver-
grabenen Akten der Registraturen der Jetztwelt zugänglich
und vor Augen gestellt sein wird, dürfte sich auch der allgemeine Ueberblick über die wirtschaftliche Funktion des Waldes
in dem Leben des deutschen Volkes scharf genug zeichnen lassen.

Von diesem Gesichtspunkt aus wolle daher vorliegende
Arbeit entgegengenommen werden. Die bis jetzt der forstlichen Geschichtsforschung zur Verfügung stehenden wichtigsten Materialien, die Forstordnungen, sind allgemeiner Natur
weshalb auch die an den Inhalt derselben geknüpften Schlüsse
nur einen grossen Grundriss bilden können. Und oft hat es
den Anschein, als ob es Regel gewesen wäre, das Unwichtige
in den Forstordnungen niederzuschreiben und das Wichtige zu
denken oder als selbstverständlich vorauszusetzen. Wie viele
dickleibige Codices müssen gelesen und wieder durchblättert
werden, nur um am Ende konstatieren zu können, dass dieselben
nichts Wesentliches und für die Geschichte Brauchbares enthalten. Wer heutzutage über Vielschreiberei klagt, der möge
hinabsteigen zu unseren Ahnen und sie zur Verantwortung
ziehen ob ihres schlechten Beispieles.

Wenn ich somit in den folgenden Zeilen nur Bruchstücke
liefern konnte und wollte, so habe ich für Auslassungen und
vermisste Kapitel keine weitere Entschuldigung hinzuzufügen.

Ich bin zufrieden, wenn eine geübtere Feder bei Bearbeitung desselben Spezialstoffs in der vorliegenden Arbeit einen
bescheidenen Beitrag finden kann.

Karlsruhe, im September 1888.

Dr. ENDRES.

Inhaltsverzeichnis.

3. Kapitel. Forstpolitik im engeren Sinne.

II. Abschnitt. Vom Jahr 1650 — gegen 1800.

1. Kapitel. Merkantilismus. Dreissigjähriger Krieg.

2. Kapitel. Verwertung der Waldprodukte.

3. Kapitel. Forstpolitik im engeren Sinne.

Einleitung.

Die Thätigkeit der ersten Ansiedler auf deutschem Boden begann mit der Vernichtung des Waldes. Weidefeld und Ackerland mussten dem Walde Scholle für Scholle abgerungen werden, Wald und Waldboden standen jedem zur freien Verfügung. Jene Thätigkeit war daher eine okkupatorische und eine kolonisierende. Die Mächtigkeit der Kolonisation gab den Massstab für die Grösse der Okkupation und diese fand ihre Grenze in der Befriedigung des noch nötigen Bedarfs. Was der Einzelne mit seiner Hände Arbeit urbar gemacht, erklärte er für sein Eigentum, selbst wenn die Arbeit nur im Anlegen von Feuer bestand. Was seit Urzeiten vorhanden, der Wald, war als Geschenk der Natur nicht Eigentum des Einzelnen, stand aber jedem Einzelnen zur freien Verfügung, so oft er es brauchte.

Mag jene Thätigkeit von der Familie oder von der Völkerschaft ausgegangen sein, gemeinsame Interessen verlangten gemeinsamen Schutz, es organisierten sich Genossenschaften, deren territoriale Grundlage die marca, der Grenzwald, bildete. Dieser Wald war als Gesamteigentum das soziale und wirtschaftliche Band für die Mitglieder der Markgenossenschaft. Das urbar gemachte, rings um das Ansiedlungszentrum, das Urdorf, gelegene Land war Sondereigentum der einzelnen Markgenossen, zwischen diesem und dem Markwald lag die Allmende als gemeinschaftliches Heide- und Weideland. Erheischte anwachsende Bevölkerung die Deckung vermehrter Bedürfnisse, so wurden vom Urdorf aus Filialen in Gestalt von Töchterdörfern gegründet. Solange noch herrenloses, okkupationsfähiges Land vorhanden war, zog man dasselbe in den neuen Wirtschafts-

kreis herein. Fehlte dieses und reichte der ursprüngliche Markwald mit seinem Holzvorrat und seiner Fläche noch hin, so
räumte man auch dem Tochterdorf Nutzungsrechte an dem
Markwald ein. Auf diese Weise kam es, dass eine Markgenossenschaft sich oft auf mehrere Dorfschaften und Gaue mit
besonders ausgeschiedenen Feldmarken erstreckte. Diese Grundzüge hat der Lauf der Zeiten zwar oft verwischt, immer aber
war das Feld der Mark und die geteilte Feldmark der unge-
teilten Waldmark entgegengesetzt *).

Obwohl nun die Markgenossenschaften als älteste Form
einer organisierten Gemeinwirtschaft das erste Waldeigentums-
verhältnis begründet und bei ihrer ausgedehnten Verbreitung
über ganz Deutschland **) sehr grosse Waldflächen für ihren
eigenen Gebrauch reserviert hatten, blieben dennoch noch grosse
waldbestockte Gebiete übrig, die als herrenlose Güter in den
Besitz der Landesherrn übergiengen oder wenigstens von denselben an Klöster und Kirchen verliehen wurden. Deshalb
findet sich schon um das Jahr 600 neben den markgenossenschaftlichen oder Gemeindewaldungen auch landesherrlicher und
privateigentümlicher Waldbesitz.

Die ursprünglich freien Markgenossenschaften konnten ihre
Organisation nicht lange aufrecht erhalten. Die anfangs lediglich für die formalen Verwaltungsgeschäfte aufgestellten Markbeamten wussten allmählich eine dominierende Stellung in der
Mark sich zu erringen, die wirtschaftliche Machtlosigkeit vieler
Markgemeinden gab den anstossenden grösseren und mächtigen
Grundherrn willkommenen Anlass, Schirm und Schutz der Genossenschaft anzubieten und damit die Obervormundschaft über
dieselbe zu gewinnen, die Ausbildung der Landeshoheit und die
Vereinigung der obersten Schirmgewalt mit der Landesherrschaft, die Einforstung der Waldmarken seit dem 10. Jahrhundert und der Einfluss des römischen Rechtes brachten fol-

---

*) Maurer, Gesch. der Markenverfassung 1856, p. 10.
**) Die Markgenossenschaften fehlten in den slavischen Landesteilen
des östlichen Deutschlands.

genschwere Einwirkungen für die markgenosseuschaftliche Autonomie mit sich und drückten die genossenschaftlichen Rechte zu blossen Gerechtsamen an einer fremden Sache und die früher freien Bauern in die Klasse von Hörigen und Leibeigenen herab. Der unter dem Drucke landes- und grundherrlicher Belastungen erlöschende wirtschaftliche Gemeinsinn der Landbau treibenden Bevölkerung führte endlich zu Teilungen der gemeinen Waldungen und so verschwand vom 12. Jahrhundert ab eine Markgenossenschaft um die andere und nur wenige erhielten sich in ihrer ursprünglichen oder wenig veränderten Verfassung bis in's 17. Jahrhundert.

Um das 13. Jahrhundert lagen daher die Waldeigentumsverhältnisse so, dass neben den wenigen Ueberresten der früheren grossen Reichsforste die landes- und grundherrlichen Waldungen die grössten Flächen einnahmen. Der bäuerliche Waldbesitz gliederte sich in den der Markgenossenschaften und der Privaten, letzterer hatte aber nur geringe Ausdehnung. Die vorhandenen städtischen Waldungen waren entweder frühere markgenossenschaftliche und wurden erst mit der Erhebung der Dörfer zu Städten als solche gestempelt oder waren bei der Gründung und Erweiterung der Städte dessen Bewohnern zum ganzen oder teilweisen Nutzgenuss von den Landesherrn geschenkt, bezw. verliehen worden.

Die vielen Bedingungen und Vorbehalte, welche die Landesherrn mit der Verleihung von Wald und Waldnutzungsrechten und andererseits als Obermärker und Schirmherrn mit der Zulassung von Waldnutzungen in den Gemeindewaldungen verknüpften, verwischen die begrifflichen Grenzen der Eigentumsverhältnisse in jenen Zeiten sehr oft. Dazu kommt noch, dass im südlichen Deutschland schon im 15. Jahrhundert die Wirtschaft vieler Gemeindewaldungen und aller Privatwaldungen in Folge der ausgebildeten Forsthoheit nach landesherrlichen Direktiven geführt werden musste.

Für die Besprechung der Frage, welche Stellung der Wald im Haushalte der Gemeinwirtschaften gegenüber den ökonomischen Zuständen und Strömungen der Zeiten eingenommen

hat, bleiben daher nur zwei grosse Kategorien von Waldbesitz
übrig, nämlich die landesherrlichen Waldungen und die Markwaldungen; letztere aber nur insoweit, als die ursprüngliche
Organisation der Markgenossenschaften noch vorhanden und
wenig verändert war oder wenigstens die einzelnen Vorschriften
noch auf jene zurückdatieren.

1. Teil.

Markgenossenschaftliche Waldungen.

1. Kapitel.

Die Wirtschaft im Allgemeinen.

1. Organisation der Markgenossenschaft.

In der ursprünglichen Organisation der Markgenossenschaften lag das Prinzip der ökonomischen Gleichwertigkeit und Gleichberechtigung der Genossen in bezug auf die Nutzungsanteile an der gemeinen Mark *).

Den Masstab für die Grösse der Nutzung bildete »die Notdurft« **). Vom modernen Standpunkt aus gesehen scheint

---

*) Urk. im Rheingau v. 1279 (bei J. Bodmann, Rheing. Alterthümer etc. 1819. I, 441): »omnes in confinio residentes equale jus in nemoribus, pascuis et aquis (habent)«. — Rheingauer Landweisthum 1324 (Grimm, Weisthümer I, 534): »so wann sie die welde offent, so sin sie inen allen offen«. — Weisth. der dritten Haingeraide in der Pfalz (Maurer, a. a. O. p. 55, A. 7): »in dem Waldt von Gehöltz soll ein jeglicher Geraidengenoss Einer alßviel der Andere haben und nemmen.« — Nortrupper Mark 1577 (Gr. III, 210): »Item wan de menne etlich holt in der marke afdeelen willen, sollen sie sich touorn solchs sembtlich vorgleichen, vnd also in beiseint der gemeinen markgenoten afdeelen, darmit hierinnen nemand verfordelt werde.« — Moerler M. O. v. 1539 (v. Loew, Ueber die Markgenossenschaften. Heidelberg, 1829 p. 171): »Wo sollchs (Eicheln- und Eckernlesen) bewilligt würde, solt doch dem lesen zuvor ein leidlich gleichmesig mass vnnd ordnung gemacht vnnd vffgericht werdenn, damitt des Endts niemandts vor dem andern Vortheill hett, sonnder Geuerdt.«

**) Dorfrecht zu Partschins v. 1380 (Gr. III, 738): Keinem, der in das dorfrecht gehört, ist verwehrt holz zu schlagen nach seinem bedarf, doch dass er es nehme nach des dorfmeisters und der besten rath.« — Weisth. zu Zülpich v. 1375 (Gr. II, 709): »Ind vort so sullen sie hoelen in deme selven welde alle ire bedurff zu iren wanen, ain radere ind runcghen.« — Hofrecht zu Emmen v. 1303 (?) (Gr. I, 168): »Sy (db. die

dieser Verteilungsmodus nach dem Bedarf grosse Ungleichheiten
für die Anteilberechtigten und grosse Gefahren für das dienende Wirtschaftsobjekt zu involvieren und die Geschichte der
Markwaldungen hat auch viele Fälle aufzuweisen, welche dar-
thun, dass solche Befürchtungen auch damals nicht ausgeschlossen
waren *). Allein in der Zeit der Blüte der Markgenossenschaften
fand dieses Prinzip der Nutzungs-Berechtigung nach Bedarf
seine Stütze in der durch die ursprüngliche Gleichheit der
Losgüter **) bedingte Gleichheit der Bedürfnisse und in dem
herrschenden System der Naturalwirtschaft. Der Verkehr war
selbst unter den einzelnen Individuen wenig entwickelt, der
Handel zu Lande schwerfällig wegen mangelhafter Verkehrs-
wege und Kommunikationsmittel ***), der standard of life ein-

gnoßen) hand ouch fryheit ze howen pfluggschirr, tachung vnd was sy
ze nottdurft bedoerfen«. — W. zu Berkon v. 1348 (Gr. IV, 396): »Item
die vier soend ouch dargaen mit eins herren raet vnd willen, ob sy mügen
vnd sulen der gebursami hoeltz geben, jecklichem nach siner notdurft.«
— Hoerseler Mark in Westfalen 1580 (v. Loew p. 105) »Und dat alstan up
Sodhanen Holtingen ein jeder Markengenote de to Synen Timmer, Wrech-
ten, Plogen vnd Brantholte noitwendich holt bedurftich, anzeuen vnd be-
geren soll, Ihme datselue towysen vnd to khomen laten, Wie dan darto
etzliche . . verordnete solche Mengell, dar to dat holt;begert werdt, erst
besichtigen, ofte egentlich erkundigen vnd folgentz, nach befinden die
Wysungh dhoen sollen.« — In der Ahlder Mark (Westfalen) 1551 (v. Loew
p. 98) sollen die Erben (Märker) an Holz erhalten »was sie tho ihrem
nottroftig Gebeu und Vürunge behoiff hebben.« — Oefnung von Kyburg
vor 1487 (Gr. IV, 337): »wo sy holtzes nothdürftig sind zuo iren brunnen
oder bruggen, dasselb holtz mügent sy houwen inn der herrschaft höltzer.«
— W. zu Manderscheid v. 1506 (Gr. II, 604): »Vort weyst man den
nachparn wasser vnd weyde im walde vnd ecker daruf zu hauwen zu
fueren, zu bauwen nach allem bedorffen. .« — Ferner: W. zu Wellingen
v. 1582 (Gr. II, 475); Coppenstein v. 1548 (Gr. II, 142).

*) In der Roeder Mark z. B. mussten die Markbeamten von Zeit zu
Zeit die Häuser untersuchen, um zu sehen, ob keiner über sein Bedürfnis
gehauen. v. Loew p. 164.

**) Maurer a. a. O. p. 55; v. Loew a. a. O. p. 110 A.

***) Flösserei ist in den Weist. relativ selten erwähnt. Auf dem
Neckar in den Rechten zu Hirschhorn v. 1560 (Gr. I, 445): »die unterthanen (haben das recht) ihr holz darin zu flöszen, jedoch mit gewisser
einschränkung.« — Heimgereite zu Landau v. 1295 (Gr. I, 767): »die

fach und auf den Bedarf weniger Güter beschränkt, und wegen des Vorherrschens des Naturfaktors in der Produktion war die Schätzung der Güter nach dem Gebrauchswert der überwiegende Masstab für die Wertbestimmung. Daher war das einzelne Genossenschaftsmitglied nur wenig im stande, seine ökonomische Lage zum Nachteil der anderen zu verbessern, solange die Nutzungen sich nur auf die Befriedigung der eigenen Bedürfnisse beschränkten. In dem Moment aber, wo der einzelne Genosse sich über den Bedarf hinaus Waldnutzungen aneignete, war das Prinzip der gleichmässigen Verteilung des Nutzeffektes des Gemeingutes durchlöchert, und auf die Tendenz, dieses zu verhindern, sind daher fast alle Bestimmungen und Beschränkungen rücksichtlich der Verwertung und des Verbrauchs der Waldprodukte zurückzuführen.

2. Ausfuhrverbote.

Als eine der wirksamsten Massregeln nach dieser Richtung hin sind die Verkaufs- und Ausfuhrverbote von Waldprodukten aus der Mark zu betrachten, welche den Refrain fast jeden Weistums, Märkergedings etc. bilden *).

---

erste eynunge, die wir gelobt han zu halten, ist, dass niemand, weder wir, noch die dorff auser dem wald sollent flözen, denn allein, das wir Landauer bedörffen zu brüken und zu thürmen, und was auch die vorgenannten dorffer zu ihren kirchen bedürffen.« — W. v. Mühlbach (Unterelsass) Gr. I, 697 f.: »Und soll der meiger dar gen in dem genanten walde, und die banlüt noch, und sol ziehen ein holz 24 schuhe lang in alle wege, und das soll man machen an dri flees, und soll sie füren gen Hermolzheim an die brück, und sollen die flees genegelt sein mit espen nageln, und die so flees darbringent den sol man es wel bieten. thunt sie das nit, so sollen sie nemen uß jedem flees das beste holz, und sollen das versetzen also hoch als sie megen.« — Oppenauer Hubrecht v. 15. Jahrh. (Gr. IV, 511): »so einer in vnser junkhern wälden floszholz hauwet, der hinder jnen gesessen ist, der git von einem hundert sechs schilling pfenig. — W. zu Gartzem v. 1575 (Gr. II, 693): »Noch weisen sie ein gemeinen floitzgroben, dem sulle ein jeder auff seinem erbe schuldig sein rein zu halten«. — Weiter vgl.: Gr. I, 427. II, 688. III, 650. 668. 732. V, 168.

*) In der Oberurseler Mark (1401, Gr. III, 489) »sulden die mercker-

Nur da, wo der verwaltungsrechtliche Einfluss der Grund-
herrschaften und der Obermärker zur Geltung gekommen war,

---

meistere oder furstere rugen und nit penden, der die marg schedigte
vnd vsz der marg furete«. — In der Mark von Dorenberg, Gera und Vorn-
velde (1255, Buri, Erläuterung des Lehnrechtes 1738, p. 616) dürfen
»homines villis et castro attinentes« hauen »ad usum edificiorum, ad
comburendum et ad alia, quae necessaria videbuntur. Ita tamen, quod
ad vendendum ligna incidere non presumans.« — »Wann !jemand holz
aus der Hülseder Mark (Gr. III, 302) führete und verkaufte«, so sind
die »brüche in gemeinem holze 10 fl. münze, in heinholze 10 thaler.«
— W. von Foz v. 1441 (Gr. V, 23): »Item non debemus nos predicti homines de F. extra dominium prefati domini nostri episcopi vendere paul
verges (Pfahlstoecke), nisi in dicto dominio.« — W. von Ramsen (1390)
bei Winnweiler (Gr. V, 613): »Item sollent die dorfer kein holz verkeufen iu ander dorfer oder gerichte.« — Ferner Fossenhelde (1414, Gr.
I, 584): »Item der mercker hat auch geweist, dass kein mercker macht
habe, einig holtz usser der marck zu geben, oder zu führen « — Oefnung von Gebhardswil v. 1466 (Gr. V, 156): »nieman ghain holz, so in
der vogti gehowen oder gewachsen ist, uszwaendig ains vogtherren
grichten niendert verkoefen, verschenken noch hinfüren.« — Pfaffens-
schwabenheim vor 1601 (Gr. IV, 614): »Vndt wer ess sach, dass einiger
mann dess obgenandten dorffs da holet vndt dass verkaufft in ander
gemarck oder doerffer, das were vmb die höchst wett.« — Kaltenholz-
hausen v. 1423 (Gr. I, 587): die maercker »sollent kein hultz uss der
marck faren .... undt denn sullent auch unssere herrn von Dietz kein
holtz anderweiter geben uss der marck ohne der märcker wissen und
willen.« — Alpbrief des Hochgerichts Klosters Innern Schnitzes (St.
Gallen) (Gr. V, 212): »auch sol kein nachpur nicht befugt sein, holz
und saeul noch schindla noch arbä (pinus cembra) . . . aus unserm halben
gericht zuo verkaufen.« — Oefnung zu Langenerchingen (Gr. I, 271):
»Es soll auch ain keller noch nieman die Erbgüetter hand kain Holz inn
die statt füren noch nieman anderstan verkauffen, denn ainen der auch
vff den obgenanten guettern sitzet.« — Bebersche Holzartikel v. 1572
(Gr. IV, 667): »Ein ordel tho rechte so dar en markgenothe von den
holtmester un synen schwarnen en nüttehaftig holt bequeme un ver-
kofte dat ut der markede . . . darup erkant V mark.« — W. zu Hon-
cheraith v. 1532 (Gr. II, 229): »Item weist man das huiss Erenbergk
vnd Waldeck vor ain erben des waldts Frantscheit, die zu hauen, zu
brennen, zu bauwen nach irer notturft macht haben, doch kheins zu-
uerkhauffen oder zuuergeben.« — Andlauer Hofrecht v. 1284 (Gr. I,
823): »In dem walde ze Kentzingen sol ouch nieman . . . dehein holz
verkoufen noch usz dem ban furen.« — Holzmark zu Beber 1659. 1672

wurde das Verbot der Ausfuhr nicht mehr unbedingt aufrecht
erhalten oder oft durch besondere Erlaubnis annulliert. Dabei
ist aber nicht zu vergessen, dass mit dieser Umgehung der
Ausfuhrverbote ein wesentlicher Baustein im markgenossenschaftlichen Gefüge gelockert wurde und oft nur ein billiges
Aequivalent für die Abbröckelungen an der markgenossenschaftlichen Autonomie durch den grund- und landesherrlichen Forst-
und Wildbann geboten werden sollte *). Namentlich scheinen
solche Konzessionen von Seite der »Herrschaften« gemacht
worden zu sein, als dieselben anfingen, den Wald als Quelle
eines Einkommens zu benützen **) und somit eine Lokalisation

(Gr. III, 305): »wann ein markgenosse von dem holzmeister und seinen
geschwornen ein nützlich holz bekäme und verkaufte das aus der holzmark, was soll dessen seine brüche sein? d. e. fünf mark, der herren
gnade ist dabei.« — Ferner Sachsenheim (Bergstrasse) 1449, Gr. I, 453;
Oberkleen (Wetzlar) 1480, Gr. III, 499; Flersheim, Rüsselsheim, Rawenheim, Seilfurth, Bischofsheim 1519, Gr. IV, 558 f.; und Gr. I, 33; IV,
299, 375, 437, 500, 718.

   *) Nach dem Hofrecht zu Emmen (1303, Gr. IV, 373) »sol niemant
enkein holtz vsser disem twing fueren an des meigers willen von alter
und von recht.« — In der Rodensteiner Mark (1457, Gr. IV, 540) »soll der
merckher khein bornholtz auss der markb führen, es seie dann mit
laube der herrschaft.« — W. v. Wirtheim 1361 (Gr. V, 310): »Auch
mögen die leute alle, die in dem gericht gesessen sein ... urholz holen
in den vorgeschriebenen welden zu burnen oder zu verkeufen zu irer
Notdorft.« — Rotmonten 1383 (Gr. V, 182): »und mag ze den drin hoch-
ziten jeklicher zwai fuoder holz howen und mag die in die statt füren
und verkoefen und sinem vehe salz darumb koefen.« — Thalweil, Ober-
rieden und Langnau 1572 (Gr. I, 63): Windwürfe und Fallholz »mogen
die innhaber der Banegg fürer ald bissher zu iren hannden nemen, verkouffen oder annderer gstalt nach irem gfallen damit hanndlen.« —
Moerscheid 1510 (Gr. II, 139).

   **) Herrschaftsrechte zu Hohennack v. 1441 (Gr. V, 359): »Item
was Holzes, es si steckholz oder ander, in den welden verkouft wurt,
sollich gelt gehoert der herrschaft zü.« — W. der Carber Mark v. 1499
(Gr. III, 462): »Lässt ein her in den sogenanten herrenwäldern holz
hauen, so soll er den stamm dritthalb schuhe über der erde lassen und
den stamm vierzehn schuhe lang nehmen; das übrige ist urholz und
gehört den märkern.« — W. der Rodensteiner Mark v. 1457 (Gr. IV,
540): »Item hat der merckher recht zue dem holtz, das der windt vber

des Marktes auf das Gebiet der Mark selbst ihren finanziellen
Zwecken nicht entsprochen hätte. Derartige Emanzipationen
von der markgenossenschaftlichen Organisation nähern aber die
Markwaldungen rücksichtlich ihrer Stellung im Haushalte der
Gemeinwirtschaft immer mehr den landesherrlichen und pri-
vateigentümlichen Waldungen und ändern daher an den Nutzungsprinzipien der gemeinen Markwaldungen als solchen nichts.

Die Motive zur Emanierung der Verkaufs- und Ausfuhr-
verbote aus der gemeinen Mark sind nun keineswegs in der
Furcht vor eintretendem Holzmangel zu suchen, sondern diese
Verbote waren vielmehr ein Ausfluss der in den Markgenossen
unifizierten Interessensolidarität, welche sich den benachbarten
Markgenossenschaften gegenüber in dem Streben nach Erhal-
tung der eigenen Selbständigkeit durch Bewahrung des zur
Deckung des eigenen Bedarfes nötigen Vorrates äusserte, nach
Innen aber in dem Streben, keine neue wirtschaftliche Kraft
auf Kosten des Gemeingutes in der Mark aufkommen zu lassen.

Was den ersteren Punkt, die Erhaltung der eigenen
Selbständigkeit betrifft, so stand das Pflichtbewusstsein,
den Nachkommen das vorhandene Waldkapital ungeschmälert
überliefern und die Integrität der Mark für die ferne Zukunft
sichern zu sollen, in erster Linie. Dafür spricht die ganze

---

erden abewirfft, die este vnd abschneide vnd vnholtz von den stemmen
vnd dem bawholtz, die die obgen. herrschaft verkhauffent oder ir knecht.«
— Holting über Hoppenbruch v. 1605 (Gr. III, 290): »das nutzholz dem
herrn, das brennholz den armen leuten, das pollholz den voigten« vom
»wind und fallholz.« — Ebenso im Holting über Gümmerwald v. 1605
(Gr. III, 287), von Doethebergen v. 1605 (Gr. III, 291), Mark von Lauken
(Gr. III, 500.)

Nach dem Dingbrief von St. Peter 1453—1484 (Gr. I, 353) durften
auch Schweine von Ausmärkern zur Mast gebracht werden; »was sie
aber über die zahl (60 u. 30) von den ussluten intriben, sollen sie dem
apt von jedem schwin un pfenig geben zu waldrecht.« — Desgleichen
konnten in der Raesfelder Mark (Gr. III, 171) nach der neuen Holzordnung von 1575 von den Markgenossen mehr Schweine, als ihnen eigentlich zukamen, eingetrieben werden, wenn sie für jedes Stück dem Erb-
holzrichter 8 Albus zahlten.

Organisation des markgenossenschaftlichen Verwaltungsappa-
rates und die Aeusserung der oft verzweifelten Anstrengungen
zur Hintanhaltung von Uebergriffen der Grundherrn und Obermärker in den späteren Zeiten. Dass diese Ausfuhrverbote
nicht in der Furcht vor den Widerwärtigkeiten im Falle ein-
tretenden Holzmangels basierten, beweist auch die Thatsache,
dass dieselben schon zu einer Zeit verhängt wurden*), wo in
den Markwaldungen des Holzmangels oder der »Holzverwüstung« noch keinerlei Erwähnung gethan wird, und dass umgekehrt mit dem innern Verfall der Markgenossenschaften in
den späteren Jahrhunderten die Ausfuhrverbote von Holz immer
seltner werden und sich im 17. Jahrhundert fast nur mehr auf
die mit Holz erzeugten Gewerbsprodukte beschränken**), obwohl
vom Ende des 15. Jahrhunderts ab vom »Verwüsten«***) des
Holzes gewarnt und in einzelnen Gebieten der Holzmangel †)
besonders betont wird.

Als wichtiger und tiefer liegend erscheint in der Motivierung der Ausfuhrverbote der zweite Punkt, nämlich die
Sorge, jede Bevorzugung eines Mitgliedes der Markgenossenschaft zum Nachteil der anderen auf Kosten des Gemeingutes fern zu halten. Man gieng
hierin soweit, dass auf dem Soegler Markengericht denen, welche
ihre Felder mit Plaggen aus der Mark gedüngt hatten,
verboten wurde, die auf diesen Feldern gezogenen Früchte

---

*) cf. d. W. v. Emmen 1303, Andlau 1284, Ramsen 1390, Birmens-
dorf und Urdorf (Gr. I, 33) 1347.

**) W. der Mockstaeder Mark v. 1663 (Gr. V, 277): »soll auch das
lindmachen den einfältigen verboten sein, ausz der Ursachen, dass sie
die streng und seil, so daraus gemacht werden, aus dem gericht verkaufen.«

***) W. zu Kirburg 1461 (Gr. I, 641): »darum ist verboden uf die
hoichste wette ein iglichem das holz zu verwaren und nit furder zu
schedigen dan zu seiner notturft . . . he sal des nit verwusten noch
verkaufen noch zustecken zu reissen. .« — Oefnung von Wiesendangen
v. 1473 (Gr. I, 142): »dass das holtz nit gewuest werd.«

†) Dinghof zu Ober-Aspach v. 1588 (Gr. IV, 110): ». . . von wegen
des grosen mangels vnnd abgangs an brenholtz. .«

mit dem Stroh an Ausmärker zu verkaufen *), und nach der
Oeffnung zu Rorschach **) ausser dem Verkauf von Holz auch
der von Stroh und Mist untersagt war. War die Gefahr, dass
der Einzelne sich zum Schaden seiner Genossen bereicherte,
schon durch die Möglichkeit des Verkaufs von Holz als Rohware gegeben, so lag dieselbe noch näher, wenn durch die Zu-
bereitung des Holzes in der einen oder anderen Art die Schwie-
rigkeiten des Transportes verringert wurden. Daher fällt unter
diesen Gesichtspunkt vorzüglich das Verbot der Ausfuhr von
Holzkohlen und die Beschränkung der Holz ver-
arbeitenden und verbrauchenden Industriege-
werbe aller Art auf das Territorium der Mark ***).

*) v. Loew, a. a. O. p. 149.

**) Oefnung zu Rorschach 1469 (Gr. I, 235): »Item, das kainer
vsser gemainden dhain holtz how, zuoverkouffen noch zuo hüser, das
vsser den gemainden gemacht vnd gefürdt ist, ouch weder strow, noch
myst vsser dem hof verkouffen sol, vssgelaussen den zehenden an strow
vnd hoew.«

***) Hottenbach 1558 (Gr. IV, 718): »Und in den wälden rügen die
schoeffen alle kolenbrenner, wagener und eschenbrenner und alle diejenige, die holtz verkaufen, die seind den gerichtsherrn buesfällig.«
— Landau 1295 (Gr. I, 768): »Wer auch kohlen brennen will, der soll
sie brennen mit taubem holtz und liegendem holtz, und soll die kohlen
nit führen ausser der marck.« — Talfank 1505 (Gr. II, 126): »Item
wagener vnd koeler mögent sich der welde zu iren hantwerken gebrüchen, souil man in diesem gezirck notturftig ist zu haben vnd zu verbruchen sunder waltrecht.« — Sachsenheim 1449 (Gr. I, 153): »die wägner, so in der alment sitzen . . . mögen hauen büchen und eichenholz
zu wägen karchen und pflügen, und was sie daraus machen, das sollen
sie vertreiben under denen, die in der alment sitzen und darin gehören.
. . . die schüssler mügen hauen erlen, espen und birkenholz und kein
andres mehr; die schüsseln, so sie daraus machen werden, sollen sie vertreiben under denen, die in die alment gehören«; ebenso die Köhler. —
Altenstadt 1485 (Gr. III, 454): »Were es auch sach, dass ein becker in
der marg gesessen were, vnd buche aussmerckern mit gholcz, das auss
der marg komen were, den sal man bussen als den der holcz auss der
marg geforeth hat. Auch were es sach, dass ein inmercker lint in der
marg geschlissen hat, vnd hat seile daraus gemacht, solche seile sal he
nit auss der marg dragen, hie hab sie dan vor hine zu A. oder zu
Uberawe vor der kirchen feile gepotten . . . Der vlner (Töpfer) halben

Was der Wald an Produkten lieferte, sollte allen Nutzungsberechtigten nach gleichen Teilen wirtschaftlich zu Gute kommen, keiner sollte daraus grösseren Vorteil ziehen als alle anderen. Letzteres wäre aber der Fall gewesen, wenn den —
überdies in der Regel nicht vollberechtigten — in der Mark
gesessenen Handwerkern die Möglichkeit gegeben gewesen wäre,
als Entgelt für die Verarbeitung von Holz zu Geräten oder für
Lieferung von Produkten, bei deren Herstellung Holz konsumiert wurde, von aussermärkischen Abnehmern Tauschwerte zu
beziehen. Deshalb war es z. B. in der Sachsenheimer Mark
den Wagnern und Drexlern, in der Altenstadter Mark den
Bäckern und Bastmachern, nach dem Dreieicher Wildbann den
Schuhmachern verboten, ihre Gewerbs-Produkte an Nichtmärker
zu verschleissen. Dagegen sorgte man auch dafür, dass diesen
Gewerbtreibenden zur Herstellung der in der Mark selbst benötigten Produkte die wirtschaftliche Existenz gesichert war,
indem man ihnen gewisse Bezugs- und Vorkaufsrechte einräumte *) und durch Festsetzung einer Maximalzahl von Hand-

---

weissten sie . . . wan sie ire vln oder dopffen geaidt han, vnd konnen
sie dan nit verkauffen in der margk, so mogenn sie die offladen off ire
geschir, wagen oder karn vnd soln fahren gen Helmanshausen. . . .« —
Dreieicher Wildbann 1338 (Gr. I, 499): die Schumacher dürfen nur Rinde
von gefälltem Holze nehmen zum Gerben des Leders »dass sie davon
iren nachburen schuwe gemachen.« — Nach der Benderordnung v. 1541
(Maurer a. a. O. 182) war den Fassbendern in der Limburg Dürkheimer
Mark an den drei Jahrmärkten und Kirchweihen zu Dürkheim die
Ausfuhr von Fässern, Reifen, Zübern verboten. — Roedermark 1576
(Moser, A. 11, 229): Kein Wagner in der Mark »soll keinen wagen mehr
machen, Er habe dann das holtz um die Herrn Kaufft . . . Sollen die
Wagner die in der Mark sitzen, keinen Wagen, Karrn, Felgen oder anders,
was darzu dienet, auss der Mark verkauffen . . .« Weitere Angaben hier-
über bei Maurer a. a. O. p. 118 ff., 179 ff. und v. Berg, Gesch. p. 203 ff.
  *) In der Rodheimer und Altenstaedter Mark (1483) erhielten die
Euler (Töpfer) Urholz, um die Töpfe zu brennen, in der Rodheimer Mark
(1454) die Schmiede jährlich zwei Wagen voll Kohlen. — Gr. III, 186
(W. v. 1277): ». . . omnia ligna infructuosa, que unbarachtich holt vocantur, warandyam (Wehre, War) cementariorum, qui kalcbernere vocantur, warandyam in omnibus fabris palustribus, qui broelmechere
(Torfstecher) vocantur, warandyam eorum, qui dicuntur kolebernere . .«

werkern jeder Branche *) die Konkurrenz als dem Wesen der
markgenossenschaftlichen Organisation widersprechend ausschloss.

Wären nicht die Gründe, wonach man die markgenossenschaftliche Organisation als ein ganz spezielles und mit keiner
der übrigen Wirtschaftsgemeinschaften vergleichbares Gebilde
aufzufassen hat, stark genug, um jede Einwirkung oder unbe-
wusste praktische Anwendung späterer volkswirtschaftlicher Theorien a priori läugnen zu sollen, so könnte man versucht sein,
in solchen Bestimmungen merkantilistische Anklänge zu finden.
Der spätere Grundsatz de Launay's: »quand on agit contre
l'étranger, on agit pour la nation«, klingt wenigstens in einem
Weistum wieder, wonach den Inmärkern verboten war, sich
von einem Ausmärker das Holz nach Hause fahren zu lassen **)
und in dem Weistum von Dreiborn ***), wonach jeder auf den
in der Mark befindlichen Mühlen mahlen lassen musste.

Zur richtigen Beurteilung der Nutzungsprinzipien der Markwaldungen darf man aber nie ausser Acht lassen, dass der
ganze Verkehr und die ganze ökonomische Verteilung in der
Markgemeinschaft sich auf der Stufe der Naturalwirtschaft

---

*) Gerauer Mark (Gr. I, 493): »drei wagener und nicht mehr in
der mark frei sein.« — Polch am linken Moselufer (Gr. II, 317): »eynen
waener und eynen dresseler vff die hohe welde.« dto 472: »einen wagener, drechsler vnd einen kohlenbrenner, die äst zu brenden.« — Wehr-
meisterwaldungen, Gr. II, 792: »vier kolenbinre, zwene mit rechte ind
zwene mit genaden.« — In der Holzmark zu Woelpe (Niedersachsen, Gr.
III, 296) sollten die Markberechtigten »einen man aller ambte vff dem
walde haben, so von holze was nutzhafftig machen kan, als einen schüs-
seldreier, spitzeschnider, mollenhawer, redecker, koler vnnd aschenbrenner.«

**) W. über den Wald zwischen Flersheim, Rüsselsheim, Rawenheim,
Seilfurth, Bischofsheim v. 1519 (Gr. IV, 558 f.): Wenn der Märker das
Holz nicht selber fahren kann, so soll er es »mit inmärkern und keinem
ussmärker heimfahren lassen.«

***) v. 1419 (Gr. II, 767): »Auch so seind zwey müllen in deme
land die weiss ein jeglich haussman, war er gehoertt zu mallen; were
sach, dat jemand bussen dat land fahre zu mahlen, vnd der müller denselben drüffer ergienge, so mag er im nehmen sack vnd perdt.« —
Aehnliche Bestimmungen in den W. v. Liesdorf v. 1458. Gr. II, 15;
Achenheim v. 1423; Haszloch v. 1492. Gr. V, 579.

bewegte, dass die Genossenschaft als solche kein bewegliches Vermögen hatte und wegen Ausreichendheit der eigenen Waldungen für die Bedarfsbefriedigung wenigstens der ursprünglichen Genossenzahl den angrenzenden Marken gegenüber wirtschaftlich selbständig war. Eine wirtschaftliche Superiorität einer Mark über die andere konnte sich daher so lange, als die märkische Verfassung in ihrer Ursprünglichkeit bestand, nicht ausbilden, und deshalb fand man auch kein Interesse daran, die gemeinen Waldungen nach spekulativen Grundsätzen zu nutzen. Vielmehr bewegte sich das ganze Gewerbsgeschäft mit den Waldprodukten, soweit dasselbe überhaupt im Gegensatz zur Bedarfsbefriedigung kraft Gewohnheitsrechtes Platz gegriffen hatte, in dem Austausch gegen Sachgüter in natura, und in vielen Fällen blieb das Gegenreichnis unter dem Gebrauchswert dieser Produkte *) und bildete nur ein Accidenz für die Bediensteten **) auch da, wo ausnahmsweise aus besonderen Gründen Ausmärker zur Nutzung zugelassen wurden.

Für Unterhaltung der Markbeamten und Markbedienten war auch keine Baarkasse nötig, da ausser den von den einzelnen Genossenschaftsmitgliedern jährlich zu gewährenden

---

*) Dornstetten 1456: Wer ein »hus inn der doerfflin« hat, der soll »jährlich geben einem herren, der D. innhaet, zwej viertel habern, das haist waldthabern, vnnd darumb haut er recht, zu nüessen wun, weiden, holz, veldt vnnd wasser, vnnd sich daruss zuernehren, wie er mag.« — Talfank 1505 (Gr. II, 126): »Item ein schüsseler oder dreher soll vor synen gebrüche der welde sich alle jare bewysen mit eym dutzet schusseln vnd deller vngeeuerlich.«

**) Camberger etc. M. 1421 (Gr. I, 576): »wanne ir einer ein haus pauwen und das hawen will, so soll er das holz heissen ein forstmeister ... vnd soll dan geben von dem hus sechs pfenning und vier pf. von einer schewern oder einem bakhaus und von eine dorre zween pf.« — Wehrmeistereiwaldungen, 14. Jhrh. (Gr. II, 791): »Ind weirt, dat hye eme geve eychen houltz, so soelen all die vorster haven van deme gheynen, den dat eychenhoultz gegeven wirt, eynen bansester wyns van vier pennynge.« — Moeringer Wald 1518 (Gr. II, 581): »welcher koeler den buisch entpfangen hatt, da soll der wermeister von haben ein rhoen zender cisens, vnd der furster ein rhoen zender eysens, der soll ein jair hawen.«

Leistungen und Lieferungen nur Anteile an den Marknutzungen, Markbussen und Pfandgebühren gewährt wurden. Auch diese letzteren bestanden aber meist in Naturallieferungen *).

*) Detailangaben hierüber bei Maurer a. a. O. p. 248 ff. u. 265 f. — Burtscheid 1226 (Gr. IV, 798): »aduocatus quoque infra eundem terminum ad usus suos necessarios ligna poterit accipere sine datione et venditione«. — Büdinger Reichswald (Gr. III, 428): »Auch mag ein iglich furster igliches jars dry stende buchen hauwenn oder verkeufen daz he sin sedel damit gebusse, und sal daz tun in sinem ampte«. — Camberg etc. a. a. O.: »die inmärcker sollen den forstmeister und die forster sehen auf den montag vor fassnacht und uf den montag nach ostern mit irem fleisch und mit iren fladen und eigern«. — Wellingen 1582 (Gr. II, 474): »dieweilen er (der obriste) verdinger vnd obrister vogt seye, habe er macht von wegen s. gn. h. in s. Peterswald so viel holtz als vonnoethen seye seiner hausshaltung zu branchen zu hauen, als haubüchen, hässlen vnd riegelholtz. — Rodheim 1454 (Gr. V, 249): »Item die smidt zu R. sollen itzlicher (im jare zwei kole) haben, im lenzen ein wagen (volle und im herbst zwen wagen volle, darumb soll ihr ieglicher einem maerkermeister ein pferd newe beschlagen an allen) vier füeszen«. Ebenso Dreieicher Wildbann (Stisser, Beil. B.). — Altstetten 1429 (Gr. IV, 299): »und were das jeman holtz verkouffte, das jm die vier (sc. gewählte Mitmärker) nit geben hettent, der selb ist . . ze buoss verfallen ein ôm wines, des besten Zürich wines«. — Aehnlich in der Horseler Mark, bei J. Niesert, Beiträge zu einem Münsterischen Urkundenbuche, 1823 (I, 2, 149). — Mengerschied 1539 (Gr. II, 174): »darumb (sc. für das Bauholz) soll der arme mann den herrn ein sester weins geben vnndt dem foerster sein stamrecht aussrichten«. — St. Prex 1221 (Gr. V, 6): »qui ad hoc opus (sc. ad domos suas faciendas) abscidit quercum, debet unum panem forestariis.« — Nach dem W. v. Neumünster (Gr. II, 35) soll der, welcher »holtz zu pfluge oder wagen zu bessern« erhält, »dem closter meyger eyn maiss wyns geben.« — In der Mark Beber (W. v. 1672, Gr. III, 306) sollen »die holzmeister und seine geschworne für ihre mühe und arbeit zweier eichbäume mächtig sein, einen im laube und einen im riese«. — In der Dissener, Meissner, Ippenbürer und Soegler Mark wurden die Erbexen bei der Mast, im Ahlder Wald, Westerwald, in der Lingischen und Osnabrücker Mark beim Holzgenuss bevorzugt (v. Loew p. 108 ff.).

Der Obermärker steht in der Regel den Märkern gleich. Altenstadter Markinstrument 1483: »Und von Holz wegen weisen sie ihme zu recht, ist der Oberst Märckermeister in der Marck gesessen, so soll man ihme geben alle Wochen einen drockenen Wagen voll Holz Uhrholz, ist he aber nit in der Marck gesessen, so gibt man ihme daselbige

3. Verkauf von Waldprodukten.

Nicht immer war der naturale Verteilungsmodus im Stande, allen Anforderungen, welche das Prinzip der Gleichwertigkeit und der Nutzungsberechtigung nach Bedarf an ihn stellte, gerecht zu werden, nämlich dann, wenn der Naturalertrag nicht hinreichte, um in hinlänglich grossen Quoten jedem Genossenschaftsmitgliede zugute kommen zu können oder wenn der Ertrag grösser war als der Bedarf. In beiden Fällen, wo also der Wald zu viel oder zu wenig lieferte, gab es nach den obwaltenden Rechtszuständen nur einen Ausweg, den des Verkaufs um Geld mit nachfolgender Verteilung des Erlöses unter die Nutzungsberechtigten oder Verwendung desselben zur Deckung kommunaler Ausgaben. Letzterer Fall scheint die Regel gebildet zu haben. Als unablässige Bedingung für Abhaltung dieser Verkäufe wurde aber immer die Zustimmung aller berechtigten Genossen gestellt, wie dies auch dem Wesen der Markgenossenschaft nur entsprechen konnte.

Nach diesen Modalitäten der Verwertung war in dem Weistum über den Wald zwischen Flersheim, Rüsselsheim, Rawenheim, Seilfurth und Bischofsheim *) bestimmt, dass in einem

---

nicht« (v. Loew p. 63). — Nach dem M. über den Kaltenholzhaeuser Wald v. 1423 musste der Obermärker sein Holz »heischen, als ein ander Märcker« (v. Loew p. 63). — Als Vergütung »wegen des Gerichtshaltens« ist der Maier von Schledehausen (Holzgerichtsordg. v. 1576; Stisser p. 47 f.) doppelt berechtigt und wird für einen doppelten Markgenossen gerechnet; ferner erhält er das liegenbleibende und einen Teil des Fallholzes. — Der Maier von Diessen durfte 12 Schweine mehr in die Mast treiben (v. Loew p. 141). — Der Holzrichter in der Reichsmark erhielt jährlich eine Kleidung von englischem Tuch, 10 Fuder Brennholz und für 10 Schweine Mast (v. Loew p. 142). — Als Vergütung für ihre Dienste erhielten die Malmänner in der Regel etwas mehr Holz z. B. die Windfälle oder sie hatten Vorzüge bei der Mast; die Holzknechte der Reichsmark erhielten eine Kleidung und für jede Pfändung eines Ausmärckers zwei Schilling (v. Loew p. 143).

*) v. 1519, Gr. IV, 558 f.: »Item so der wald viel eichel hatt und es ertragen mag, soll einem jeglichen inwohner der vier dorff, der eigen

2 *

mageren Mastjahre, wo die Schweine aller Nutzungsberechtigten nicht eingefemt werden können, die Eicheln verkauft und die erlösten Gelder entweder unter die Märker der fünf Dörfer verteilt oder »zur Versehung des Waldes und Gemeindenutz angelegt und ausgegeben« werden. In gleicher Weise sollte bei der Weide verfahren werden; die Inmärker hatten vor den Ausmärkern das Vorkaufsrecht. In der Mark Schwanheim*) wurde mit Zustimmung der Obermärker und der Märker der Ueberschuss an Waldprodukten verkauft und der Erlös zum »gemeinen Nutzen« der Gemeinde verwendet. Aehnliche Bestimmungen finden sich auch in anderen Marken **).

rauch haelt, dem armen als dem reichen, einem als viel schwein als dem andern in wald zu treiben vergoennet seyn; wo es aber der wald nicht ertragen moecht, als dan sollen die eichel ufgesteckt und verkauft und denen in den fünf doerffern, die das mehrst darum geben, gelassen werden, und solches geld alles den gemeindeinwobnern der fünff dorff und mitmaerker zu guth kommen, einem so viel als dem andern, oder sonst zu nottürftigen versehung des walts und gemeindenutz angelegt und usgeben worden. Dergleichen so man weyde in dem wald verkaufen wird, soll sie auch den inwohnern der fünf dorf vor andern gegoennet und dass gelt wie obsteht angelegt werden«.

*) v. 1421 u. 1453, Gr. I, 522 (Schweinheim, auf der linken Seite des Mains, Höchst gegenüber): »Item eyn apt mit der gemeynde semptlich hait macht, zu erleubin buwholtz zu hauwen vnd vss der marcken zu furen, vnd ir keyner one den andern; was aber daruber gehauwen vnd vss der marcken gefurt worde, das sol man virbussen«. Was zu verkaufen ist aus der »alman«, das soll geschehen mit Wissen und Willen eines Abtes und »eyns fauts«, und was die »gemeynde davon gefellet, das sol man in genwortikeit eyns apts vnd eyns fauts oder irer amptluden mit den heymburgern berechenen, vnd in gemeyn nutz der gemeynde Sweynheim wenden vnd keren«.

**) Kundschaft über den Wald im Haegbach (Kinzigthal) v. 1487 (Gr. I, 399): »wurde die burschaft einmuetig etwas daruss zu verkaufen, dass mügen sie auch thun, doch dass ess ihr aller wille sye«. — Wenn im Moeringer Walde (1518, Gr. II, 581) »es sach were, dass einig vbergeliche ecker vff dem wald were, das der landtman nit notturftig were, so soll der wermeister mit den vier furstern .. vff den walt gehen, den ecker besehen, vnd den zum deuersten verkauffen, vnd das gelt in drey theil theilen, gleich ander werschafft von den kolen, vnd den dreien hern liebern jeglichem nach seiner gepuer«. — In Hoengg (W. v. 1338, Gr.

Als charakteristisch für das ganze Gefüge der markgenossenschaftlichen Verfassung muss im Gegenhalt zu den landesherrlichen Waldungen in diesen Stellen die Thatsache betont werden, dass das geldwirtschaftliche Nutzungssystem erst in sekundärer Linie auftritt und immer da substituiert wird, wo die Beibehaltung der naturalen Verteilung entweder das wirtschaftliche Gleichgewicht unter den einzelnen Genossen erschüttert oder bei gegebenem Mehranfall über den Bedarf verschwenderische Konsumtion und ökonomische Verluste verursacht hätte.

4. Berücksichtigung der Ausmärker.

So ängstlich auch die Markgenossenschaften darüber wachten, dass alle Waldnutzungen zum Besten der berechtigten Mitglieder verwendet wurden*), so scheint es doch von einzelnen als ein Akt der Liberalität angesehen worden zu sein, in Ausnahmsfällen auch Ausmärkern oder in der Mark gesessenen Nichtberechtigten einzelne Waldnutzungen zuzugestehen. Bei Beurteilung der Gründe, welche hiebei massgebend sein mochten, muss man allerdings mit Vorsicht zu Werke gehen, da möglicherweise solche Zugeständnisse auf gewohnheitsrechtliche Ansprüche zurückzuführen sind, die auf frühere Zusammengehörigkeit und später erfolgte Absonderung aus dem Markverband oder auf frühere unbeachtet gebliebene und im Laufe der Zeit gewohnheitsrechtlich sanktionierte Uebergriffe angrenzender Dörfer zurückdatieren, und weil ferner unter »Ausmärker« manchmal auch wirklich berechtigte, aber ausserhalb der Mark wohnende Genossen verstanden sind**). Andererseits sprechen

---

I, 10) darf der Verkauf des Holzes nur »beschehen mit dem meiger vnd zwen hubern, die darzu nütze vnd gut sigint . . . vnd das gut, da von demselben holtz erlovset wirt, sol geteilt werden von dem meiger vnd zwen die er dar zu nimet vnder die huber nach teiltig der gueter des hofs vnd ieglichs hubers ân geuerd vnd missetruw«.

*) Rodheim 1454 (Wetterau, Gr. V, 249): »Item kein auszmerker sall sich mit seinem fihe der mark gebrauchen . . . Item sall kein inmerker keines ausmerkers fihe zu ime nehmen«.

**) Camberger, Würgeser, Erlebacher Märkergeding v. 1421 (Gr.

aber die geringen Abgaben, welche die Ausmärker für die ihnen
eingeräumte Befugnis in einzelnen Fällen leisten mussten, dafür,
dass man mit ihnen die Anerkennung und Konstatierung der
Nichtberechtigung bezwecken wollte. Direkt ist diese Absicht
im Holting zu Hohenhameln *) ausgesprochen, wonach die
Ausmärker für das Recht des Leseholzsammelns jährlich einen
Körtling (eine kleine Münze) geben müssen, »darum dass sie
sich vor unholten auf dem Häwelerwalde bekennen«. In der
Reichsmark dagegen erhielten bestimmte Ausmärker jährlich
drei Fuder Holz »in Ansehung der Unvermögentheit aus Gun-
sten« **) und nach dem Weistum des Dorfes Schwanheim ***) die
Nichtmärker im Dorfe und in der Umgegend geringwertiges
Brennholz ohne jedes Gegenreichnis.

5. Geschenke der Markgenossenschaft.

In naher Beziehung stehend zu den eben erwähnten Abgaben an Ausmärker sind in letzter Linie noch die Nutzungen

I, 576): »Item hant sie gewiesen, iglichem uszmerker, die in die drei
merken vorg. horent, uf den mitwochen in der wochen ein wanne voll
holz urgeholze«.

*) v. 1579, Gr. III, 255. — cf. auch Gr. III, 456 f., 462.

**) Holzanweisung aus der Reichsmark an die Einwohner von West-
hoven v. 1577 (Westfalen, v. Loew p. 125): »Wiewoll . . . sich nit befinden dhut, dat die Freyheit Westhoven und deren Ingesetene bürgere
. . . in der Rixmarcken berechtiget, ... So wollen doch die Rede und
die Erven . . in Ansehung derer von Westhoven gestalt und Unver-
mogenheit uth gunsten toelaten und verwilligen, dat gnanten van Westhoven . . in dem Sommer ein und in dem Wynter twe Fuder Holz jar-
lichs einem ydern huss gewyst . . . . dair sie ouch an oeren porten,
Vesten und Capellen jnnich holt nodich hetten sie antogeven, sall alsdann . . gegeven werden«. — Apples 1327 (Gr. V, 12): »25. Item qui
non sunt colengiori, quilibet eorum debet 2 ₰ censuales in nativitate
domini solvendos pro affoagio suo« (affoagium = affouage, Recht, Brennholz zu sammeln).

***) v. 1421 u. 1453 (Gr. I, 522): »Auch wiseten sie allen die zu
Sweinheim, Rode odir zum Goltstein siczen, die nit Merkere weren, die
atterschläge, die da blyben liegen, und dorre holz, und was sie mit
em axbosel (kleine Axt) mogen abegeslagen, daz megen sie holen, sich
damyde zu holczen«.

zu bezeichnen, die der Markwald aufzubringen hatte, um die
Gemeinsamkeit der Interessen aller Markgenossen in besonderen
Fällen zu dokumentieren: bei freudigen und traurigen Fami-
lienereignissen und bei unverschuldeter Armut. Es ist ein so-
zialer Zug und eine selbstbewusste Aeusserung innerer Kraft
und Selbständigkeit, dass sich die Markgenossenschaft als solche
berufen und verpflichtet fühlte, da auf dem Wege eigener Initiative helfend und individualisierend einzugreifen, wo die ge-
bieterischen herkömmlichen Rechtsformen zu harte Existenz-
bedingungen geschaffen hätten. Der Gemeinsinn dabei war so
erstarkt, dass man — die Schranken zwischen Einheimischen
und Fremden fallen lassend — jedem dem ein Kind geboren
wird, »es sei fremd oder heimisch, von fernen oder von nahen
Landen«, Holz zukommen liess*), »damit dieselbige Frau dasselbige Kind ehrlich zu baden und wärmen mag bei Nacht.«
Im Büdinger Reichswald durfte jeder Märker, wenn ihm eine
Tochter geboren wurde, einen Wagen, bei Geburt eines Sohnes
zwei Wagen voll Brennholz verkaufen und sollte »der Frau
davon kaufen Wein und Weissbrod«**). In der Weilbacher
und Eddersheimer Mark durfte jede Wöchnerin die Weide mit
einer Kuh 6 Wochen, mit zwei Kühen 3 Wochen oder mit
drei 14 Tage lang benutzen***). Der angestammten Sitte ent-

---

*) Thalweil Ende des 14 jh. (Gr. IV, 334): »7) Item hant die hof-
stet der zwelfer das recht, wo vf den keiner derselben hofstetten ein
kint wirt, es si froemd oder beimsch, von verren oder von nachen landen, dem sol des obgen. gotzhus amtman holz geben, das die selb frouw
das selb kind erlich ze baden and gebachren (= bachen, waermen) mug
die nacht. 8) Item hant die vorgen. 12 hofstet das recht, wa uf derselben hofstat dekein mentsch stirbt, es si frouw, man, jung, alt, froemd,
heimsch, dann sol der vorgen. amtman derselben hofstat so vil holz
geben, das derselben lich erlich gewachet werd«.

**) W. v. 1380, Gr. III, 429: »Eyn iglich gefurster man, der ein
kintbette hat, ist sin kint eyn dochter, so mag er eyn wagen vol born-
holzes von urhulz verkeufen off den samstag. Ist iz ein sone, so mag
he iz tun of den dinstag und of den samstag von ligendem holz oder
von urhulz, und sal der frauwen davon keufen win und schone brot,
dyewile sie kindes jnne lit«.

***) Gr. IV, 559,

sprechend wurde bei der Geburt eines Knaben überall mehr —
in der Regel ein doppeltes oder besseres Quantum — bewilligt als bei der Geburt eines Mädchens *), während bei To-
desfällen ein solcher Unterschied nicht gemacht wurde **). —
Im Rheingau ***), in der Wetterau †) und im Westfälischen ††)
wurde bei Hochzeiten das sog. Braut- oder Hochzeitholz abgegeben.

Auch der in Armut Geratene wurde von seinen Mitbür-
gern nicht im Stiche gelassen, sondern zur Besserung seiner
ökonomischen Verhältnisse mit Waldprodukten getreulich unterstützt. Nach dem W. von Imbsheim †††) war es jedem ver-

*) In der Mark Thayngen (1444, Gr. IV, 430) soll man »ainem
goczhusman, dem ain kind wirt, wirt im ain knab, lassen ain fuder
holcz höwen, wirt im ain tochter, so sol er ainen karren holcz höwen«.
— Dornheim 1417 (Gr. 1, 374): »vnd wenne da dem gotzhus ain sun
wirt geborn, dem sol ain apt oder sin phleger ain fuder buchinsholtz
gen an dem nechsten vnd ainer tohter ain tennins ouch an dem neh-
sten«. — Oefnung zu Betmeringen (1500? Gr. 1, 307; unweit Stühlingen):
»Die gebursami hât daz recht hin wider vmbe, swenne ir einem wirt
ein sun geborn, so sol er es dem meier küuden, vnd sol in bitten vmb
ein fuder holzes, ond sol im der meier daz gen in der froende, da er
selber höwet«.
**) Buix 1392, Gr. V, 49: »Item debet tradere major seu villicus
quolibet colungiario in nativitate domini unum plaustrum ligni, item et
cuilibet puerpere, et pro quolibet mortus seu defuncto debet dare villicus plaustrum ligni«.
Weitere Beispiele in: Dornheim 1417, Gr. 1, 374; Toess 1536, Gr.
1, 132; Ossing Gr. 1, 94; Neftenbach Gr. 1, 78 u. a.
***) W. v. 1487, Gr. 1, 538.
†) Bellersheimer Mark.
††) Gr. III, 78.
†††) v. 1559, Gr. 1, 763: »Item were es sach, dass ein burger zu J.,
der im dorfitter sässe, zur armut käme, ehe das er seinen pflug ent-
wete, so mag er in seinen hof greifen, und mag daraus verkaufen ein
gebaeu, dessen er allerbest entberen mag, in das land an welich ende
er will, und mag einen nachbauren hinter ime und einen vor ime dar-
zuziehen, das er das von rechtem armut getan habe, und mag darnach
wieder uf den wald faren und annder holz holen und seinen hof wie-
derbauen«.

armten Bürger erlaubt, ein beliebiges ihm gehöriges Gebäude
zu verkaufen und dafür ein neues zu bauen, wozu er das Holz
aus dem Markwalde unentgeltlich holen konnte.

Wie in den einzelnen Nichtmärkern auf gemeinschaftliche
Rechnung der Markgenossenschaft gewährten Vergünstigungen,
so spricht sich auch hier der die Wirtschaft der Markgenossenschaften so scharf charakterisierende Gemeinsinn aus und
es bleibt bemerkenswert, dass gleichwohl eine Grenze gezogen
war zwischen den von der Gemeinschaft freiwillig zu leistenden
Waldabgaben und der ökonomischen Nutzung des Waldes durch
die legitimen Anteilberechtigten. Auf der einen Seite strenge
Beobachtung und Erhaltung der Nutzungsrechte sowohl bei den
Abgaben in natura als bei der Teilung oder kommunalen Verwendung des Gelderlöses aus den erwähnten ausnahmsweisen
Verkäufen der Waldprodukte, auf der anderen Seite dagegen
die bewusste Pflege der Wohlthätigkeit und Unterstützung Armer und Hilfsbedürftiger. Vielleicht hätten aus dieser scharfen
Präzisierung der forstpolitischen Ziele in den Markwaldungen
die späteren Jahrhunderte vieles lernen können!

6. Walderwerbung.

Nach dem Vorausgehenden kann es nicht zweifelhaft sein,
dass es vor allem der Wald war, der das Medium für die soziale Zusammengehörigkeit der Markgemeinde bildete. Seine
wirtschaftliche Stellung im Haushalte der Markgenossenschaft
richtete sich daher nicht nur nach dem Masse der Bedürfnisbefriedigung, die er gewährleistete, sondern auch nach der so-
zialpolitischen Aufgabe, die er erfüllte und erfüllen sollte. Mit
Rücksicht auf diese Doppelfunktion des markgenossenschaftlichen Waldes ist es daher erklärlich, dass der einzelne Nutzungsberechtigte in der gleichen Weise, wie er sich in die
vorgeschriebenen Nutzungsweisen schicken musste, auch durch
Erwerbung eines eigenen Waldes oder durch Veränderung des
territorialen Bestandes des Markwaldes zu Privatzwecken diese
tiefeingreifende Bedeutung nicht schwächen oder ganz illusorisch machen durfte.

Deshalb war in einigen Marken vorgeschrieben, kein Markgenosse dürfe einen eigenen Wald haben, sondern alle neu angelegten oder natürlich angeflogenen Waldungen sollten, wenn
sie eine bestimmte Höhe erreicht hätten, ipso jure Markwald
sein *). In der Babenhauser Mark **) durften nur »die Märker
gemeinlich und keiner besonders« Wald erwerben.

Freilich mag dabei auch das Gefühl, dass aller Waldboden
in den früheren Zeiten der Ansiedlung Gesamteigentum war
und dass daher Privatokkupierung eine Verletzung des Eigen-
tumsrechtes bedeute, mit in die Wagschale gefallen sein und
nicht minder mögen in der Zeit des beginnenden Untergangs
der Markgenossenschaften die Befürchtungen für den Bestand
der Jagd von Seite der Grundherrn und Obermärker mitge-
spielt haben; allein im letzteren Fall hat man es eben wieder
nicht mehr mit der ursprünglichen, reinen Markenverfassung
zu thun, von welcher hier die Rede ist. Der Gedanke vollends,

---

*) Altenhaslauer O. v. 1461 (v. Loew p. 15 u. Gr. III, 416): »Auch
weiset mann im Althaselauer Gericht niemand keinen eigenen Wald,
hette aber jemand äcker oder wiesen in diesem vorgesprochenen Gerichte, und meint sich dero hinfüro zu gebrauchen, und wolte die Hegen
zu waldt, wenn der Wald gewüchss dass wann zween Ochssen weydte,
wann der Wald so gross würde, dass die Ochssen bestehen, so soll mann
dieselbe walde halten als andere Märckhe. — W. über die Mark Bann-
scheuer v. 1523 (v. Loew p. 152): »auch stünd ein Holtz Eichen oder
Büchen zwischen den zweyen Wässern Art und Dürst, uff weme das
stündt das der Heyen entwachsen were, soll Marck seyn, und bedürfft
ein Mercker des zu hauwen und künte das abhauwen, sunder Schaden
des Manns da es uff stündt mögt er abhauen ohne Wiederrede«. — Dreieicher Wildbann, Gr. I, 502: »wo eyn mann hait wiesen, die jnne sin
hube gehören, dye mag er alwege halden das sye icht tzu walde wer-
dent; verhenget aber er, das isz tzu walde wirdet, vnd das also starck
wirdet, das ysz tzwene ochsen mit eyme joche nit nyder mogen ge-
drucken, so sall er esz nit raden ane laube eyns forstmeisters«.

**) Gr. IV, 549: »ob keyner der welde die yn der Margk begryffen
synt, veyle würde, adir verkaufft ist, das daz holtz nyemau kauffen
mag adir sal, dan die Mergker gemeynliche und keyner befundern«. —
Urkunde von 1173 (bei Bernhardt, Gesch. d. Waldeigenthums etc. I,
p. 90, A. 4): »In hac silua nullus nostrum privatum habebat aliquid,
sed communiter pertinebat ad omnes ville nostre incolas«.

dass durch Privatwaldbesitz der Walddevastation Vorschub ge-
leistet und Holzmangel herbeigeführt würde, kann unmöglich
massgebend gewesen sein, da in gleicher Weise wie bei den
Markwaldungen auch über die Privatwaldungen eine heilsame
Bevormundung hätte geübt werden können.

7. Waldrodung.

Da man sich innerhalb der Markgenossenschaft Wald und
Weide nur als Gesamteigentum denken konnte, so waren Waldrodungen gestattet oder verboten, je nachdem die Verteilung
zwischen Wald und Ackerland der Bevölkerungszahl und dem
Bedürfnis angepasst waren. Im Allgemeinen lässt sich wohl annehmen, dass mit dem 15. Jahrhundert, gewiss aber im 16.
Jahrhundert, die territoriale Verteilung zwischen Wald und
Feld sich vollzogen hatte und dass daher um diese Zeit nur
noch diejenigen lokalen Veränderungen vorgenommen wurden,
welche die Eigentumsverhältnisse oder zeitlich herrschenden
Ansichten bedingten.

So war das Roden schon im Jahre 1165 im Lorscher Wald,
1226 und 1304 im Rheingau *) verboten, in Fürstenberg **)
dagegen noch im 15., und zu Oberroden ***) im 16. Jahrhundert erlaubt. Erlaubt war es ferner in der Mark Saspach †),
in der Bibrauer ††) Mark, mit Zustimmung der Markbeamten
auch in den Marken von Uffrieth †††), Ramsen *) und Croeve **).

---

*) W. von Walluff und Neuendorf v. 1304 (Gr. IV, 571).

**) Urk. von 1275 bei Günther, cod. dipl. Rheno-Mos. II, 411.

***) Gr. IV, 546.

†) Gr. I, 413: »Ein ambtman zu Saspach sol auch demselben mann
gunnen zu ruten in der marg, wo er will, ein iuch veldes vnd einen
tagwan matten ob der arm mann das begert«.

††) W. v. 1385 (Gr. I, 513): »ein yclicher mercker mag einen wei-
chen busch ussroden vnd nymand sal yme darumb nichts thun . . .
werz aber das der weich busch als stark worde, daz in der osche mit
dem joche nit gebucken kunde, so were ez marck«.

†††) W. v. 1528 (Gr. V, 498): »sol sunst keiner macht haben in
dieser herschaft önerlaubt unsers herrn die weldweid und almend ze
rieten«.

Dagegen war es direkt verboten in der Dieburger ***) und
Kirburger †) Mark. In den weitaus meisten Fällen aber war
die Erlaubnis zum Roden abhängig von der Abgabe eines Ge-
genreichnisses in Form eines »Zinses«, wie in der Limburger ††),
Balgauer †††), Erlebacher *'), Kirst und Thirner *''), Rose-
monter *''') und Storbacher Mark †'). Nach der Oefnung zu
Neukilch †'') war den »Burgern« das Roden erlaubt, um »Acker
daraus zu machen und was daraus gezogen und gelöst wird«

---

*) W. von 1390 (Gr. V, 619): »wan ein man zu R. in dem Schwir-
boisz roden wolt, so soll er mit dem closter reden«.

**) Gr. II, 373: »Item weiset der scheffen, . . . noch busch zu roden,
hawen vnd machen, one willen vnd gehengnuss der scheffen«.

***) W. von 1429 (Gr. IV, 536): »wyseten auch, daz nymand, in
welichem wesen der sy, dif marcke zackern, mewen, noch roden sal in
dheynen wege sunder argelist«.

†) W. von 1534 (Gr. I, 642): »wer roite, koilte in den hohen welden
und uf sinen eigen gutern dem apte zu scenden, wisen sie ime ein
missethat«.

††) W. von 1448 (Gr. V, 596): »Macht imant ein rott uszwendig
des lehens, davon gibt er zins dem gotzhus von Lympurg«.

†††) W. von 1448 (Gr. V, 354): »ob auch iemans in den hirsten
gerit oder matten machen wolt, der sol dieselbe masz in der art lassen
uszmessen mit jucharten, oder wasz dan das mesz git, und daz von der
herschaft umb ein zimlichen zins lehenen«.

*') W. der Camberger, Würgeser, Erlebacher M. v. 1421 (Gr. I,
576 f.): »welcher merker sich des marklands will gebruchen, der soll
von iglichem morgen geben drei heller, als vil als der hat«.

*'') Gr. II, 435: »Item gefcle es, dass man die welde solde roden,
so soll man dem hoff zunorentze absouil büsches (geben), da man ein
malter korns vff sehe . . .«

*''') Droits et coutumes de Ros. (Gr. V, 381): »Sera aussi loisible
auxdits habitans de R. d'extirper les bois de leurs forrests, desquelles
ilz payent annuellement cense d'avoine pour y labourer et semer«.

†') Gr. V, 414: »von jeder rute 2 ℥«.

†'') v. 1330 (Gr. I, 299): »ze wissen, das alle die höltzer, so yn unnsrem
zwyngen vnd bennen ligennd, das die der burger sjnd, und megen ouch
dieselben uf hewen und rutten, besetzen und entsetzen, acker darus machen, unnd was darus zogen und gelost wird, es sjennd zins was oder
wie sy sich dess gebessren mögennd, damit und darus sond bessren steg
und weg oder sunst an jren nutz wennden und keren wie sj wellen«.

sollen sie »zu besserem Steg und Weg oder sonst zu ihrem Nutzen kehren und wenden«.

8. Waldbodenrente.

Anschliessend an die Vorschriften über Waldrodungen drängt sich hier die Frage auf, von welchem Zeitraum an der Wald seine Eigenschaft, nur Faktor für die Gütererzeugung zu sein, verlor und als Faktor für die Güterverteilung auftrat oder mit anderen Worten, von welcher Zeit an der Wald überhaupt für das nationale Wirtschaftsleben Tauschwert erhielt und somit der Waldboden ein Einkommen in Gestalt einer Rente abwerfen konnte. Die Frage lässt sich nur allgemein beantworten, da die hieher bezüglichen Bestimmungen in den einzelnen Marken zu unbestimmt gehalten und meist von den momentanen Verhältnissen beeinflusst sind. Die territoriale und wirtschaftliche Organisation der Markgenossenschaften in ihrer Allgemeinheit dagegen und deren geschichtliche Entwicklung bieten übersichtliche und gute Anhaltspunkte.

Innerhalb des ganzen territorialen Rahmens der Mark hat man nur mit einem einzigen Wirtschaftszentrum zu rechnen, von dem aus radial der seit Urzeiten mit Wald bestockte Boden zur landwirtschaftlichen Benutzung gezogen wurde *). Sobald

---

*) »War der Stamm oder das Geschlecht klein oder weniger zahlreich, so liessen sich alle in einem und demselben Dorfe nieder, verteilten den zunächst liegenden Grund und Boden zur Kultur und behielten den übrigen meist grössern Teil als gemeine Mark in ungeteilter Gemeinschaft, bis die zunehmende Bevölkerung oder neue Einwanderungen zu neuen Ansiedlungen in entfernteren Teilen der Mark nötigten. Die Urbarmachung der Mark ging in diesem Falle von dem Urdorfe aus«. Maurer, a. a. O. p. 2; cf. auch p. 3 ff. und p. 34. — Ferner Gothein, über die Art der Besiedlung im Schwarzwalde in der Zeitschr. f. d. Geschichte des Oberrheins 1886 Bd. 1. Art. V: »Von der im Grunde gelegenen Hofraite steigt, meist senkrecht auf den Thalzug und den Dorfweg gerichtet, das Ackerfeld als schmaler langer Streifen auf und endet am Hochwald, von dem ein Stück noch zur Hufe gehört. Besonders für die Thäler war eine solche Art der Besiedlung günstig: auf der Hochebene um das Kloster herum lagen die nicht nach Lehen gemessenen Soldgüter«.

nun die Grenzen der markländischen Ausdehnung fixiert und
wegen Mangel an noch nicht okkupierten Territorien nicht
mehr zu erweitern waren, musste sich, solange die Markgenossenschaft ihre Abgeschlossenheit nach aussen bewahrte, mit
zunehmender Bevölkerung ein Kampf zwischen Wald und Feld
entspinnen, in welchem die Grundlage der markgenossenschaftlichen Verfassung, die Anteilberechtigung nach Bedarf am Ge-
meinlande, dem Walde ein treuer, aber gegen Ende dieses
Kampfes sehr gefährlicher Bundesgenosse war. Denn während
die angesessenen vollberechtigten Genossen darauf pochten, ihre
gewohnheitsrechtlichen Bezüge an Waldnutzungen in ungemin-
derter Grösse fortzuerhalten und dadurch einer unbegrenzten
Ausdehnung des landwirtschaftlichen Areals hemmend in den
Weg traten, konnte andererseits der Wald doch den durch die
Mehrung der Bevölkerung in der Genossenschaft bedingten Ein-
griffen der Landwirtschaft im Laufe der Zeit nicht Widerstand
leisten, verlor an Areal und musste trotzdem sowohl die alten
herkömmlichen als die noch neu entstehenden Ansprüche befriedigen.

Von da ab verloren die Waldnutzungen ihre Eigenschaft,
lediglich Gebrauchsvorrat zu sein, es entstand durch das sin-
kende Angebot von Holz (Waldprodukten überhaupt)
eine gesteigerte Nachfrage nach Waldland, d. h.
es entwickelte sich die waldwirtschaftliche Bodenrente. In dieser
Relation sind also die Ausdrücke »sinkendes Angebot« und
»gesteigerte Nachfrage« zu gebrauchen. Das Produkt, hier
das Holz, ist das Mittel, nicht aber die Ursache zur Entstehung
einer Bodenrente. Letztere basiert vielmehr auf dem allgemein
wirtschaftlichen Postulat, dass das ganz bestimmte Stück Land
A, B, C u. s. w. mit Wald bestockt werden muss, um den
ebenfalls ganz bestimmten Bedarf an Holz decken zu können.
Nicht weil das Holz vielleicht schon seit Urzeiten gestanden
hat und schon da ist, sondern weil man dieses ganz bestimmte
Quantum Holz braucht und dasselbe nur auf der ganz bestimmten Fläche gebaut werden kann, trägt der Wald eine
Rente. Es ist deshalb nicht richtig zu sagen, dass die Wald-

bodenrente im Gegensatz zur landwirtschaftlichen Rente durch sinkendes Angebot entstanden sei *). Die Bodenrente überhaupt ist nur die Folge der Nachfrage nach dem Boden, um mit den ihm zukommenden, natürlich und wirtschaftlich wirkenden Kräften ein Produkt zu erzeugen und je nach dem Grade, wie der Boden dieser Aufgabe gegenüber anderen gerecht werden kann, bestimmt sich die Höhe der Rente.

Wenn man will, kann man die Entwicklung der Waldbodenrente eine einseitige, aber auch gerade deshalb eine natürliche nennen, weil die künstliche Steigerung und Beeinflussung derselben — die Intensität — nicht in Anwendung kam. Gewiss hat sich überhaupt jede Bodenrente anfänglich auf diesem einseitigen Wege entwickelt, indem man eben immer so lange in entferntere Wirtschaftskreise zurückgriff, als die rechtlichen Institutionen des Eigentums dies nicht hinderten (Gründung von Filialdörfern!). Erst als die Quelle des herrenlosen Landes erschöpft war, mussten die Produktionsfaktoren Arbeit und Kapital das ersetzen, was die »Natur« allein nicht mehr zu bieten im Stande war, d. h. die Wirtschaft wurde intensiv und damit war ein zweites Moment für die Entstehung und Veränderung der Bodenrente gegeben.

Eine Modifikation hätte dieser natürliche Gang der Entwicklung der Markenwirtschaft nur dadurch erleiden können, dass die Mark nach aussen offen gewesen wäre und in einzelnen Fällen hat man auch in der Erkenntnis der Gefahr, welche diese negative und positive Abgeschlossenheit der Mark notwendig mit steigernder Bevölkerungszahl mit sich bringen musste, wenigstens die Einfuhr von Holz und Kohlen gestattet **). Im

---

*) Praktisch, auch für die Zwecke theoretischer statischer Untersuchungen, ist übrigens die Art der Entstehung der forstlichen Bodenrente vollständig irrelevant, so bald man sich überhaupt zu der möglichen Existenz einer solchen bekennt. Wenn die Bodenrente einer Fläche zukommt, kann sie eben genutzt werden und durch Nichtnutzung nicht verschwinden.

**) Roedermark-Ordg. v. 1576 (Moser, A. II, 230): »Ob ein Wagner der der R. etwas gehultzes auswatters der R. kauffet, vnd wiederumb

Allgemeinen aber hielt man fest an den starren Prinzipien der
ursprünglichen Markenverfassung und verlor dadurch jene Ela-
stizität, welche jede Wirtschaft den kulturellen, sozialen und
politischen Fortschritten gegenüber bewahren muss. Es ist
daher die Behauptung nicht zu gewagt, dass neben den Ein-
griffen der Obermärker und Grundherrn gerade die Konzentrierung der ganzen produktiven und konsumtiven Thätigkeit auf
die Markgenossenschaft selbst den Ruin der Markwaldungen
verursachte. Es war dadurch die heilsame Nivellierung rücksichtlich stärkerer Nutzung waldreicher und Schonung wald-
armer Gegenden erschwert, wenn nicht ganz unmöglich gemacht. Die ursprüngliche markgenossenschaftliche Organisation
war ja unläugbar das stärkste Präservativ gegen zu starke Nutzung der gemeinen Waldungen *), aber um es zu bleiben,
hätten auch die ursprünglichen Verhältnisse, die Naturalwirtschaft, fortdauern und die Bevölkerungszahl auf ihrem alten
Stand beharren müssen. Dem Andrängen fortschreitender Kultur
und Bevölkerungszunahme aber erfolgreichen Widerstand zu
leisten, war die territoriale Grundlage der Markgenossenschaft,
diese ihre Fundamentalbedingung ihrer Existenz, nicht im Stande,
»weil natürliche Bedingungen der Verwirklichung eines ein-
sichtsvollen menschlichen Wollens stärkste Hindernisse in den
Weg legen« (Knies). Das System der naturalen Verteilung des
Nutzertrages eines Waldes nach Bedarf kann nur dann seinen
wirtschaftlichen Zweck nicht verfehlen, wenn auch die übrigen

---

verkauffen wollte, das soll er kundlichen machen . .« — dt. v. 1742
(Moser, A. II. 242): »Ob ein Wagner, Schreiner, Bender oder anderer im
Holtz arbeitender Handwercksmann etwas Holtz ausserhalb der Röder-
mark kauffen würde, und dasselbe wiederum nach aussen verkauffen
wollte, ihme dieses zwar gestattet und frey gelassen werden«, allein mit
Wissen des Markmeisters.

*) v. Berg (Gesch. d. deutschen Wälder p. 207 f.) scheint mit seinem
Schlusse, dass die Abgeschlossenheit der Mark nach aussen »unläugbar zur
Erhaltung der Substanz ihrer Wälder wesentlich beigetragen« hat, nach
seinen übrigen Ausführungen mehr die schädlichen Folgen der Teilung
der Wälder im Auge gehabt zu haben. Ebenso Maurer a. a. O. p. 16.

Wirtschaften auf derselben Stufe sich bewegen und dadurch die Gefahr einer Unterschätzung des Gebrauchswertes der Waldprodukte beseitigt ist. Eine solche Unterschätzung greift aber immer da Platz, wo der Masstab zur Wertbestimmung des Holzes und aller Waldprodukte nicht wie bei den gleichzeitig produzierten anderen Gütern nach dem Aufwand von Arbeit, Kapital und Bodennutzung genommen wird, sondern nur einseitig nach dem Gebrauchswert, und somit das zweite wichtigere Hauptmoment zur Preisbildung eines Gutes, der Produktionsaufwand, nicht in Rechnung kommt.

Die spätere Wirtschaft in den Marken befand sich in dieser unnatürlichen Verfassung. Der reger gewordene Geldverkehr belebte den Tauschhandel, welchen die Markgenossen mit den in ihr Privateigentum übergegangenen Gütern trieben, die Erwerbsthätigkeit wurde angefacht und die dadurch in Fluss gekommene Schätzung aller Güter nach ihrem Tauschwerte bewirkte eine grössere Wirtschaftlichkeit bei deren Konsumtion. Daneben kam man aber in der Waldwirtschaft über den naturalen Verteilungsmodus nicht hinaus, welcher alle Möglichkeit nahm, den Wert der Waldprodukte konform allen anderen Gütern zu bestimmen. Wenn nun mit demselben die Gewissheit des jährlichen Bezuges für den Empfänger verbunden ist, so sinkt der Gebrauchswert der Waldprodukte in den Augen des Konsumenten desto tiefer, je höher der Aufwand von Produktivkräften bei den übrigen Gütern vergolten werden muss. Es wäre verfehlt zu glauben, dass Gebrauchswert des Holzes und Gebrauchswert samt Tauschwert anderer Güter bei solchen hier in Rede stehenden Wirtschaftszuständen parallelen Schwankungen unterliegen; im Gegenteil, hat das Verhältnis beider Wertkategorien, da jede derselben eine andere Grundlage hat, eine divergierende Tendenz, so dass schliesslich die wirtschaftliche Stellung der Waldprodukte unter den anderen notwendigen Gütern eine isolierte ist. Das Bewusstsein ihrer Unentbehrlichkeit und die Vorstellung ihrer freiwilligen Reproduktion sind überdies noch einflussreiche Potenzen zu dieser Isolierung

und speziell in den Markwaldungen mag auch die angestammte
Sitte dazu wesentlich beigetragen haben.

Die Folgen solcher wirtschaftlich unnatürlichen Zustände
sind und waren zu allen Zeiten dieselben: Holzverschwendung
und Waldverwüstung. In den landesherrlichen Waldungen bildeten die Holzabgaben auf Vergünstigung und Berechtigung
einerseits und andererseits die künstlich niedrig gehaltenen
Holztaxen das Correlat zu den eben erwähnten Zuständen in
den Marken. Was aber dort durch die unmittelbare Herrschergewalt noch notgedrungen zum Guten gekehrt werden konnte,
vermochte die ursprüngliche Selbstverwaltung der Markgenossenschaften aus eigener Initiative nicht zu leisten und deshalb
mag die Inforestirung der Markwaldungen und die Bevormundung ihrer Bewirtschaftung nicht minder in der Sorge für ihre
Erhaltung als im Egoismus der Landesherrn gelegen sein.

2. Kapitel.

Die Waldbenutzung im Besonderen.

1. Brennholz.

Das Bedürfnis der Genossen und deren Gleichwertigkeit waren die ursprünglichen leitenden Fäden für das Mass der Nutzung des Markwaldes. Diese ideelle Freiheit konnte aber unbeschadet der Walderhaltung nicht so unumschränkt durchgeführt werden, dass die Art und Weise der Nutzung ohne alle Regel und Ordnung gewesen wäre; diese aufrechtzuerhalten oder herzustellen, war daher ein Hauptgesichtspunkt aller Weistümer schon von den frühesten Zeiten an. Je schärfer und weitläufiger aber diese Anordnungen kundgegeben wurden, um so lockerer war das Gefüge der Markgenossenschaft und um so weniger war der Markwald seinen ursprünglichen Aufgaben noch gewachsen. Mit dem fortschreitenden Untergang der gemeinen Marken gegen Ende des Mittelalters wurden die früheren autonomen und gewohnheitsrechtlichen Regeln der Märker immer mehr zu staatsrechtlichen polizeilichen Verfügungen der Schirm- und Landesherrn.

Bei dem B r e n n h o l z war der Bezug nach Bedarf wesentlich modifiziert durch das Vorhandensein des zum Brennholz bestimmten Materials. In der Mark Crans *) »habent homines de Crans in nemoribus dominorum lo morbos« **), in

---

*) W. v. 1213, Gr. V, 4.

**) d. h. mort-bois. Coutume du Nivernais 13, 12: mort bois est tenu et réputé bois non portant fruit: et bois mort est bois chu, abattu vu sec debout, qui ne peut servir qu'à brûler. Gr. l. c.

3 *

St. Prex*) »habent columgiarii usum suum in mortuo nemore«. Nach dem Weistum der Mark Wellingen**) (Unter-
mosel) ist gestattet »Reich und Arm, nach Notdurft ihrer Haushaltung in s. Peterswald Brennholz zu hauen, als Haseln, Hainbuchen und Windfälle, und weiter nichts«. In der Mark von
Chumb***) »erkennt das Gericht den Herren in der Herren
Wälder Eichen und Buchen; und erkennt dem Armen das Gehölz, welches weiter wächst als Eichen und Buchen«. Nach
dem Weistum von Arneval†) hat »s. Arnuals Dorf Macht, in
s. A. Wald unfruchtbares Holz zu hauen, das man nennet Tot-
holz; . . wirft der Wind einen Baum nieder und findet den
einer allein, der mag in nehmen und heimführen, ohne jemand
darum zu fragen; und finden ihn ihrer zwei, die sollen ihn
teilen«. Nach der Oefnung von Tobel††), »mögen die, welche
. . nicht eigenes Holz haben, Windfälle und sämtliches unschädliches Holz . . . ausmachen und heimführen oder tragen«.
In der Ostbeverer Mark†††) mögen die Markgenossen hauen
Weichholz zu ihrer Feuerung, als da sind Erlen und Birken,
Hainbuchen, Weiden und allerhand Weichholz ohne Eichen und
Buchen«*′).

   Aus allen diesen Belegen erhellt, dass man schon mit dem

- - - - -

   *) W. 1221, Gr. V, 6.
  **) v. 1582, Gr. II, 475.
 ***) Gr. II, 193.
   †) v. 1417, Gr. II, 21.
  ††) v. 1492, Gr. IV, 407.
 †††) v. 1339. v. Loew 96.
   *′) Nach einer Zusammenstellung bei Maurer a. a. O. p. 134 ver-
stand man unter Brennholz: Ober- u. Abholz, Unholz, Unterholz, Urholz, unfruchtbares H., ligna infructifera, l. infructuosa, unnützliches H.,
unnützes H., unschädliches H., schadbar, dürres, windbläsiges H., Bloss-
holz, weiches Holz, liegendes, taubes H. (Taubholz, Doupholz, Doufholt,
Douffhoultz, Dussholt, Dustwaar).
   Unter Daubholz scheinen die nicht masttragenden Bäume verstanden
zu sein, wie folgende Stelle zeigt: Qui secat ligna infructibilia dicta
doubholtz, dat sculteto 20 ₰ et universitati tantum pro emenda. (Ha-
genbach bei Lauterburg, 13. Jhrhdt., Gr. V, 715.)

Ende des 12. Jahrhunderts eine ökonomische Ausnutzung des Waldes zielbewusst anstrebte und durchführte. Die Brennholz-erzeugung bildete erst das sekundäre und mittelbare Wirt-schaftsziel gegenüber der Bau- und Nutzholzproduktion.

Wie bei allen Waldnutzungen, so hielt auch hier der Ver-teilungsmodus nach Bedarf nicht Stand, da die Unterschätzung des Gebrauchswertes auch beim Brennholz neben den wahren Bedürfnissen eingebildete entstehen liess und die Bevölkerungs-zunahme zudem immer grössere Anforderungen an die Aus-beute des Waldes stellte. Daher wurde bald eine Fixierung und Einschränkung der Nutzungsanteile auf dem Verordnungs-wege notwendig. Schon im Jahre 1390 musste in der Mark Ramsen *) eine Verordnung gegen verschwenderische Holznut-tzung erlassen werden. Gegen Ende des 15. Jahrhunderts und später wird das Entnehmen von Brennholz schon von einer vorherigen Anzeige abhängig gemacht oder ein gewisses Quantum fixiert **). Durch Einschränkung der Nutzungs- und Abfuhr-zeit auf bestimmte Termine ***), genaue Vorschriften über die

---

*) Ramsen (zwischen Grünstadt u. Winnweiler, Gr. V, 615): »Item so sollent sie das holze nit hoeger abhauwen, dan das vorest an eim wagen ist, wo sie es hoger abhauwen, so sint sie die einunge schuldig ... Item hauwet ir einer abe ein baume und furet das oberst deil hinweg und leszt das under deil ligen, so ist er die einunge schuldig«.

**) Rodensteiner Mark 1457 (Gr. IV, 540): »Item mag der merckher bornholtz hinder sich fuhren vier wagenfertt vnd nit mehr, vnd wann er das verbrent, mag er mehe holen«. — Schwanheimer Mark 1421. 1453 (Gr. I, 524): »Item yder were hait macht zu hauwen achte wagin holtzs, die sullen die scheffin schatzen, das die als gut sin zwelff wagin ful, der man ye eynen mit fier notzern (Hauptochsen) gefaren mag«. — Oefnung von Laufen (Gr. I, 107): »zu einer hub gehört .... vier füder holtzrechts vnd zü ainer schüposs zway fuder holtzrecht«. — Märkerged. zu Oberkleen 1480 (Gr. III, 499): »Auch solle niemandes kein holtz in der mark hauen, er heische es dan von den weisern und den förstern, die darüber gekohren sind, als in recht ist«.

***) Groszenlindner Zent 1537 (Gr. V, 270): »Auch ist geboten, dasz sich niemant des walts gebrauchen soll auf sontags oder andere ver-botene tag«. — W. von Bacharach v. 1386 (Gr. II, 216): »die welde, die der bischoff habe, dar inne moge ein iglicher scheffe drye stont in yeder wochen faren mit eime wahene zu sinen noden«. dt. II, 224: »Item

Art des Transportmittels *), durch Anordnung strengerer Kontrolle des Bedürfnisses **), Lokalisierung der Nutzungsberechtigung auf bestimmte Schläge und Distrikte ***), Festsetzung bestimmter Masse †), endlich Ausscheidung von Brennholz- und Bauholzwaldungen ††) war unzweifelhaft gegen die Holzver-

---

vnser herre von Collen hat eigen walt; in diesen walt vnd pusch han die scheffen drywerbe in der wochen zu ihr nottorft bornholtz oder riser zu hauwen«. — Oefnung v. Tablatt (Gr. I, 228): »zuo wintterzytt, so dan winterban ist, so sol mengklich den andern vber sölig pan vsser den höltzern vnnd welden holtz fuhren vnd faren laussen«. — Dinghof zu Obereutzen 1461 (Gr. IV, 133): »yeglicher huber mag am winnachtabend jn das selb holtz faren vnd mag ein fart abhouwen vnnd hervsz furen, als er gement ist«. — Hofsrolle zu Barmen (Gr. III, 16): »dann so sind der koetter ein theil, die haben auss der vorg. gemarcken alle vier hochzeit einen wagen holtz, espen oder birchen, vnd fort dürre stoecke zu koppen, sprocker zu loesen, moss zu pflücken, sonst nit weiters«.

    *) Groszenlindner Zent 1537 (Gr. V, 269): »wan man jahrs das brenholz ausgegeben hat, soll alleman nicht mehro als vier pferde ausz dem walt haben, auch nichts, grosz noch kleines, in dem walt gewachsen hauen, weder inmärker noch auszmaerker«.

    **) Roedermark-Ordg. a. a. O.: »Zum 17. soll auch kein märcker, es scie vogt, schultheiss, zendtgraue, schöffen, Förster etc. niemandts aussgescheiden nun hinfüro nit mehr vhrholz hawen, oder bey sich füren, dan er jederzeit seiner hausshalttung nach nottürftig, vngeuerlichen, vnd solches sollen fauth, vnd schultheiss zu Oberroda, vnd zwen der geschwornen Förster, oder wen die amptleuth darzu verordtnen, alle vier wochen, oder alss dick sie das noth sein deücht, in allen dörffern besehen, vnd in welchen heusern sie anderss erfinden, soll man bussen nach pait der amptleuth erkandtnuss«.

    ***) Hochstetten 1543 (Gr. V, 642): »es soll auch ein ieder inwohner hinvurther in den welden kein brennholz, hecken, oder welden hauwen, dan in den schlegen; es wer dan windfell und doubholz«. — Ferner Bibrauer Mark, Gr. I, 514. — Oefn. von Ellikon, Gr. I, 117. — Fossenhelde (nach Maurer p. 137). — Ostbevernsche M., Gr. III, 177. — Pinneberg u. Rantzau (Holstein, nach Maurer p. 138).

    †) Roedermark, Moser, A. II, 240. — Holthauser M. (Maurer 138).

    ††) Miltenberger Mark (bei Maurer p. 138 f.). Man unterschied Laubwaldungen für Brennholz und zum Laubholen, und Bauwaldungen für das Bauholz. — Nach dem W. von Warmsroth u. Genheim v. 1608 (Gr. II, 186) »ist eines ieden dorfs abhauende vnd bauwälder insonderheit von einander abgesteint, damit eine jede gemeinde mit ihrem holtz

schwendung und die steigenden Uebergriffe der Märker in die Substanz des Waldes Front gemacht worden.

Als Brennholz wurde nur solches Material verwendet, das zu Nutz- und Werkholz nicht tauglich war, also Abfallholz, Dürrholz, sog. Weichholz (Erlen, Birken, Weiden, Aspen, Hainbuchen, Strauchhölzer etc.) und Windbruchholz, »so nicht dienlich zum verbauen« *). Soweit das Buchenholz nicht unter genannte Kategorien fiel, durfte dasselbe wie das Eichenholz nicht zum Brennholz gehauen werden **).

Als auffallend sei hier konstatiert, dass in allen Weistümern von Schneebruchholz nirgends die Rede ist ***); die erwähnten Benennungen der zum Verbrennen bestimmten Ware schliessen dasselbe kaum in sich. Das Windbruchholz dagegen kehrt in allen Weistümern wieder, also ein Beweis, dass man auf das infolge von Naturereignissen anfallende Holz sein Augenmerk richtete. Sollte die herrschende Bestandsform, der Plenterwald, jede Schneebruchkalamität in den Nadelholzgebieten ausgeschlossen haben? In gleicher Weise gibt das gänzliche Fehlen irgend einer Andeutung über das sog. Käferholz zum Nachdenken Anlass. Dass das Absterben einzelner Bäume infolge von Insektenfrass unbemerkt blieb, ist bei dem Mangel jeglicher Kenntnis hierüber nicht zu verwundern; das dadurch anfallende Holz wurde eben einfach als Dürrholz genutzt. Grosse Verheerungen durch Insekten aber, also eigentliche Kalamitäten, wären gewiss nicht unbemerkt und in den Weistümern

---

ausgeben zu bleiben vnd auch in Jahren, so es eycheln traget, in ihren bauwalde zu bleiben wisse«.

*) Rodensteiner M.

**) cf. p. 46 und 47.

***) von Berg führt in seiner Geschichte der deutschen Wälder p. 336 die Angaben Lehmanns über Schneebruchbeschädigungen im Erzgebirge an, wonach i. J. 1112 viele Bäume, 1334, 1414 »unzählige Bäume«, 1489 »Mannsdicke, klaftrige Stämme« gebrochen wurden. Weiter ist erwähnt, dass »die Chroniken über tiefen Schnee in den Wäldern, starke Kälte, trockene Zeit«, auch von »Raupengeschmeiss, Erdwürmern, Mäusen, dem Baumsterben« berichten, ohne aber die betr. Chroniken zu nennen.

nicht unregistriert geblieben, woraus wohl mit Sicherheit geschlossen werden kann, dass solche überhaupt in solcher Ausdehnung, wie sie die neueren Zeiten aufzuweisen haben, in den Markwaldungen nicht statthatten. — Diese Thatsachen verdienen aber hervorgehoben zu werden, da unzweifelhaft feststeht, dass die dominierende Bestandsform in den Nadelholzwaldungen der Plenterwald war und dass reine Nadelholzbestände zur Seltenheit gehörten. Wildobstbäume, Els- und Vogelbeerbäume etc. waren gern gesehene Gäste, auch wenn die edlen Laubholzarten fehlten.

2. Bauholz.

Bezüglich des Bauholzes*), auf dessen Erhaltung und Nutzung die waldwirtschaftliche Thätigkeit sich vor allem konzentrierte, finden sich die Beispiele der Entnahme ohne jegliche Erlaubnis und Anweisung relativ sehr selten, und merkwürdigerweise gehören dann dieselben meist schon einer späteren Zeit an**). Die Regel war, dass dem Obermärker oder einem sonstigen Markbeamten Anzeige erstattet werden musste,

---

*) Ziemlich vollständige Zusammenstellungen über die verschiedenen Vorschriften bezüglich der Bauholz-Abgaben finden sich bei Maurer a. a. O. p. 128 ff. u. v. Berg a. a. O. 208 ff.

**) Steinecken 1506 (Gr. II, 398): »so man bawens nötig hette in diesem hoff, so hat der hoffman macht von vnsers herrn des abts vnnd dess hoffs bawholz zu hawen, in den vier hohen weelden in dem landt von dhaun.« — Sachsenheim 1449 (Gr. I, 453): »wer da recht in die allment hat, der mag bawholz hauen zu seinem bawen so viel er bedarf, so er das gefellet hat, so soll er das in einem monat ufhauen und beschlagen und auch hin wegfüren, thut er das nit, so soll er das Holz alle monat umbwenden..« — Lohr a. Main 1457 (Gr. III, 533): »Item es haben ouch die schopffen ... geweist, ... das der stat zu Laer vnd den von Barttensteyn in einer gemeinde zu steht, vnd ist das ide parthey eine als wol als die ander recht dar inne sal haben zu bawen baweholtz, was einer selber verbawen wil zu Laer oder zu Barttensteyn..«

Ostbeveler M. O. v. 1339 (v. Loew p. 96): »Welcke Marckenoten, de in de Marcke sit, unde Ware (Hof, Hufe) besetten helft, de mach howen to sinen Timmer und tho sinen Towe over der A sine Notrocht...«

um von ihm die Erlaubnis zur Entnahme des Bauholzes zu
erwirken *).

Sehr bald erkannte man aber, dass die Erlaubnis allein
keine Sicherheit biete gegen die Uebergriffe und verschwenderische Nutzung der einzelnen Genossen und liess an deren
Stelle die förmliche Anweisung und Prüfung der Dringlichkeit
des Bedürfnisses durch die Markbeamten treten, oft unter Zuziehung eines Baumeisters **), oder schrieb die Anzahl der zu

*) St. Prex 1221 (Gr. V, 6): »In nemore capituli debet habere capi-
tulum unum nuncium seu decimatorem et villicus alium .... omnes
vero homines capituli habent in eodem nemore usum ad domos suas
faciendas, impetrata licencia a villico, qui est nuncius capituli«. —
Crans 1213 (Gr. V, 4): »Si quis vult facere domum, debet petere nemus
a villico vel a preposito, et ei debet dari«. — Bibrauer Mark 1385
(Gr. I, 514): »welcher mercker buwen wil, der sal laub bitten«. — Lau-
terner W. (Kaiserslautern, Gr. I, 773): »Alle ander holze (als Eichen-
und Buchenholz) in den welden, welches daz ist, daz mag ein iglicher
geniessen zu siner notdorfte one laube, wer aber buwen wolde in dem
lande, der sal einem amptman das holze heischen, sine notdorfte unde
nit me«. — Selse 1310 (Gr. I, 761): »darnahe wil ein burgere von Selse
buwen, der sol einme abbete heischen holz zu sture zu sinem buwe, unt
sol danne ein abbet imme niet versagen«. — Imsweiler vor 1574 (Gr.
V, 664): »der da bawen wolt, der soll die herrn bittn um daz holz, so
sollen die herrn ihme daz nit versagen«. — Oberwinterthur 1472 (Gr.
I, 126): »ob einer herkäme ... vnnd ein hus .. buwen welte, .. dem
sol man denn holtz geben zu siner nothdurfft, der das vertrösten mag,
das er das verbuwen vnnd nit erfulen lassen welle«. — Rodensteiner
Mark 1457 (Gr. IV, 540): »Item hat der merckher recht, bawholtz zue
hawen, zu uerbawen hinder der herrschaft R., mit wissen vnd willen ir
oder ir knecht«. — Camberg, Würges, Erlebach 1421 (Gr. I, 576): »wanne
ir einer ein haus pauwen und das hawen will, so soll er das holz heissen
eim furstmeister«. — Osterwald'sches (Westfalen) Markenprotokoll 1557
(v. Loew p. 105): »Wanner se auch nottruftich Timmers genoich hebben
alsdann sollen se nicht mehr holtes houwen, se doen dat mit vorwetten
des holtgreffen und gemeynen Erffherren«.

**) Bacharach v. 1386 (Gr. II, 216): »mogent die hubenere mit kont-
schaft eyns bumeisters in den walt faren und mogen riser hauwen, als
viel daz si yr gnug haben«. dto II, 224: »si solen dem bumeister or-
laub heissen vnd er sol besehen, wo es not ist«. — Dieburger Mark
1429 (Gr. IV, 534): »vnd mochte auch (sc. der Märker) mit einem ge-
sworen zymmerman, inmassen ein yglicher mercker tun mag, buweholtze

beanspruchenden Sorten Holzes *) genau vor. Seit dem 15.
Jahrhundert bildete sich aus den immer mehr verschärften Bestimmungen eine wirkliche baupolizeiliche Oberaufsicht aus, die

---

tun hauwen zu sinem buwen in der marcken«. — Rickenbach 1495 (Gr.
I, 211): »wenn ain insess zu Rickenbach buwen vnd darzuo zimerholtz
gern haben vnnd hoewen welt, der sol zum ersten zuo aim vogt vnd
den vier gesetzten mann gon, vnd si bitten den bauw zubesehen, ob es
ain nothurft sy ze buwen oder nit, vnd ist ein nothurft, was im
dann obgerürter wise zum buw zehowen beschaiden vnd erloupt wirdt,
das mag er dann howen vnd hinweg füren«. — Jülichsche Polizei-
Ordnung v. 1558 (v. Loew p. 161): »Ob einige Erben Holtz behüfften
zu bauen, die mögen (da solches gebräuchlich) ihre Nothdurft anzeigen, daruf etliche Vertraute den Noht-Bau zu besichtigen verordnet werden sollen. Wes Holtz alsdann dermassen nach eines jeden
Gerechtigkeit, gewilliget, soll durch den Walt oder Holtzgreuen und
Vörster mit den Schlag-Iser, so darzu verordnet, hoven und auch unden
an dem Stock gezeichent und durch dieselbige güte Ufsicht gehalten
werden, das nit mehr gehauen, dan erlaubt geweist und mit dem Iser
gezeichent ist«.
    *) Hofrecht von Rastatt v. 1370 (Gr. I, 439 f): die zu »Rinôwen
sint gesessen und buwen wollent, die sollent hôwen in des hofmans
walt dru holzer wie sie sint. Es ist zu wissen, daz die herren von Albe
hant einen hof, heisset der munchhof. Wer den buwen will, der sol
howen zu einem boden sehs holzer in dem Rinwalde«. — Thiengen 1301
(Gr. IV, 479): »Man sol och von dem holze, daz in den hof höret, jeglicher hube ein fuder geben vnd ein inseze, so er buwen wil vffen dem
gute. — Colonge de Hochstatt v. 1364 (Gr. IV, 87): »Le bois sera di-
stribué chaque année par le maire aux colongers. Celui qui veut bâtir
une maison, peut exiger autant de pièces de bois, qu'il veut faire de
croisées«. — Tavern 1680 (Gr. II, 264): »Item baw holtz soll der meyer
geben drei dagh höltzer, 6 gehenckkepper, 3 darstelter, ein khueschwell;
vbrigess soll der bawman selbst stellen oder mit gnaden erhalten«. —
Groszenlindner Zent 1537 (Gr. V, 270): »Auch soll man geben furst-
balken, pfätten und bande, wimbergen, uf haeuser, gatten und scheuren,
die schartach haben und in einen ieglichen hof zwo steigente leitern,
anstat brenholz«.   Mavern und Hamm 1561 (Gr. II, 82): »Item, so
ein hobsman bawens noth hätte, ... soll ihme vergunstigt werden
erstlich drev daghhoeltzer, firsten, pfaden, karpperen, zwey gesperr, vier
dürstoll, schornsteiugehoeltz, bettsteill vnd zwey hoeltzer vor ein viehe-
stall«. — Lohr (Unterelsass, Gr. V, 490): kein Bauholz zu nehmen »wanne
vier swellen«.

dann im 16. und 17. Jahrhundert die Stelle aller ursprünglichen, verfassungsmässigen Nutzungsberechtigungen verdrängte *).

Um jede Hintergehung in dieser Hinsicht unmöglich zu machen, vielleicht aber auch in der Absicht, die Einwanderung von Fremden zu verhindern, durfte in der Roedermark **), Meissner ***) Mark und auch noch in anderen Marken bei Strafe des Wiedereinreissens selbst nicht mit eigenem Holz und auf eigenem Grund und Boden ein neues Gebäude ohne Einwilligung der Markbeamten errichtet werden.

Mag auch als Beweggrund zur Emanierung aller hieher gehörigen Vorschriften immerhin die Furcht vor eintretendem Holzmangel angesichts der schon stark devastierten Waldungen

---

*) Groszenlindner Zent 1537 (Gr. V, 269): »Wer einen neuen bau machen will, der soll erst die vier geschwornen und burgenmeister ersuchen, dieselbige bei den flecken führen und besehen lassen, die sollen demnach erkennen, ob ihm das noth sei oder nit ... auch soll niemand kein alten baeu frefentlich fallen lassen, dem noch zu helfen were, sondern die vier geschworne und burgermeister besehen lassen«. dto. (II, 271): »Welcher einen neuen bau machen will, der soll die schwellen anderthalben schuhe hoch, da sie am niedrigsten ist, legen von der erden gleichfals, wer ein neu schwell under einen neuen bau oder alten bau fort oder umbgeben würde, ouch als zu unterziehen, sol solches eigentlich durch die vier geschwornen vnd burgenmeister besichtiget . . werden«. — Mockstaedter M. 1663 (Gr. V, 276): Wenn einer bauen will, »sollen aus befehl des markermeisters der waldbereiter und förster dieselbige bäu besichtigen und erkennen, wasz und wieviel holz darzu vonnoeten, doch der mark unschädlich«. Schwellen müssen sich »elenhoch von der erden erheben«. »Ferners soll auch hinfurt der bereiter mit dem förster alle jahr zweimal umbgehen, zu Walpurgis und Michaeli, die beu, daecher und zaeun besichtigen«. — Weitere ausführliche Angaben hierüber bei Maurer a. a. O. p. 130 f., v. Berg a. a. O. p. 213 ff., v. Loew p. 157 ff.

Hieher gehören auch die vielen Vorschriften, dass das Bauholz innerhalb einer bestimmten Zeit verbaut und seinem Gebrauchszweck zugewendet werden muss (z. B. Obermeding 1531, Gr. II, 498; Bollendorf vor 1653, Gr. II, 272; Jülich 1558, v. Loew 161; Rodheimer W. 1454, v. Loew p. 163).

**) W. v. 1576.

***) W. v. 1516.

mitgewirkt haben, so war doch ein Motiv noch tiefer liegender,
nemlich das zu verbessern, was ein veraltetes, unzeitgemässes
Prinzip verschuldet, — und den Begriff von Wirtschaftlichkeit
wieder wachzurufen, der dem freien individuellen Ermessen der
Markgenossen gegenüber dem Walde abhanden gekommen war.
Man hat durch diese Vorschriften einen Apell an das ökonomische Gewissen der Bezugsberechtigten ergehen lassen, der
allerdings oft genug seinen Zweck verfehlte. Wenigstens wäre
es anders undenkbar, Verordnungen lesen zu können, »dass
auch alles baugehoeltz gerüget wird, so inn und ausserhalb
denen dörffern im felde oder walde im regen liegen bleibet« *)
und dass im Warntwald **) für diejenigen eine Strafe angesetzt ward, die das zum Bauen erhaltene Schindelholz auf der
Erde verfaulen lassen anstatt dasselbe auf das Dach zu bringen.

3. Werk- und Nutzholz.

Wenn die Berechtigung in den Markwaldungen »auf Bedarf« lautete, so war darin auch das W e r k - u n d N u t z -
h o l z begriffen. Dabei wird vor allem des Zaunholzes und des
Pfluggeschirrs gedacht, des ersteren wegen der althergebrachten
Sitte, die Privatgrundstücke zum Zeichen der vollzogenen Okkupation und wegen des Schutzes gegen Wildschaden zu um-
friedigen (pacificare), des letzteren wegen seiner Unentbehrlichkeit zur Feldbestellung. Ausserdem wird auch das zu Wagen,
Schlitten, Weinpfählen, Krippen, Hopfenstangen etc. nötige
Holz ***) öfter erwähnt. Gewöhnlich scheint der Name »Pflug-

---

*) W. v. Winden und Weinaehr v. 1658 (a. d. Lahn), Gr. I, 605.

**) »Die Rechte uff dem Warende« (14. Jhrhdt., Gr. II, 11 f.): »werf-
fent sie die schindeln von dem wagen uff die erde, vnd nit uff dem
dache, so ist ein iglicher der es dut, also dicke ess geschiet, mym hern
zu busen LXβ ꝣ «.

***) »De juribus et jurisdictionibus ville in R i e d e n prope Albis«
vor 1346 (Gr. IV, 327): »et dominus huobe pacificare debet segetes cum
lignis sepium, si ibi satis habet, sin autem, incidere debet in ligno
necessaria ad faciendum sepes sicut alter villanus, similiter in Keri et
in Rifeles rüti«. »Item lucarius metquartus dat ligna cum procurato-
ribus ville, sed solus dat ligna ad aratrum et similia«. — Mühlheim

geschirr« (l. ad aratrum) kollektiv für alles zur Landwirtschaft
nötige Geräteholz genommen zu sein *).

Beim Werk- und Nutzholz war das »unzeitliche hauen«
verboten und Buchen- und Eichenholz in der Regel von der
Verwendung ausgeschlossen. Mit Ausnahme der schon erwähnten

--- ---

1475 (Gr. 1, 263): »es sol keiner in das holz dem kelhoff gehörig, ge-
nant dass Loewholz, holz hauwen anderst dann riester zue seinem pflueg«.
— Holthauser M. 1585 (v. Loew p. 167): »So Jemandtz Latten tho decken
bedurffte soll der holtrichter und holzknechte erst besichtigen und wenn
solche nodich unschedlich wisen, die hoppenstacken aber sollen in lhren
Wintergaven genohmen werden«. — Meiergeding von Ernlisbach (Gr.
I, 174): »... soll auch niemand bauen, wann dem es der meier erlaubt
zu seinem pfluggeschirr ..« — W. zu Tavern v. 1680 (Gr. II, 264): »wan
dass pflugk gezeug soll aussgerusst werden, magh er ein wagen holtz
hawen, sein pflug gezeug zu rüsten vnd zu machen«. — Raesfelder H.
O. v. 1575 (Gr. IV, 172): »aber das zaunholtz zu nottürftiger befrech-
tung (under wilchen kein eichentelgen oder boichenheistern gemeint
werden sollen) soll einen jedern nit anders dan zue rechter zeit als vor
Martini bis auf den ersten aprilis, damit das holz durch unzeitlich hauwen nit versomert werde«. — W. zu Steinecken v. 1506 (Gr. II, 401):
»Item velgenholtz vnnd verl sollen die lehenleut den fursteren forderen,
dass solle man ihnen geben«. — Groszenlindner Zent v. 1537 (Gr. V,
270): »Auch soll man geben thorstützel, brunstützel, brunschwengel,
erndeleiterbäum, anstat brenholz, wan es die weiser forthin besehen habe,
ob es jemands not sei«. — Nach der Holzanweisung für die Reichsmark
v. 1567 (v. Loew p. 98) sollen den Erven (Märkern) »Hoppenstaken und
derglichen, nae eynes yderen Notturft yders Jairs tot tween tyden ...
unweigerlich getuystelt werden«. — Osnabrückische M. O. 1671 (v. Loew
p. 103): Zaunholz jedem, der dessen bedürftig.

*) Placitum generale d. Priorates Romain-Motier 1267 (Gr. IV,
457): »et ad currus et carrucas faciendas habent usagium in arboribus
supradictis (sc. homines dicte potestatis). Et debent habere currus suos
paratos in messibus et vindemiis, si opus fuerit ad carrianda blada et
vina ecclesie supradicta«. — Grendelbruch (Abschr. v. 1550) (Gr. V, 416):
»die von Gr. gericht hand auch recht, dasz ein ackerman zue dem jeden
lenzen wol mog ein fuder holz hawen zum pflueg«. — Neumünster (Gr.
II, 35): »wers sach, das eyn armen man noit heit holtz zu pfluege ader
wagen zu bessern, der soll vrlauff heissen von dem closter meyger, in
myner gn. fr. (gnädigen Frau) walt zu hauwen, vnd dem closter meyger
eyn maiss wyns geben«. — Arneval 1417 (Gr. II, 21): »Item hand sie
macht pfluggeschir zu bauwen nach irer notturft vnd nit me«.

gewerbspolizeilichen Bestimmungen bezüglich der Handwerker
sind besondere Anordnungen selten, was sich vielleicht dadurch
erklären lässt, dass die zu diesen Zeiten herrschende Bestandsform, der Plenterwald, reicher an dazu dienlichem Material und
im Grossen und Ganzen auch elastischer für Zwischennutzungen
war. Die meisten Bestimmungen beschränken sich nur auf die
Fixierung der Stückzahl*).

Eichen und Buchen **) werden vor allem der Schonung
empfohlen und durch besondere Aufführung in den Weistümern besonders geschützt, einmal wegen der Mast, dann aber
wegen der Verwendung als Bauholz***) und Wagnerholz†).

---

*) Schwanheimer Mark 1421. 1453 (Gr. I, 524): »jder were acht-
zig gebunt phele; vnd sal iglich holtz vnd pele eyn stamme sin,
vnd keyns me dan in zwey gehauen werden; vnd die sal man vnge-
bonden her uss furen, vnd die afftterslege laissen liggen«. — W. von
Apples 1327 (Gr. V, p. 12): »in nemoribus autem mortuis habent affoagium suum pro suis sepibus necessariis tantum«. — Osterwald'sches
Markenprotokoll (Westfalen) v. 1557 (v. Loew p. 104): »den marckge-
nöten dess Jaers einen boem to tuenstaecken eine ratboeken to behoiff
erer eigen Wegen und ploege jdoch dat darin eine gleicheit nach ver-
moige des Woldes geholden werde«.

**) Dinghofrotel zu Marlei v. 1338 (Gr. I, 728): »hand das recht,
dass si farend inn das holz und houent was sie wellent, ohne eichen
holz«. — Crans 1213 (Gr. V, 4): »Si quis inciderit quercum vel ramos
quercus, quod vulgari dicitur esbranchier, debet 3 β ala marci«. — Lau-
terner W., Gr. I, 773: »die andere in der stat und in dem lande die
ensollent nit hauwen ane laube eichen holz oder buchen, der wint het
es dan nider geworfen«. — Oefn. v. Altregensperg v. 1456 (Gr. I, 83):
»Item weri, dass jeman ein tannen huwy, der büsset zaechen β vnnd
von einer eich ein ℔, wenn das nut erloept wirt«. — Das Urseler W·
v. 1484 (v. Loew p. 155) schreibt vor, dass man überhaupt keine Eichbäume hauen solle. — Ausserdem s. die beim Brennholz angeführten
Stellen.

***) W. der Förster auf dem Reichswald (bei Montjoie) v. 1342, Gr.
II, 775: »hey (sc. der hoffman) hait ouch van rechten alle jairc zweynne
bueme, eynen eichenen ind eynen boechenen, ind en vynt hey des eichenen neit, so mach hey zweyn borchenen hauwen, dae hey synen
bouwe mede beheilde«. — W. v. Sachsenheim von 1449 (Gr. I, 453:
»weisen wir, dass fürter niemant eichen holz hawen sol uber das er in
seinem eignen baw . . . . bedarf«.

Wo Eichenholz zu haben war, wurde es dem Buchenholz zu Bauzwecken vorgezogen, wiewohl die Verwendung der Buche als Bauholz eine allgemeine war *).

4. Kohlen.

Das Kohlenbrennen wurde als ein Gewerbe ange- sehen und die Kohlenbrenner galten als Handwerker wie die Wagner, Drechsler und Aschenbrenner, mit denen sie auch stets in einer Linie aufgeführt werden **). Die Intensität der Produktion war aber immer auf das Bedürfnis der Mark zu- geschnitten ***), da die Ausfuhr von Kohlen aus der Mark ver- boten war; desbalb war auch die Zahl der Kohlenbrenner in in der Mark fixiert †) und die Ausübung des Gewerbes von einer besonderen Erlaubnis abhängig gemacht ††). Als Material durfte nur »unschädliches, taubes und liegendes« etc. Holz ver- wendet werden, mithin Holz, welches ausserdem als Brennholz gedient hätte †††). Besseres, zu Bau- und Nutzholz geeignetes Material zu verkohlen, wäre auch in den Ortschaften immer nahe gelegenen und nur mässig grossen Markwaldungen eine Unwirtschaftlichkeit gewesen, während in den landesherr-

---

†) Sachsenheim 1449: »die wägner . . . mögen hauen büchen und eichenholz zu wägen karchen und pflügen, und was sie sonst daraus machen . . .« cf. vorn p. 12.

*) Mackstädter Mark 1663, Gr. V, 277: »so einem bauholz es sei gleich eichen oder buchen gegeben wird«.

**) Talfank: »wagener und koeler mögent sich der welde zu iren hantwerken gebrüchen«. — Hottenbach: »kolenbrenner, wagener und eschenbrenner«. Solch: »einen wagener, drechsler vnd einen kohlen- brenner . .« cf. vorn p. 12 u. 13.

***) Talfank: »souil man in diesem gezirck notturftig ist zu haben vnd zu verbruchen«; cf. p. 12.

†) cf. p. 12 ff.

††) Gr. IV, 589 (Anfang des 13. Jahrhdt.): »Si aliquis sine licentia carbones combusserit, ille conponet de qualibet, fovea 1 solidum«.

†††) cf. Landau p. 12. — Gr. VI. 397: »und sal dar zu burnen stocke und zeile und urhulze, und sal sie burnen an einer unschedelichen stad die ime sine nach gebur wisent«.

lichen, geographisch mitunter sehr entlegenen Waldkomplexen
die Köhlerei oft der einzige Ausweg für teilweise ökonomische
Nutzung des Holzes war.

5. Abtriebszeit.

Den Anforderungen, welche die Markgenossenschaft auf
der Grundlage der Naturalwirtschaft an den Wald stellte, entsprach die sog. technische Umtriebszeit und von den Bestandsformen der Femelwald beim Nadelholz*), der Mittel- und Niederwald beim Laubholz, letzterer besonders zur Brennholzzucht,
am besten. Die Bedingungen für den Begriff »Reife« des Holzes
waren durch die Eigenschaften gegeben, welche zu dem Gebrauchszweck nötig waren und für die Vollkommenheit der
Technik und Wirtschaftlichkeit der waldwirtschaftlichen Produktion wurde der Masstab nur nach diesen Eigenschaften des
Holzes genommen. Diese Eigenschaften werden mit den ver-
schiedensten Worten bezeichnet. In der Bibrauer Mark**)
musste das Bauholz »zimmerlich« sein, nach dem Weist. von
Hundsdorf***) »besagen auch die Schöffen, so was holze und
baume in dem busche der krommen entwuchse und so dick
wurde, dass man ein loniger loch dardurch boren moecht, das mag
ein . . abt . . . gebruchen«. Nach dem Forstgeding auf dem
Harz zu Goslar†) soll das Holz an dem dünnen Ende haben
»dritthalf verndel ellenmate« (dritthalb viertel Ellenmass) und
in der Ostbevernschen Mark††) darf zu Brennholz kein solches
Holz gefällt werden, »dat also grone iss, dat ein Havich sin
Ass to Middensommer under etten mach«.

Sehr oft sind die geforderten Dimensionen des Holzes durch

---

*) Holthauser M. O. 1585 (v. Loew p. 165): »Wenn das Gaben Recht
abgehauen wirt, . . . soll also verstanden werden, das der Platz nicht
gar gebloisset sundern das Junge Holz und erfbuicken verschonet, also
das der dritte Stamm gehauwen und zwey Stämme verbleiben werden«.

**) W. v. 1385, Gr. I. 514.

***) W. v. 1537, Gr. II, 253.

†) v. 1426, Gr. III, 261.

††) W. v. 1339, v. Loew p. 165.

den Zweck der Verwendung bestimmt, wie Reifstangen, Hopfenstangen, Schwellen, Leiterbäume, Sparren, »Indtbaum«, »Under-
baum« *). Bei vorkommenden Freveln wurde der Wert des
Holzes nach dem zur Fällung angewendeten Werkzeug bestimmt. So im Spurginberger Wald **): »De quolibet in-
strumento, quod hepa dicitur, dabit 1 denarium; et si tam
magnum lignum inciderit, quod securim opposuerit, de qualibet
securi dabit 6 denarios«. Beim Eichen- und Buchenholz war
die Nutzungsberechtigung in der Regel auf das schon abste-
hende Holz beschränkt. Im Büdinger Reichswald ***) mag der
eingeforstete Bretterschneider hauen eine Buche, die hohl ist, also
weit als er von der Erde mit seiner Axt reichen mag, und mag
hauen eine Buche, die zwei grüne Aeste hat und anders dürr
ist, oder drei Stämme«. Nach dem Weistum von Houcheraith †)
weist man »kein grünes Eichen- oder Buchenholz zu hauen,
denn allein liegendes Holz und Afterschläge«. Der Ausdruck
»schedlich holz«, d. h. die Entnahme ist für den Wald schädlich, kehrt fast in allen Weistümern wieder und wurde namentlich auf das grüne Buchen- und Eichenholz bezogen (Mast!).

6. Mast.

Der Mastertrag war in den Laubholzgebieten der Gegenstand vieler ordnender Bestimmungen und Vorschriften. Die
hohe Bedeutung desselben lässt sich schon allgemein aus der
vorsorglichen Schonung der Eiche und Buche (ligna fructi-
fera) ††), noch mehr aber aus der Sorgfalt, mit der man auch
geringe Anfälle von Eckerich nutzbringend zu verwerten suchte,
erkennen. Da in einem mageren Mastjahre von der Befriedi-

---

*) Ursfeld 1559, Gr. II, 620.
**) W. v. Anf. des 13. Jhrh., Gr. IV, 588.
***) W. v. 1380, Gr. III, 427. Bretterschneider aus »bredeman«.
†) v. 1532, Gr. II, 229.
††) Gemeinhin begriffen die Ausdrücke »Mast« und »Eckerich« die
Eicheln und Bucheln in sich; daneben war aber darunter auch das Wild-
obst und der Anfall von Haselnüssen, Hagebutten, Schlehen u. s. w.
vertanden. Maurer p. 143.

gung des ganzen Bedürfnisses aller Nutzungsberechtigten nicht
die Rede sein konnte, so war man darauf bedacht, den gerin-
geren Anfall gleichheitlich oder in den späteren Zeiten nach
Verhältnis der ideellen Anteile (»Wehren«) zu verteilen. Zu
diesem Behufe wurde die Ausgiebigkeit der Mast alljährlich
konstatiert und darnach bestimmt, wieviel Schweine jeder Markgenosse auf jede Wehr eintreiben durfte*). Reichte die Mast
selbst für eine verminderte Anzahl von Schweinen nicht aus
oder überstieg deren Ergiebigkeit das Bedürfnis der Genossen,
so trat der Verkauf an Stelle der naturalen Nutzung mit nachfolgender Verteilung des Erlöses unter die Genossen (cf. p. 20).

In Konsequenz der Bestimmungen über Ausfuhrverbote von
Holz aus der Mark durften auch in einzelnen Marken nur diejenigen und nur soviel Schweine zur Mast gebracht werden,
als der Nutzungsberechtigte selbst gezogen und für den eigenen
Hausgebrauch nötig hatte**); daher durften auch keine Schweine
verkauft werden, ohne dass zuvor den Markbeamten hievon
Anzeige erstattet wurde behufs Ermöglichung der Kontrolle, ob
sich darunter solche im Markwald gemästete Schweine befinden
(Kirburg). In anderen Marken dagegen mussten nur die Schweine
selbst gezogen sein, ohne dass ausdrücklich hervorgehoben wäre,

---

*) In der Reichsmark (1567. v. Loew p. 98) soll die Mast besichtigt
werden »und woe vill darup nae gedrage der masten tho dryven ge-
satiget oder verdragen werden . . und durch die Erven . . . nae beloip
eines jeden hebbender Houen . . . bedreven . . werden«. — In dem Holz-
gericht der Soegler Mark von 1590 (v. Loew p. 101) ward die Frage
aufgeworfen: »Was und wie viel Schweine diss jar auf ein iedel Wahr
man treiben will vnd soll. Eingebracht: vf iedel wahr zwölff Schweine«.
-- Bibraer Mark 1385. Gr. I, 514: »wir wisen dem gewerten wan soll
eckren ist, zwei und drissig swine zu driben vor sinen Rechten jarhirten,
wer iz aber nit soll eckern, wie dan die merker zu rade wurden, also
sulde man iz halden«.

**) Kirburg 1461. Gr. I. 639: »Item wann es aber ein gemein eckern
were, so mag ein iglich lehnmann, binnen dem kirpsel gesezen des ge-
bruichen mit sinen schweinen, die hee selbs uf seinem erve gezogen
hette, und der he das jaer gedechte zu genieszen«. — Rheingau: »doch
soll keinn inmercker mehr Sew inuschlagenn, dann er in seinem Hansse
erzeugt oder abthuett«.

ob dieselben auch für den Hausbedarf verwendet werden sollen oder nicht*). Implicite scheint indessen auch mit dieser einzigen Bestimmung die Voraussetzung verbunden gewesen zu sein, dass niemand mehr Schweine erziehen würde, als er für seine eigene Konsumtion nötig hatte und dass damit die Garantie für Einhaltung der Bedürfnisgrenze gegeben sei. Wenigstens ist angesichts der so allseitigen Verbote, Marknutzungen zu verkaufen, nicht anzunehmen, dass der Verkauf von den im Markwald eingefemten Schweinen schlechthin erlaubt gewesen wäre, obwohl diesbezügliche Bestimmungen sich nur ausnahmsweise finden. Dagegen konnte bei der Mastnutzung der bezüglich der Holznutzungen wohl nicht annehmbare Fall eintreten, dass ein Nutzungsberechtigter seinen wirklichen Anteil nicht nutzen konnte, wenn er keine Schweinezucht trieb; unter solchen Umständen war es dann gestattet, die Marknutzung zu verkaufen, wie in der Ostbeverer Mark, oder fremde Schweine bis zur zulässigen Maximalzahl einzutreiben **).

Um die mastberechtigten Schweine von den nichtberechtigten unterscheiden zu können, wurden dieselben mit dem Brenneisen gezeichnet oder geringelt, d. h. mit einem Weidenring um den Hals versehen.

7. Weide und Grasnutzung.

In engster Beziehung zur Mast stand die W e i d e (Wonne, Wunne, Blume, Blumenweide, Blumenbesuch), deren Nutzung

---

*) Selbolder W. v. 1366, Gr. III, 421: »auch wer swyne in der marcke hette, die er in syme huse ertzogen hatte, wie viel der ist, die mag er in die marg treiben«. — Ostbeverer Mark v. Loew p. 96.

**) Altenhaslauer Mark (v. Loew p. 37): »Auch hat ein jeglicher der sein gut selbsten esset und bauet, in dem gericht gelegen ist, der einen gantzen hoff hat der hat recht zwölf schweine uff sein hoff zu gehen in die eckern, ob er sie selber nicht drauff erzogen habe, es weren ihrer viel oder wenig die Er darauf gezogen hätte, die hetten recht darinnen zu gehen, es seye dann, dass Centgräff und die Schöffen hierin einige Verordnung der Zahl machen thäten, — — ein halb hoff sechs schweine in solcher massen als vorgeschrieben steht ein mundhauss (Kotte) vier schweine«. Ferner in den Haingeraiden der Pfalz. — Selbolder Mark, Gr. III, 418.

analog den für die Mast geltenden Bestimmungen geregelt war.
Eingetrieben wurden Pferde, Rindvieh und Schafe; die Ziege
war allenthalben aus dem Walde wegen ihrer Schädlichkeit
verbannt*), und bei den Schafen wurde die Stückzahl schon
früh festgesetzt**).

Ursprünglich war die Weide für jeden frei, in einigen
Marken auch noch in späteren Zeiten***).

In der Regel durfte nur soviel selbstgezogenes Vieh zur
Weide gebracht werden, als der Märker auch überwintern
konnte †), wodurch der Masstab für die Anteilberechtigung,
das Bedürfnis, von selbst reguliert wurde. Später wurde aber
auch die Stückzahl des einzutreibenden Rindviehes genau vorgeschrieben, wie in der Carber und Bibrauer Mark ††). Fremdes
Vieh einzutreiben war verboten. Wie für die Mast, so war
auch für die Weide eine Hegezeit angesetzt. Die Weide begann meistens an Walburgi, die Mast am 1. Oktober. Für
diese Zeiten war dann auch die Einzäunung der Markwiesen
angeordnet.

In denjenigen Marken, in welchen neben der Waldmark
auch noch eigenes Weideland ausgeschieden war, wurden hierüber besondere Bestimmungen getroffen und trat die Waldweide in den Hintergrund (Kirburg). Oft lässt sich dann auch

---

*) Roedermark 1576: »Es soll auch kein Geiss in der R. M gehalten
oder gelitten werden bey verlust der Geiss und des Herrn straff«. —
Ferner W. der Ostbeverer Mark v. 1339, Gr. III, 176.

**) Bibrauer Mark 1385 (Gr. I, 514 ff.): »auch wisen wir, dass ein
gewerter man in sinem Hofe mag han 32 Schafe und sol die triben vor
sinen rechten jaresbirten«. — In der Soegler Mark (1590) durften vom
vollen Erben 60 Schafe und 2 Böcke, von einem halben Erben die Hälfte
zu Markweide getrieben werden.

***) Manderscheid 1506: cf. vorn p. S.

†) Weldorfer Busch, Gr. IV, 781: »auch solle niemandt mehr viehe
darauf treiben, dan binnen dieszer hondschaft gewintert ist«.

††) Carber Mark (v. Loew p. 38: »einem Einlaufftigen (= ein Bauer,
der keinen Wagen und kein Zugvieh hat) unter den Hirten zu treiben
zugelassen 2 Küh und 1 Kalb, einem gemeinen Hubner 4 Küh und 2
Kälber, einem von Adel und doppel Hubner 10 Kühe und 5 Kälber«.

nicht mit Bestimmtheit ersehen, ob die betreffenden Stellen
sich auf die Weide im Wald oder auf die eigentlichen Weide-
flächen beziehen.

Die Waldgrasnutzung zum Heumachen oder zur
Grünfütterung scheint in vielen Marken erlaubt gewesen zu sein;
die betreffenden Bestimmungen lassen aber auch nicht immer
erkennen, ob von der Grasnutzung im Walde oder auf den
Weideplätzen die Rede ist. In der Eddersheimer Mark*) ist
das Grasen, »das schädlich wäre« und in den »gehägten all-
mayen«, in der Oberurseler Mark **) in den gehegten Waldungen untersagt, in der Ganerbe zu Hanhofen ***) dagegen
ist das Mähen erlaubt.

8. Waldstreu.

Das Streurechen oder Laubholen scheint in den
Markwaldungen der Regel nach erlaubt gewesen zu sein. Die
Spärlichkeit der Andeutungen hierüber lässt allerdings Zweifel
aufkommen, ob die Befugnis zur Streunutzung als eine so selbst-
verständliche galt, dass man hierüber überhaupt keine Bestimmungen zu treffen für nötig hielt, oder ob man auf die Waldstreu-
nutzung wenig Wert legte. Für letzteren Gesichtspunkt spricht
der damalige extensive Betrieb der Landwirtschaft, wobei der
Viehweide ein so grosses Feld eingeräumt war und der Dünger-
verlust nicht in Betracht kam — und im Gegenhalt dazu die
Thatsache, dass die hieher gehörigen Bestimmungen erst im 16.
u. 17. Jahrhundert auftauchen, also zu einer Zeit, wo die dichter
gewordene Bevölkerung auch intensivere landwirthschaftliche
Kultur bedingte. Besser aber lassen sich vielleicht beide genannte Gesichtspunkte in einen einzigen dahin vereinigen, dass
der unter den obwaltenden Verhältnissen geringe Bedarf an
Streu ohne jede Erlaubnis und Formalität aus dem Markwalde
gedeckt werden durfte.

Neben der Entnahme des abgefallenen Laubes kam auch

---

*) Gr. IV, 560.
**) Gr. III, 488.
***) »holtz hauwen, mewen, hauwe holen . . .« Maurer, a. a. O. p. 160.

noch das Laubstreifen (Schneideln) an stehenden Bäumen in
Betracht, das jedoch meistens streng verboten war *).

In der Miltenberger Mark waren die Markwaldungen in
Laub- und Bauwaldungen ausgeschieden. Die ersteren waren
in 16 Schläge eingeteilt, wovon jedes Jahr ein Schlag für die
Laub- und Holzgewinnung (»nur nach Nothdurfft«) aufgethan
wurde **). Im Schwarzwalde suchte man durch Gestattung des
Laubraffens zu intensiverem Feldbau aufzumuntern, indem man
jedem, der seine Aecker mit Mist düngen wollte und nicht
Streu genug hatte, das Laubholen gestattete ***). Nach der
Osnabrückischen Markordnung †) und nach dem Weistum von
Warmsroth-Genheim ††) war »Laub zu scharren und zu ge-
brauchen« ohne jede vorhergängige spezielle Erlaubnis gestattet.
Dagegen war in der Kirburger Mark †††) das »Heideschinden«
als eine waldverderbliche Massregel verboten.

Als Surrogat für die Waldstreu dienten vorzüglich die
Plaggen, welche auf den ausgedehnten Heiden und Weiderasen
gewonnen wurden, namentlich in Westfalen und im Lüneburg-
gischen. Der zur Weide taugliche Gras- und Heideboden
musste von dem Plaggenmähen und Plaggenhauen verschont
werden *').

---

*) cf. v. Loew p. 152 u. 172.

**) Maurer, a. a. O. p. 139.

***) Gothein, a. a. O. p. 284 f., (Seite 29, Anm.).

†) v. Loew p. 172.

††) W. v. 1608, Gr. II, 186 (Hundsrück): »Item die vier gemeinden
(Warmroth, Genheim, Erbach, Roth) sollen sowohl in ihren gemeinen
als auch in angedeuteten hohen eichenen waelden ohne underschied das
laub zu holen macht haben. Die Warmsrother sollen auch macht haben
nicht allein in ihren gemeinen vnd hohen eichenen waelden, sondern
auch in den anderen drey gemeinen waelden saembtlich, keinen ausgeschlossen, weil sie alle in ihrer gemarkung liegen, das dürre laub zu
scharren vnd zu gebrauchen«.

†††) W. v. 1461, Gr. I. 640: »wer lehnholz hat sol das wie vorgeschrieben feselen und hegen, das he gerten darin haben moge zu seinen
zewnen und sol in dem lehnholz und in dem hogen geweldts nit heidt-
schinden, nit woisten, noch roden noch kolen vf die hoechste wette«.

*') Maurer, a. a. O. p. 160 f.

9. Uebrige Waldnutzungen.

Andere Waldnutzungen, welche in den späteren Jahrhunderten in den landesherrlichen Waldungen mitunter grosse Ausdehnung annahmen, wie Aschenbrennen, Theerschwelen, Harzen, Bastschälen, ferner die Zeidelweide, werden in den Markwaldungen selten erwähnt, woraus angesichts der sonst so genauen Regelung der Holz-, Mast- und Weidenutzungen mit Sicherheit geschlossen werden kann, dass dieselben entweder gar nicht in Betracht kamen oder nur von untergeordneter Bedeutung waren.

Das A s c h e n b r e n n e n wird im Jahre 1558 im W. v. Hottenbach *) erwähnt und scheint erlaubt gewesen zu sein; dagegen war es schon viel früher in den Rechten der Abtei Limburg **) verboten und im Dreieicher Wildbann ***) unter Androhung der grausamsten Strafen. In der Holzmark zu Woelpe in Niedersachsen werden die Aschenbrenner neben anderen Handwerkern, »so vom Holze was nutzhaftig machen« können, aufgeführt †).

T h e e r s c h w e l e n ist im Harzgebirge ††), das H a r z e n in einem steirischen Weistum erwähnt †††).

Das B a s t s c h ä l e n war in der Altenstädter *') und Mock-

---

*) cf. vorn p. 14, A.

**) v. 1448, Gr. V, 596: »und sollent nit bienen abenemen noch weidaschen bornen«.

***) W. v. 1338, Gr VI, 397: »Und sal werin eschinbürnen, wer das tede, der begriffen würde, den sülde ein forstmeister binden, sine hende uf sinen rücke und sine beine zu hoüf, und ein phal zuschen sine bein geslagen, und für vür sine füsze gemacht, und das sulde alse lange burnen, bis ime sine salen gebrentin von sinen füszen und nicht von sinen schuhen«. — Hasserode 1410, Gr. IV, 679: »penden . . . den aschenbarner umme lif und gudt«.

†) cf. vorn p. 16.

††) Forstgeding auf dem Harz v. 1466, Gr. III, 266: »We bolt deret, schut schade van synen vure, wan he deret, de heren endorven ores tynses nicht enberen«.

†††) Schwappach, Handb. d. F. u. J. Gesch. I, p. 166.

*') cf. p. 14.

staedter †) Mark erlaubt und nur die Ausfuhr der aus dem
Baste verfertigten »Stränge und Seile« verboten.

Der Grund, warum die eigentlichen waldschädlichen Nebennutzungen in den Markwaldungen keine grosse Ausdehnung
hatten, ist jedenfalls in der grösseren Nähe, in welcher die
Markwaldungen zu den Ortschaften gelegen sind, zu suchen,
während den entfernteren landesherrlichen Waldungen oft nur
durch dieselben irgend ein Ertrag abgerungen werden konnte.

Die Zeidelweide scheint nirgends Gegenstand einer
eigentlichen Marknutzung von Seite der Märker gewesen zu
sein; wo Bienen im Walde aufgefunden wurden, wurden sie
als zufälliges Ergebnis behandelt, in das sich der Finder und
der Grundherr oder die Markbeamten teilten, wenn nicht die
letzteren die ganze Ausbeute an Honig in Anspruch nahmen**).
Zu einer eigentlichen Einnahmequelle wurde die Zeidelweide
nur in den landesherrlichen Waldungen.

---

*) cf. p. 13.

**) W v. Buix 1392, Gr. V, 49: »si aliquis invenerit apes, pars di-
midia trunci et apium contentarum est pro trunco et pars alia pertinet
domino, sub cujus confinibus vel dominio colungiae loci pertinet, in
quo inveniuntur«. — Burbach (a. d. Nagold) 1433: »Fund ein arm man
einen immen in der mark zu Burbach, der wär das drittheil desselben
schultheissen«. — Weitere detaillierte Angaben hierüber bei Roth, Gesch.
des Forst- und Jagdwesens p. 311 ff.

II. Teil.

Landesherrliche Waldungen.

I. Abschnitt.

Vom Jahre 1200—1650.

1. Kapitel.

Naturalwirtschaft und Geldwirtschaft.

Wenn die Einwirkung veränderter Kultur- und Verkehrsverhältnisse auf die althergebrachten Nutzungsprinzipien in den markgenossenschaftlichen Waldungen erst um die Wende des 15. Jhrhdts. deutlich bemerkbar wird und bis zu dieser Zeit der Wald in der Wirtschaft der gemeinen Marken nur ein dienendes Glied für die notwendige Bedürfnisbefriedigung gebildet hatte, so war um dieselbe Zeit die Stellung der landesherrlichen Waldungen in den zugehörigen Gemeinwirtschaften trotz der herrschenden Naturalwirtschaft schon vielfach eine werbende.

Die Markgenossenschaft als solche hatte keinen Anlass, Vermögen anzusammeln, da ihre Konsumtion durch die eigene Produktion gedeckt war und die Wahrung ihrer Interessen gegen aussen lediglich in der Aufrechthaltung der wirtschaftlichen Selbständigkeit beruhte. Der Verwaltungsapparat in den landesherrlichen Territorien dagegen erheischte zu seiner Instandhaltung viele zirkulationsfähige Güter, die ausschliesslich in Gestalt von Domanialeinkünften und Gebühren zu beschaffen waren. Daher war für die Nutzung der landesherrlichen (und städtischen) Waldungen schon a priori ein Faktor massgebend, mit dem die Markgenossenschaft nicht zu rechnen brauchte.

Die prophylaktischen Massregeln der Markgenossenschaft gegen Uebernutzung des Waldes basierten vor allem darauf, die quantitative Nutzung in den durch die ursprüngliche Genossenzahl gezogenen Grenzen zu halten, die Tendenz der landesherrlichen Bestimmungen dagegen geht dahin, die Wirtschaft des Waldes unabhängig zu machen von den Rechten Dritter *), um dieselbe ihrer Bestimmung zuführen zu können, zur Deckung notwendiger Ausgaben beizutragen. Indem nun für die landesherrlichen Waldungen die Gefahr wegfiel, wegen Unterschätzung des Wertes der Waldprodukte unwirtschaftlich genutzt zu werden, kam für sie später, namentlich im 18. Jahrhdt. eine neue hinzu, welche den ursprünglichen gemeinen Waldungen fern lag, nämlich als unversiegbare Quelle für die Deckung von Staatsausgaben angesehen und deshalb finanziell ausgebeutet zu werden, wodurch die Integrität des Waldkapitals nicht aufrecht erhalten werden konnte.

Die thatsächliche Gefahr für die Markwaldungen lag also in der verschwenderischen Nutzung auf Grund der Ansicht, dass die wirtschaftliche Funktion der Waldprodukte eine andere sei als die aller übrigen Güter, die Gefahr für die landesherrlichen Waldungen dagegen lag in der zu starken Nutzung auf Grund der Erkenntnis der werbenden Eigenschaft des Waldes. Dabei sind für die Wirtschaft beider Waldkategorien diese Gefahren mit dem Ueberwiegen der Geldwirtschaft über die Naturalwirtschaft gewachsen: für die Markwaldungen durch das Sinken des Gebrauchswertes der Waldprodukte in den Augen des Nutzniessers, für die landesherrlichen Waldungen durch die Möglichkeit, fungible Tauschwerte in den Waldprodukten zu finden, die jeder Zeit in Geld umgesetzt werden konnten.

Gegen Ende des 16. Jhrhdts. war die Geldwirtschaft in der Wirtschaft der landesherrlichen Waldungen allgemein herrschend, soweit es sich um den Verkauf von Waldprodukten im Wege der freien Konkurrenz handelte; dagegen bestanden die Gegenreichnisse für die auf dem Wege der Vergünstigung oder Berechtigung seitens der Unterthanen bezogenen Nutzungen

---

*) Gegen Ende des 15. Jhrb's. eiferte Gabriel Biel gegen diese Schmälerungen der Rechte der Unterthanen an Wald und Weide, welche die Veranlassung waren zu den Bauernunruhen. cf. Roscher, Gesch. d. National-Oek. p. 23.

noch sehr vielfach in Naturalleistungen, die sich dann noch in den folgenden Jahrhunderten teilweise erhielten. Auch die Heranziehung der Dienstleistungen der Unterthanen zur Befriedigung der persönlichen Ansprüche der Landesherrn bei Abhaltung von Jagden oder behufs Fällung und Transport des zur Hofhaltung benötigten Holzes war eine althergebrachte Sitte und wurde weiter beibehalten. So musste z. B. nach einer Verordnung für Nassau*) von 1587 eine jede Haushaltung eine Klafter Holz im Walde spalten und durch die Verordnungen von 1563 und 1604 wurde das Dienstholzfahren für die Herrschaft und die herrschaftlichen Diener genau geregelt**).

Wo dagegen eigentliche H o l z h a u e r für die Holzbereitung bestellt waren, wurden dieselben schon in Geld bezahlt. Die Neuburger Verordnung von 1621 verbietet den Förstern auf das Strengste, den Holzhauern statt des Lohnes Holz zu geben. Ebenso wurden in der Baden-Badischen F.O. v. 1587, in der F.O. für Braunschweig-Lüneburg v. 1590 und in der Sächsischen F.O. v. 1560 die Hauerlöhne in Geld angesetzt.

Die S t r a f e n wurden schon allgemein in Geldansätzen verhängt, wenn auch in einigen Ländern, in denen die Geldwirtschaft zwar durchgehends eingeführt war, für gewisse Uebertretungen noch Naturalabgaben zum Strafausmass dienten***).

---

*) Sämtliche Zitate für die Nassauischen Lande sind nach der trefflichen Zusammenstellung in Behlen und Laurops »System. Sammlung der Forst- und Jagdgesetze der deutschen Bundesstaaten, 2. Bd. 1828« aufgeführt.

**) Die Stellung der Fuhren ist Sache der Gemeinde. Auf jedes Pferd werden vier Brennholzfahrten gerechnet. Jeder Wagen mit 4 Pferden soll für 1 fl Wert laden, ein Wagen mit 3 Pferden für 18 Albus, mit 2 Pferden für 12 Albus. Wer unterwegs Holz abwirft, wird mit 4 fl. bestraft. Nach der Baden-Badischen F.O. v. 1497 durfte jeder Unterthan, welcher der Frohnde wegen ein Pferd hielt, 10 Schweine, ein Handfröhner fünf Schweine für das gewöhnliche Dehmengeld von 2 Schilling für jedes alte und 1 Schilling für jedes junge Schwein zur Mast bringen.

***) In der Baden-Badischen F.O. v. 1576 u. 1579 waren als Strafe

Die Besoldung der Beamten und Bediensteten wurde ebenfalls nach Geldansätzen reguliert. Nach der Markgräflich Brandenburgischen Wald-Ordnung in dem Fürstentum »unterhalb Gebürgs« v. J. 1531 *) »soll hinfüro kein Forstmeister oder Forstknecht keinen Afterschlag oder Windfall mehr haben, sondern was also (über das, das dann den armen Leuten gebührt) vorhanden ist, das sollen sie der Herrschaft zu gut verkaufen und in der Rechnung verrechnen«. Von dem Erlös werden dann die Forstmeister und Forstknechte bezahlt. — Fast die gleiche Bestimmung trifft auch die Markgräfl. Brandenburgische F.O. für das Fürstentum »auf dem Gebürg« vom Ende des 16. Jahrhdts. **).

In der Churmark durften nach der F.O. v. 1593 ***) die Forstbedienten das Stamm- und Anweisegeld nicht mehr selbst vom Käufer nehmen, sondern es musste in die »Kassa« bezahlt und verbucht werden. Erst aus dieser Kassa wurden dann die Beamten bezahlt. Nur das »Lager- und Raffholz« ist ihnen zu nehmen erlaubt. Sind sie ausserdem »zu ihrer eigenen Notdurft und Brennung« noch weiteren Holzes benötigt, so »sollen sie sich gleich andern auf den Holzmärkten in Beisein der anderen Zugeordneten anweisen, zeichnen und, wo sie das vermöge ihrer Bestellung nicht frei haben, bezahlen und zu Register bringen lassen«. Nach der F.O. Churfürsts August von Sachsen

für die Unterlassung, junge Eichen zu pflanzen, 10 Malter Hafer, für rechtswidriges Weiden 100 Malter Hafer angesetzt. — Für das Laufenlassen von Hunden musste nach der Waldförsterordnung auf der Hardt v. 1483 ebenfalls Haber als Strafe gegeben werden.

*) In Fritschii Corp. jur. venat. forest., III, p. 337 ff.

**) Fritsch. III, 341 ff. Das Fürstentum »unterhalb Gebürgs« war das Ansbach'sche, das Fürstentum »oberhalb Gebürgs oder auf dem Gebürg« das Bayreuthische, an Bergwerken reiche Gebiet. Dieselben standen unter der seit 1363 in den Reichsfürstenbund erhobenen fränkischen Linie der Hohenzollern, welche im Jahre 1415 die Mark Brandenburg mit der Churwürde und später den Königsthron erwarb. — Im Fürstentum »oberhalb Gebürg« lag das Fichtelgebirge und der Frankenwald.

***) Mylii Corp. Constit. Marchic., IV, 507.

v. J. 1560*) muss alles Windbruchholz verkauft werden um
»baar Geld«. Wenn »Bienen und Honig angetroffen werden,
die sollen in das Amt gezogen, aber verkauft und das Geld
davon verrechnet werden, und sich die Förster noch jemand
anders einiger Nutzung daran unterziehen«.

In der Württembergischen F.O. v. 1595**) wird den Bediensteten strenge verboten, das Windbruchholz für ihre eigene
Kassa zu verkaufen: »Nous commandons, que tel bois tombe
en notdittes Forests, toutes et quantes fois qu'on y en treuvera,
soit vendu par nosdits Forestiers à notre plus grand proffit,
et d'iceux par deue attestation, compte rendu«. Nach den F.O.
für das Fürstentum Württemberg v. 1567***) von 1614 †)
wird allen Beamten eingeschärft, dass sie »fürohin an Zehrungen, Arbeiten, Geschäften um Waare oder in anderen Wegen,
wie das gebraucht werden mag, niemand kein Holz mehr geben,
und also mit Holz Bezahlung, Belohnung oder Wiedergeltung
thun noch erstatten sollen. Sondern es sollen alle der Wald-
Vögte und Forstmeister Ausgaben mit Geld bezahlt und alles
Holz verkauft, das Geld wo möglich durch sie selbst oder die
Knechte jeder Hut empfangen, hernach verrechnet und einge-
antwortet werden. Alle Beinutzungen, sie seien klein oder
gross, so die Wald-Vögte, Forstmeister, Forstknechte und Diener
vor der Zeit und bisher genossen haben, nichts ausgenommen,
sollen ihnen fürderhin gänzlich abgestrickt sein, und solches
alles, was Nutzen tragen mag, in jedes Waldvogts und Forstmeisters Amt und Rechnung eingezogen und verrechnet werden
und soll keiner daran bei seiner Pflicht, damit er uns verwandt
ist, nichts geniessen und sich ein jeder seines Solds, wie man
sich mit ihm darum vertragen, begnügen lassen. . . . Was sie
zu ihrer eigenen Haushaltung, zur Nothdurft gebrauchen müssen,

---

*) Codex Augusteus. II, 487 ff.

**) Ordonnances de Frederic, Duc de Würtemberg et Teck, touchant
les Bois et Forêts en ses Comté de Montbeillard etc. bei Fritsch, III,
204 ff.

***) In selbständiger Ausgabe.

†) Fritsch III, 136 ff. Fast gleichlautend mit der v. 1567.

das sollen sie dennoch nicht anders denn im gemeinen Schlag
und im Kaufgeld und der Ordnung nach wie andere kaufen« *).

In Braunschweig-Lüneburg wurden schon i. J. 1433 durch
eine Verordnung viele Naturalabgaben in Geld umgewandelt**)
und nach der F.O. von 1590 ***) sind neben den Hauerlöhnen
auch die Fuhrlöhne und Forstzinsen in Geld angesetzt.

Nach der Bayerischen F.O. v. 1568 dürfen die von den
Gemeinden für ihre Waldungen zu bestellenden Forstknechte
nicht mit Windwürfen, Ab- und Gipfelholz besoldet werden,
sondern müssen eine jährliche Belohnung zu ihrer ziemlichen
Unterhaltung erhalten. Die Stammrechte sollten nicht mehr
den Förstern zufallen, sondern der Herrschaft verrechnet werden.
— Die Badische F.O. v. 1587 stellt fest, dass die Zehrungen
der Forstbeamten und Forstknechte gelegentlich der Holzver-
käufe urkundlich zu verrechnen sind; Beinutzungen durch Eintrieb von eigenem Vieh oder von Schweinen in die Waldungen
sich zu verschaffen, war den Forstleuten strenge verboten, ebenso
von den Unterthanen Geschenke und Mahlzeiten sich reichen
zu lassen, Holzhandel und Holzgewerbe zu treiben. Alle ver-
einnahmten Strafen und Gefälle mussten verrechnet und abgeliefert werden. Von jeder Forstrüge erhielt dann der Anzeiger
ein Drittheil, die anderen zwei Drittheil der Waldeigentümer.
Nach der F.O. für die untere Hardt v. 1566 gehörte die eine

---

*) Sachsen und Württemberg strebten in allen Wirtschaftszweigen
darnach, die Naturalbesoldung der Beamten in Geld zu fixieren. Die
Vorliebe Churfürsts August von Sachsen für die Geldwirtschaft zeigte
sich besonders in der Abschaffung des Trucksystems bei dem Berg- und
Hüttenwesen. Nach der Bergordnung v. 1554 (Cod. Aug. II, 117 ff.)
wird den Vorlegern verboten, den Schichtmeistern »Tuch, Eisen und
andere Waare anzuhängen, davon dann nicht kann gelohnet werden«,
und in der Verordnung von 1570 (Cod. Aug. II, 168) den Hammermeistern,
die Hüttenarbeiter mit Eisen abzulohnen. Dieselben Tendenzen lagen
auch den Verordnungen Christophs von Württemberg zu Grunde, während hingegen Hessen und Hannover die Naturalbesoldung der Beamten
noch ein Jahrhundert länger beibehielten.

**) Bernhardt, Geschichte etc. I, 160, A. 4.

***) Fritsch, III, 117.

Hälfte der Strafe dem Forstknecht, die andere dem Herrn. Die Liebenzeller H.O. v. 1543 *) gesteht den Forstknechten für die Brennholzanweisung an die Gemeinden drei Schilling »für die Azung«, für jeden Wagen Kohlen und für jeden Stamm zwei Pfennig zu.

*) Nach dem im Gr. Bad. General-Landes-Archiv zu Karlsruhe befindlichen Manuskript.

2. Kapitel.

Verwertung und Verwendung der Waldprodukte.

1. Durch Verkauf.

a. Holznutzungen.

Der Holzverkauf und Holzhandel wurde vom 12. Jahrhdt. an in den Territorien, in welchen natürliche Wasserstrassen den Transport begünstigten, lebhaft betrieben. Im 13. Jhrh. wurde auf der Ostsee Handel mit Holz getrieben*), die Holzausfuhr der Stadt Danzig erstreckte sich bis Holland, Spanien und England**). Herzog Johann von Sachsen bestimmte i. J. 1278, dass die Schiffe, welche Holz und Getreide nach Lauenburg lieferten, zollfrei sein sollten; nur dann, wenn die Schiffe auf der Elbe weiter nach Hamburg fuhren, musste Zoll und »Umgeld« gegeben werden***). Zu Anfang des 14. Jhrh's. bestätigte Johann von Böhmen der Stadt Pirna ihre Stapelgerechtigkeit, welche auf dem erhöhten Magdeburgischen Zolle fusste. Darnach durfte für jedes am Strande frisch gebaute Floss, welches Holz nach Magdeburg führte, Zoll erhoben werden nach bestimmten Ansätzen †). Der von der Hansa betriebene Holzhandel wird wiederholt erwähnt. Nach einem altenglischen Gedichte von 1430 ††) wurden nach Flandern Stabholz, Tannenholz und eichene Bretter durch die Hansa verführt. In den

---

*) Fischer, Gesch. d. teutsch. Handels, 2. A. 1793, I, 355.
**) von Brederlow, Gesch. des Handels der Ostsee-Reiche 1820, p. 22.
***) Fischer, a. a. O. I, 593.
†) Fischer, a. a. O. II, 295 ff.
††) A. Andersons hist. u. chronolog. Gesch. des Handels. 1773, III, 133.

durch Herzog Philipp von Burgund i. J. 1446 für Dortrecht erlassenen Stapelgesetzen sind Holz, Kohlen, Kalk und Dachschindeln als stapelbare Waaren verzeichnet *). — Nach einer Urkunde vom J. 1258 schenkte Markgraf Heinrich der Erlauchte dem Kloster Pforta den Zoll für das zur eigenen Konsumtion bestimmte Holz, welcher von den Holzflössen auf der Saale bei Camburg entrichtet wurde **). Gemäss dem Flossvertrag zwischen Württemberg und Baden-Stuttgart v. 1342 ***) durften auf der Würm, Nagold, Enz und dem Neckar Zimmerholz und Dielen gegen Entrichtung niedriger Zölle geflösst werden. Dabei werden auch die »Kaufleute, die Holz kaufen« erwähnt und wird ihnen »Fried und Geleit« zugesichert. Im J. 1475 wurden durch Eröffnung der Flösserei auf dem Murrflusse auch die im nordöstlichen Teile Württembergs gelegenen Waldungen dem Handel aufgeschlossen, durch den Vertrag †) zwischen Erzherzog Sigismund von Oesterreich, den beiden Grafen Eberhard von Württemberg und der Stadt Esslingen v. 1484 die hinteren Forsten des Schwarzwaldes durch die Eröffnung der Flösserei auf dem Neckar. Letzterer Vertrag war allerdings zunächst in der Absicht geschlossen worden, dem Inlande den Holzbedarf zu sichern; indem man aber das »nicht verstellte« Holz an die Städte abliess, um es »gegen die Burgerschaft und andere ihrer Gelegenheit nach zu verkaufen«, war ein wesentlicher Anstoss zur spekulativen Ausbeutung der Waldungen gegeben ††). Die Grafschaften Thüringen und Meissen waren wegen eingerissenen Holzmangels schon i. J. 1410 ein Anziehungszentrum für den Holzimport aus den benachbarten Staaten; um den Handel anzufachen, setzten Landgraf Friedrich und Markgraf Wilhelm die Zollsätze für die Flösserei auf der Saale bedeutend herunter †††).

---

*) Fischer, a. a. O. II, 453.
**) Moser, F. A. XII, 15.
***) Moser, F. A. XII, 64 ff.
†) Moser, F. A. XII, 67 ff.
††) Im untern Murgthale bei Gernsbach blühte der Holzhandel schon im 13. Jhrh. Tscherning, Forstgesch. Württembergs 1854, p. 14.
†††) Moser, F. A. XII, 15.

Die schon im 13. Jhrh. auf der Spree und Havel nach Hamburg begonnene Holzflösserei *) wurde auch in den folgenden Jahrhunderten forterhalten; namentlich zu Ende des 16. Jhrh's. waren es die preussischen Waldungen, aus denen die Hansa ihren Bedarf an Schiffbauholz zum Handel in die entferntesten Länder bezog **).

Aus allen diesen Thatsachen geht zur Genüge hervor, dass das Holz schon zu einer Zeit Handelsartikel war und für die exportierenden Territorien die Waldungen eine Einkommensquelle bildeten, wo die Markwaldungen noch im tiefen Schlummer der Naturalwirtschaft lagen und nur der eigenen Bedürfnisbefriedigung dienten.

Speziellere Anhaltspunkte für die Verwendung des Holzes liefern erst die seit dem 15. Jhrdt. allenthalben erlassenen Forstordnungen. Da sich im südlichen Deutschland in dieser Zeit die Forsthoheit schon vollständig ausgebildet hatte ***) im Gegensatz zum Norden, wo sich die Forstordnungen lediglich auf die Wirtschaft der Domänenwälder beziehen, so mögen auch in Anbetracht der engen Relation zwischen den unter landesherrlicher Obervormundschaft stehenden Privatwaldungen und den

---

*) Pfeil, Forstgesch. Preussens p. 50.

**) Fischer, a. a. O. III, 226, und von Brederlow a. a. O.

***) So nach den F.O. für Baden-Baden v. 1586 u. 1587, Baden-Durlach v. 1574, Bayern v. 1568 (Art. 72—80) bezüglich der Kloster-, Pfarr-, Kirchen-, Privat-, Lehen-, Zins- und Gemeindewaldungen. In letzteren muss ein Forstknecht gehalten und besoldet werden, der jährlich den Einwohnern das Holz anweist und abgibt. Ebenso in der Pfalzgrafschaft bei Rhein, wo nach der F.O. v. 1580 (A. F. u. J. Z., Suppl. XII. Bd. 1884) die landesherrliche Bevormundung der Privatwaldwirtschaft damit begründet wird, dass das Holz »in höchsten Aufschlag gerathen ist, dermassen, wo nicht staatliches Einsehen geschähe, das zum Letzten wir und unsere Unterthanen an nothdürftiger Beholzung in Kurzem selbst vortrefflichen Mangel leiden müssten«. Auch sollen »die Nachkommen, Erben und Kinder die Nothdurft zum Bauen und Brennen auf ihren Hölzern jederzeit haben«. — In der Nassau- (Beilsteinischen) Schultheisen- und Waldförsterordnung v. 1472 ist den Bediensteten bei Strafe verboten, ohne höhere Erlaubnis Holz anzuweisen. Durch die H.O. v. 1562 wurden die Bestimmungen auf alle Gemeindewaldungen ausgedehnt.

landesherrlichen Domainenforsten bezüglich der Bedarfsbefriedigung in der Gemeinwirtschaft die ersteren für die betreffenden Gebiete mit in Betracht gezogen worden.

Im Erzstifte Salzburg sollen nach der W.O. von 1524*) Klöster und Adel aus ihren Wäldern nur »Holz zu ihrer Nothdurft« nehmen. »Wo aber jemand soviel übriges Holz hätte, dass er zu Zeiten ohne Nachtheil der Güter etwas daraus verkohlen oder sonst verkaufen möchte, so soll er solches thun mit Willen und Anweisung des Waldmeisters«.

In manchen Fällen wurden die Privaten zum Holzverkauf gleichsam gezwungen, um den ihnen auferlegten Abgaben an die Landesherrn nachkommen zu können. So sind nach der Brandenburgischen F.O. »u. G.« **) »die Bauern oder armen Leute« verpflichtet, sich an die Forstbediensteten zu wenden, wenn sie »aus gedrungener Noth zur Bezahlung ihrer Zins und Geld von ihren eigenen Hölzern etwas verkaufen müssen«. Im Fürstentum »auf dem Gebürg« **) sollen die Bauern kein Holz zum Verkauf aus ihren eigenen Waldungen schlagen dürfen, »es wäre denn Sach, dass sie aus gedrungener Noth sonderlich zur Bezahlung unser schuldgültigen Zinsen dieselben angreifen und etwas daraus verkaufen müssen«. Die Eichstättische F.O. v. 1592 erlaubte den »Unterthanen, aus den Kasten-, Herrn- oder Zinsgütern« von dem über den eigenen Bedarf anfallenden Holz nur soviel zu verkaufen, »was während des Jahres zur Bezahlung der vier Handwerke, als Schmied, Wagner, Sattler und Seiler zur Besserung seiner Schiffe und Geschirre bedürftig« ist.

Nach allen Richtungen hat in dieser Zeitperiode Preussen die werbende Eigenschaft des Waldes erkannt und zur Füllung der landesherrlichen Kassa ausgenützt. In der H.O. des Churfürsten Joachim v. 1547 ***) wurde schon eine ziemlich genaue Sortimentenbildung vorgeschrieben und ein »Verzeichniss, wie

---

*) Müllenkampf, Sammlg. v. F.O. II.
**) cf. Seite 62, Anm.
*** Mylius, IV, 774.

es mit Verkaufung allerlei Gehölzes hinfüro in allen Aemtern
und Gehölzen soll gehalten werden« aufgestellt. Zugleich
wird befohlen, dass »hinfüro kein Gebäu an ganzen Gebinden
(nicht) verkauft, sondern dem, der Bauholz benöthiget, nach
dem Stamm, als jedes Baustück um sechs Groschen, gelassen« werde. Das zu verkaufende Holz musste vom »Amt-
schreiber« zu Register gebracht werden. Wiewohl die aufgestellten Taxen gegen die in späteren Forstordnungen normierten
verhältnismässig niedrig gegriffen sind, so waren sie doch für
die damaligen Verhältnisse offenbar schon sehr hoch*). Deshalb baten auch die Stände nach dem Landtagsabschiede von
1550**) um Herabminderung der Holztaxen, ohne aber dabei
an höchster Stelle Gehör zu finden***). Im Gegenteil wurde
in den folgenden Jahren die Taxe immer höher geschraubt und
den Inländern nur versprochen, Bau- und Brennholz zu bil-
ligerem Preise zu erhalten. In der H.O. v. 1551 (resp. 1566) †)
für die Neumark wurden ganz genaue Normen für den Verkauf des Holzes und für die Verbuchung des Erlöses fixiert.
»Der Amtsschreiber soll mit Unterscheidung der Beritte (Hut-
distrikte) auch mit Namen die Hölzer in ein Register schreiben
und das Geld alsbald darüber empfangen und ihnen dagegen,
wie viel Stämme Holzes einer jeglichen Gattuug unterschiedlich
erkauft, darüber einen Zettel, auf welchem Tag und in welchem
Jahre es geschehen, geben, und dieser soll alsdann mit solchem
Zettel den nächsten Heideknecht oder Förster um Anweisung

---

*) Die Holzpreise waren schon im 15. Jhrhdt. viel höher als man
gewöhnlich annimmt. Beispiele hiefür sind im »Allg. Holzverkehrsan-
zeiger« Jhrg. 1887 p. 93 angeführt.
**) Pfeil, Forstgesch. Preussens 1839, p. 57.
***) Holztaxen v. 1547: Ein Eichbaum »zum Plackhan« 1 fl., »zum
Widekahn« 3 Ortt, zu einer Säule 16 Gr., ein Schock Latten 16 Gr.,
ein Fuder Hopfenstangen u. Weinpfähle je 6 Gr., für ein Jahr Weichholz zu brennen 24 Gr.
†) Mylius IV, 782. — Die Klafter Erlenholz (»das sein vier Werk-
Ellen oder acht Schuhe lang und solche Klafter hoch und breit«) soll
um 6 Silbergroschen gegeben werden.

ersuchen. Derselbige, so ersucht, soll alsbald, damit die Leute
nicht verdrossen werden zu kaufen, mit denselbigen hinaus-
ziehen« und das Holz anweisen. Verwertungsmodus war der
Blockverkauf mit Selbstgewinnung. Für Eichen-, Buchen-,
Eschen-, Ulmen, Fichtenholz wurden besondere, höhere und detaillierte Taxen aufgestellt. In der H.O. v. 1590 für die Neumark *) werden jährlich drei Holzmärkte (auf Galli, Lucie und
Lichtmess) angeordnet. Das Holz muss sogleich bezahlt und
genau verbucht werden. Die Taxe von 1551 wird bei einigen
Sortimenten erhöht. In der folgenden H.O. von 1593 **) werden jährlich vier Holzmärkte ***) befohlen. Jeder Forstknecht
erhält einen Auszug aus dem »Holzregister« für seinen »Beritt«
der Kontrolle halber. Bei den Unkosten für die Holzmärkte
wird möglichste Sparsamkeit empfohlen. »Die Haupt- oder
Amtleute und Oberförster sollen zum Holzmarkte niemand, so
dabei nicht nöthig, ziehen, damit die Unkosten und Zehrungen,
so viel immer möglich, gemässiget werden mögen«. Die Taxen
von 1590 werden abermals erhöht†). Der Holzverkauf erfolgte
nur an den Holzmärkten gegen Baarzahlung.

Durch eine Verordnung v. J. 1602††) wurde die in allen
früheren Forstordnungen streng eingehaltene Unterscheidung

---

*) Mylius, IV, 497 ff.

**) Mylius IV, 506 ff.

***) An Francisci, Luciae, Hilarii, Gregorii.

†) Auszug aus dem Taxregister:

	F.O. von 1590	1593
Eine Eiche »des grösten vnd ersten Masses«.	2 Thl. 12 arg.	2 Rth. 12 Slbergr.
Eine Esche, daraus man einen Rum machen k.	21 arg.	1 Rth.
Eine Esche zu Schuppen	8 arg.	9 Silbergr.
Eine sechsspaltige Buche	12 arg.	14 Silbergr.
Eine Fichte zu zwei Sägblöcken	21 arg.	1 Rth.
Eine Else zu Schuppen	2 arg.	3 Silbergr.
Eine Fuder Hopfenstangen und Weinpfähle (2 Pferde) .	6 arg.	7 Silbergr.

Pfeil (a. a. O. p. 56 f.) berechnet, dass der Preis einer Eiche zu
2 Thlr. 12 arg. im Jahre 1590 dem Preise von über 25 Rthlr. für das
Jahr 1839 entsprochen hätte.

††) Mylius IV, 1, 519 ff.

zwischen Amtsunterthanen und Fremden bei Ablassung des
Raff- und Leseholzes aufgehoben und befohlen, »dass hinfürder
das Raffholz an den Orten, wo man es vermiethen kann, nicht
mehr nur etlichen Leuten und Personen vermiethet werden soll,
sondern wenn sowohl die Amtsunterthanen, Ritterschaft und
Städte mit ihren Leuten als auch alle andern, die es Noth
haben, Raffholzung begehren, sollen ganze Städte, Flecken und
Dörfer . . . auf einmal miethen«. Wegen eingegangener Be-
schwerden wird die Zeit der Leseholzsammlung nicht mehr auf
zwei Tage, wie früher, beschränkt, sondern »durch das ganze
Jahr ohne Unterschied der Tage« ausgedehnt. Die Miete selbst
wird erhöht. »Ueber den gewöhnlichen Holzhabern sollen die
Amtsunterthanen, in Ansehung, dass Wir ihnen also durchs
ganze Jahr die Anfuhr frei lassen, von jedem Pferde oder
Ochsen . . sechs Schillinge, Ritterschaft, Städte und ihre Leute
zwölf Schillinge, — die aber in Städten keine Pferde haben, sondern die miethen müssen, vom Hause, weil sie keinen Mieth-
hafer geben, auch 12 Sch., die Haus-Leute in Städten und
Dörfern 6 Sch., und die Ausländischen und Fremden 24 Schill.
alle Jahr . . zu entrichten schuldig sein«. Nach der F.O. v.
1622 *) beträgt die Raff- und Leseholzmiethe für Amtsunterthanen
für einen Wagen mit zwei Pferden 4 Scheffel Habern. »Dagegen sollen sie, so viel sie zu ihrer Haushaltung nöthig an
Lager- und Raffholz, welches auf Zopfende verstanden werden
soll, auszuführen, aber nicht zu verkaufen, Macht haben«. Nicht-
amtsunterthanen zahlen hiefür von einem Pferde 3 Scheffel
Habern. Dazu kommt noch ein »Zettelgeld« als Accidenz für
die Bediensteten. — In der Verwertung des Holzes zeigt sich
von 1593 bis 1622 ein greller Uebergang. Während dort »keinem Aus- so wenig auch einem Inländischen zur Verflössung
in fremde Lande Holz verkauft werden« soll mit der Motivierung: »damit die Heiden und Wälder nicht zu sehr verwüstet
noch verhauen werden«, wird hier zwar noch dieselbe Bestimmung aufrecht erhalten, daneben aber zugleich verordnet: »weil

---

*) Myl. IV, 1, 527 und Fritsch III, 496 ff.

das Holz an etlichen Orten theuerer als in dieser Ordnung der
Kauf beschrieben, losgeschlagen und verkauft werden kann,
so sollen Unsere Oberjägermeister .... hiermit Befehl haben,
solches so hoch als sich es immer leiden will, und sonderlich
den Fremden und Ausländischen zu verkaufen«. Die Holztaxen
sind gegen 1593 schon bedeutend höher, die Ausformung des
Holzes ist fast gleichgeblieben.

Die Verordnungen in Sachsen von 1482, 1543, 1551
und 1555 *) beziehen sich sämmtliche auf die Jagd. Erst in
der F.O. von 1560 für die Aemter Schwarzenberg und Cro-
tendorf**) wird der Verkauf des Holzes geregelt und angeordnet, dass jährlich »zwei Förstereien (Holzmärkte) gehalten
werden«. Bestimmte Taxen sind nicht aufgestellt, die Beamten
sollen das Holz »nach Gelegenheit anschlagen«. Wenn auch
beim Verkauf zunächst die Unterthanen und Bergwerke berücksichtigt werden sollen, so stand doch der finanzielle Zweck
im Vordergrund, wie aus den gestellten Zahlungsbedingungen
ersichtlich ist. Nach Verkauf und Anweisung des Holzes im
Walde sollen die Beamten mit den Käufern »in das Amt oder
des Oberförsters Haus, wo es am bequemsten, rücken, da es
draussen nicht geschehen, die bewilligte Bezahlung daselbst
von den Leuten empfangen, keines verborgen«. Erfolgt die
Bezahlung nicht »denselben Tag«, so soll der Käufer »des er-
kauften und angewiesenen Holzes verlustig sein, dasselbe einem
andern verkauft und gleichwohl durch die Amtshilfe das Kaufgeld vom ersten Käufer unvermindert eingebracht und als Straf-
geld verrechnet werden«. Gewiss rigorose Bestimmungen, die
die rein spekulative Tendenz bei der Nutzung des Waldes nicht
verkennen lassen. Die Rechnungsführung ist schwerfälliger als
in der Mark Brandenburg. Dem Käufer müssen zwei Zettel
ausgehändigt werden, einer vom »Amtsverwalter« und einer
vom »Forstschreiber«. Von beiden muss auch ein gleichlau-

---

*) Codex Augusteus: 1482, I, 12; 1543, I, 25; 1551, III, 81; 1555,
I, 43.
**) Cod. Aug. II, 487 ff.

tendes Register geführt werden, »an welchen Orten das Holz
verkauft, wem, woher derselbe sei und wie theuer«. »Ob aber
unser Oberförster weder schreiben noch lesen könnte, so soll
der Amtsverwalter das Geld von jeder Försterei in seinem und
des Forstschreibers Beisein zählen, dem Oberförster Zettel und
daneben ein Kerbholz darüber zustellen, damit beide Theile
gleichen Bericht thun können, was bei jeder Försterei und
jedes Jahr aus unsern Gehölzen dieser Aemter verkauft wurde.
Feuerholz soll nicht stammweis, sondern nach Klaftern verkauft werden. Weil die Käufer . . . bisher das Klafterholz
selbst geschlagen und im Einlegen und in der Länge grossen
Vortheil gebraucht, die Kleppel und Aeste nicht mit einge-
hauen noch das Reisholz aufgeräumt, auch hohe Stöcke gemacht, knorrige und unspältige Stämme unaufgearbeitet liegen
gelassen, so soll fürder das Klafter und Schragenholz durch geschworne Holzschläger . . . in bemeldeten beiden Monden
nieder gehauen, mit der Säge geschnitten und eingelegt . . .
werden« *). Der Hauerlohn wird vom Käufer bezahlt. Nach
der Generalbestallung für die Forstbediensteten **) v. 1575 soll
»mit Verkaufung des Holzes treulich umgegangen werden, das
Holzgeld sollen die Schosser (Rentmeister) einnehmen und dasselbe, ehe sie von einander ziehen, zählen, und die Forstknechte
über alles gelöste Geld jeden Holzmarkt vom Schosser und Forstmeister zugleich Bekenntniss fordern, was jede Försterei auf
jedem Revier gelöst und aus welchen Gehölzen«. Ausser den
bestimmten zwei Förstereien dürfen die Forstbedienten nur in
Notfällen Holz abgeben. Auch »das freie und verschenkte
Holz« muss von den Bedienten »in Gegenrechnung« gebracht
werden. Diese Bestimmung ist insofern bemerkenswert, als sie
das Streben nach einer genauen Rechnungsstellung über die
aus dem Walde gezogenen Nutzungen bekundet. Ein Patent
Herzogs Friedrich Wilhelms v. 1598 ***) regelt den Holz-Ver-

---

*) Der Hauerlohn beträgt für die Klafter Hartholz 20 Pf., Weich-
holz 1½ Gr., das Schock Reisholzgebunde 8 Pf.

**) Cod. Aug. II, 519.

***) »Patent Hertzogs Fr. W. zu Sachsen, als Administratoris der

schleiss eingehend und könnte mutatis mutandis auch bei heutigen Holzverkäufen noch beherzigenswerte Anhaltspunkte bieten. Die Holzsortimente müssen vor der Försterei bekannt gegeben werden, damit sich die Interessenten »mit Geld und sonsten darauf gefasst machen« können. Taxen werden auch hier noch nicht aufgestellt, sondern das Holz soll »nach dem es langschäftig, stark und bewipfelt aus dem Augenschein angeschlagen« werden. Die Beamten sollen »den Käufern guten Bescheid geben und sie mit bösen verdriesslichen Worten nicht anfahren noch aufhalten. Niemandem, der das Holz zu bezahlen vermag, soll dasselbe geborget werden, sintemal der Borg allein auf die Armen, welche mit baarer Bezahlung nicht gefasst, und nicht auf die Wohlhabenden und Vermöglichen gemeinet«.

Nach der berühmten F.O. August's von Sachsen für die Grafschaft Mansfeld v. 1585*), welche eine für ihre Zeit sehr grosse Einwirkung landesherrlicher Obervormundschaft für Privatwaldungen involvierte, »soll kein Holz, so der Ordnung nach hauig und zu verkaufen, ohne vorhergehende Anweisung des Oberforstmeisters angehauen, noch der Grafschaft zum Nachtheil das Gehölze zu gering verkauft werden; der Oberforstmeister soll in allen Aemtern und Orten zur Anweisung gezogen und keinem zu Liebe oder aus Gunst an dem gewöhnlichen Kaufgelde etwas ohne sonderliche erhebliche Ursachen und Vorwissen der Grafen und Oberaufseher erlassen werden«. Das Bauholz ist stammweise zu verkaufen.

In der Sächsisch-Weimar'schen F.O. v. 1646**) wird die pflegliche Behandlung des Waldes angeordnet, damit der »Kammer ein stetiger Nutz und Zugang durch die gewöhnliche jährliche Waldmieth verschaffet« werde. Die Ablassung

---

Chur-Sachsen, wie es bey denen Frühlings- und Herbst-Förstereyen mit Verkauff- und Anweisung des Holtzes, auch sonsten mit der Holtz-Nutzung zu halten d. 12. Febr. Anno 1598«. Cod. Aug. II, 531 ff.

*) Bei Stisser, 2. Abt. p. 125 (Anh. I).

**) Fritsch III, 18. Gleichlautend mit ihr ist die Sachsen-Gothaische F.O. v. 1664, Fr. 33.

des Holzes erfolgt an zwei »Schreibetagen«. »Da jedoch die
Beamten und Forstbedienten finden würden, dass zu unserm Nutz
etwas ausser den gewöhnlichen Schreib- und Anweistagen zu
verlassen wäre, sollen sie dabei dahin sehen, dass solches in
der nächsten Waldmiet bezahlet werde«. Das Buchenholz soll
»baum- und stangenweise verkauft und die Buchenbäume nach
der Spanne gemessen werden«. Besondere Taxen existieren
nicht. Werk- und Bauholz sollen aber nicht nach dem Augenschein, sondern »nach den verordneten Waldringen und Spannen,
wie deren . . . im Mass-Täfelein zu befinden, angeschlagen«
werden.

Nach der Württembergischen F.O. v. 1614 sollen
die Forstmeister bei dem Bauholzverkauf »ordentlich aufmer-
ken, wie viel das ungefähr sei, auch an welchem Ort und
Flecken solches Holz am gelegensten und nützlichsten zu verkaufen«. »Welche Holz kaufen, die sollen das Geld dem Forstmeister selbst, doch im Beisein des Forstknechts an demselben
Ort, da er seine Hut hat, überantworten«. Die Kontrolle über
die Einnahmen aus den Waldungen wurde durch Führung der
»Sal- und Lagerbücher« geübt. In dieselben musste alles, was
Waldnutzung anlangte, in Einnahme- und Ausgabetiteln verrechnet werden.

In den Badischen Landen wurde durch die markgr.
Baden-Badische F.O. v. 1586 u. 1587 *) der Grundstein zur
Verbuchung der Forstgefälle gelegt. Die Forstmeister mussten
Sal- und Lagerbücher über ihre Verwaltungsbezirke anlegen
und über die landesherrlichen Einnahmen aus den Forsten Rech-
nungen mit Finalbemerkungen über Ab- und Zunahme des
Einkommens führen **). Alles Holz, welches mit Erlaubnis der

---

*) Behlen und Laurop, Systemat. Sammlung der Forst- und Jagd-
gesetze der deutschen Bundesstaaten. Mannheim 1827, I. Bd.

**) Das vorgeschriebene Rechnungsschema musste folgende Titel
enthalten: Einnahme — des Rechners Rezess — verkauftes und ab-
gegebenes Holz nach den Titeln: auf Berechtigung — auf Besoldung —
auf Hofhaltung und zum eigenen Hausgebrauch — in die Schlösser geführt — aus Gnaden — Bauholz, Kelterholz — Buchen-Nutzholz —

Rentenkammer abgegeben wurde, sollten die Forstbeamten in eigner Person und mit Zuziehung des Forstknechts der betr. Hut urkundlich verkaufen, nichts davon verschenken, sondern alles in Rechnung bringen. Bei »Zielverkäufen« (d. h. bei Kreditierung des Kaufschillings) mussten sich die Beamten für die Zahlung gehörige Sicherheit stellen lassen. Jeder Forstmeister und Knecht musste seine Jahresrechnungen mit Weihnachten schliessen und mit Urkunden belegt an die Rentenkammer abliefern; am Rechnungstage hat baare Zahlung zu erfolgen. Das verkaufte Holz musste nach Gattung, Art und Preis in Rechnung gebracht, der Waldort der Abgabe genau verzeichnet, der Empfänger registriert und eine von letzterem darüber ausgestellte und legalisierte Urkunde der Rechnung beigelegt werden. Der Forstmeister hat alle ihm zukommenden schriftlichen Befehle der Jahresrechnung beizugeben und dadurch die Abgaben zu belegen; der Verkauf des Brennholzes an In- und Ausländer, schlag-, stamm- und klafterweis, soll immer möglichst hoch geschehen. Der Verkauf von Bauholz erheischt die Bewilligung der Rentenkammer und soll sich in der Regel nur »auf die Nothdurfft« der Unterthanen beschränken. Das Holzgeld sollte vom Bürgermeister gesammelt und an die Rentenkammer abgeliefert werden.

In der Ordnung der Waldförster an der Murg von 1533 *) wurde befohlen, »dass kein Waldförster ohne den andern etwas verkaufen soll und dass das Geld so aus Kohlen oder Holz erlöst wird, sie gemeinschaftlich in Empfang nehmen und mit ihren Jahresrechnungen überantworten. Sie sollen auch gemeinschaftlich ihre Rechnung stellen und sich darin über alle Einnahmen und Ausgaben Rede und Antwort stehen«.

Reifstangen von Eschen — Birkenstangen. Ferner jährliche Schweinemast — Strafen, Bussen und Rügungen — alte Schulden — Gefälle des Jahres — gefallenes Wildpret — Federwildpret — Federspiel — Häute. Ausgabe: Besoldung — Lieferung an die Landschreiberei — aufs Gejägd — Zehrung — Insgemein.
        *) Im Archiv zu Karlsruhe.

Nach der Reuss-Plauischen F.O. von 1638*) soll
alles Holz »stamm- und baumweise weggelassen, nach Gelegenheit des Orts, Grösse der Bäume pflichtmässig angeschlagen, und alsdann der Kauf im Wald beschlossen werden.
Das liegende, dürre und windbrüchige Holz .. bleibt zu unsern
Nutzen aufs beste zu verkaufen«. Wer »hinfüro Holz annimmt,
soll sich darnach gänzlich richten, dass er auf Reminiscere, was
er im Herbst, und auf Bartholomaei, was er im Frühjahr zuvor angenommen, mit gutem Gelde unsern zu jederzeit verordneten Beamten .. bezahle; in Verbleibung dessen soll der
Säumige des andern oder 3. Tages auf Gehorsam geleget und,
bis er Richtigkeit gemacht, von dannen nicht gelassen werden«.

Die Grafschaft Hohenlohe scheint nach der F.O. von
1579**) auf die Waldrevenüen besonderes Gewicht gelegt zu
haben. Die Forstmeister sollen »das Holz nach ehrbarn, leidentlichen und billigen Dingen, wie es jeder Zeit in oder um
unserer Grafschaft, bei unsern Benachbarten, sonderlich denen,
die an solches Holz, daraus gegeben und verkauft werden soll,
stossen, im Kauf und Werth ist, achten und anschlagen, damit
unser Holz nicht wohlfeiler denn bei den Benachbarten solches
zu bekommen, gegeben werde«.

Die Schwarzburg-Rudolfstädtische F.O. v. 1626***)
gewährt sogar den Handwerkern keine Vergünstigung, sondern
es sollen die »Buchen, Schindel-, Büttners- und andere stehenden
Bäume, so die Muldenhauer, Wagner und andere Waldleute
verarbeiten, wie auch das Bauholz nach seinem Werth verkauft
werden. Die Namen der auswärtigen Waldleute und Fränkischen Dörfer sollen ausdrücklich angesetzt werden, was und
wie viel ein jeder gekauft und verwaldzinset hat«. Die Schin-
delmacher durften nicht mehr »hundertweise um Zins, sondern
nur baumweise« arbeiten.

Bayern†) und Nassau legten um diese Zeit auf die

---

*) Fritsch III, 262 ff.
**) Fritsch III, 217.
***) Fritsch III, 189 ff.
†) D. i. Altbayern, Oberpfalz, Neuburg und Sulzbach.

Einnahmen aus dem Holzverkauf den wenigsten Wert. Die bayerischen Forstordnungen sorgten vor allem dafür, »dass der Jagd kein Nachtheil geschehe« *) und dass die Berechtigten befriedigt wurden. Nur wenn die Unterthanen einiger Grund-herrn bei ihren Gütern kein Holz hatten, durfte ihnen aus herrschaftlichen Waldungen gegen Bezahlung Holz abgegeben werden. Damit der Wildfuhr kein Schaden zugefügt wird, darf kein der Wildfuhr nachteiliger Holzschlag und am wenigsten bei Wildsulzen angelegt, — folglich nie ohne Wissen der Wild-meister, welche angeben können, wo es der Wildfuhr nicht schädlich ist, Holz gehauen werden (Bayer. V. v. 8. Aug. 1651).

In den Nassauischen Ländern wurde zwar Holz verkauft, aber nur soviel, als die Unterthanen für sich nötig hatten. Das Bedürfnis wurde amtlich konstatiert an den »Holzter-minen«. Die Durchforstungen sollen nicht zu stark gegriffen werden, »damit das Wildpret seinen Stand und Dickung be-halten möge« **).

b. Mast.

Wenn auch die Holzverwertung im 16. Jhrhdt. schon all-gemein geregelt und die hohe Bedeutung der daraus zu erzie-lenden Einnahmen von allen Landesherrn anerkannt war, so standen doch die allgemeinen wirtschaftlichen Zustände und der Mangel an geeigneten Transportmitteln in vielen Waldungen einer rationellen Zugutemachung des Holzes noch hindernd im Wege. Um so mehr waren die Landesherrn veranlasst, in sol-chen Gebieten auf diejenige Waldnutzung ihr Augenmerk zu richten, welche den Unterthanen an sich wertvoller und sym-pathischer war als das Holz, nämlich die Mast. Noch bis in das 18. Jhrhdt. hinein konnte sich die Landbevölkerung nicht in den Gedanken finden, dass das Holz wie jedes andere Gut einer Preisbildung fähig sei. Man sah im Walde nur den Ge-brauchsvorrat aufgespeichert, der ursprünglich das Eigentum

---

*) F.O. f. Ober- und Niederbayern v. 1568, I, 2, 28.
**) W.O. v. 1619.

aller darauf Anspruch Erhebenden war, der ohne Zuthun des Menschen vorhanden und somit ein echtes Geschenk der Natur sei. So wenig in der alten Markgenossenschaft das Holz Tauschwert hatte und haben konnte, so wenig hielt man es für recht, mit Geld dem Landesherrn das zu bezahlen, was er unentgeltlich überkommen hatte. Anders dagegen lagen die Verhältnisse bei der Mast. Diese war in den Augen der Unterthanen kein blosser Gebrauchsvorrat, sondern ein Kapital, das in seiner Verwendung ein Produkt mit Tauschwert lieferte. Und obwohl auch die Mast in früheren Zeiten unentgeltlich zur Verfügung stand, so opferte man mit dem Durchbruch der Geldwirtschaft doch lieber baare Münze für die Mastnutzung als für die Holznutzung, weil erstere anscheinend der Produktion, letztere der Konsumtion diente. In der Mastnutzung sah man einen unmittelbaren, in der Holznutzung einen mittelbaren, nicht greifbaren Erfolg. Dazu kommt noch, dass grosse Mastvorräte leichter ökonomisch zu verwerten waren als grosse Holzvorräte. Die Verwertung der letzteren hatte bei mangelnden Verkehrsadern ihre Grenze in der Befriedigung des starren lokalen Bedarfs, die Mast dagegen gestattete mit zunehmender Menge eine Ausdehnung ihrer Verwendung.

Im Lauenfoerder Forst des Sollinger Waldes betrug im Jahre 1594 die Einnahme aus Holz 44 Rthlr., die aus der Mast dagegen 1110 Rthlr. für 2000 Mastschweine auf einer Fläche von 6000 Morgen *).

Ihre grösste Bedeutung erlangte die Mast allerdings erst nach dem 30j. Kriege, als die Landesherrn um jeden Preis grosse Geldsummen aus dem Walde ziehen wollten. Und es lässt sich

---

*) Pfeil, Krit. Bl. 1845, p. 112. — Den Hagenauer Forst versetzte i. J. 1336 Kaiser Ludwig dem Pfalzgrafen Rudolf für 6000 ℔ Heller nur um des Mastertrages willen, wie sich aus der betr. hierüber ausgestellten Urkunde ergibt: »Wir lassen euch wissen dass wir . . . die ecker und die eicheln uf unser und des reiches wald und forst zu Hagenau und die nutz und gült die von denselben eicheln gefallen mügen, vür etwie vil gelts, versetzt haben«. Franz Batt, das Eigentum zu Hagenau im Elsass 1876, p. 237.

im Allgemeinen nachweisen, dass die Mastrevenüen immer dann die Einnahmen aus der Holzverwertung ergänzen mussten, wenn letztere nicht mehr oder nur in beschränktem Masse möglich war. Dies traf eben nach dem 30j. Kriege zu, während zu Anfang des 18. Jhrhdts. der Holzverkauf wieder grössere Summen abwarf und die Bedeutung der Mast zurückdrängte.

Von den vielen Bestimmungen über die Verwendung des Eckerichs seien hier nur folgende angeführt.

Nach den Baden-Badischen Eckerichsordnungen von 1497 und 1581 *) soll alles Eckerich, welches die Unterthanen und Beamten nicht nötig haben, »zum besten Nutz« an Auswärtige so hoch als möglich verkauft werden. Auch die Unterthanen sollten das Eckerich, dessen Nutzung ihnen nicht von rechtswegen zustand, so hoch als möglich pachten. Bei Beitreibung des Dehmengeldes sollten Kosten möglichst vermieden werden. Der Amtmann musste das Geld einziehen und dem Landschreiber abliefern.

In den Bayerischen Landen kam der Mastanfall hauptsächlich den Berechtigten zugute oder wurde als Wildfutter im Walde belassen. Dagegen mussten in der Pfalzgrafschaft bei Rhein nach der F.O. v. 1580 die Amt- und Forstleute alle Jahre um Bartholomä oder Egydi berichten, wie das Eckerich geraten und auf welche Weise es »zum besten Nutz« zu wenden. Ebenso sollte nach der Eichstätter F.O. v. 1592 alljährlich berichtet werden, »wie und was Weg der Mastertrag zum besten Nutz zu verwenden«. Niemandem soll dabei ein Vorteil zugestanden werden, »der uns zur Schmälerung reichen möchte«.

Nach der Württemberger F.O. v. 1567 und 1614 soll, »wann ein Eckerich fällt, ein jeder in seiner Hut solches mit einem Gericht urkundlich verleihen. Und soll alsdann solcher Eintrag und Nutz der Herrschaft allein unterschiedlich ohne einigen Abzug eingezogen und verrechnet werden nach dem Inhalt der gedruckten Forstrechnungsordnung«.

---

*) Die Eckerichtsordnung von 1581 (im General-Landesarchiv zu Karlsruhe) ist mit Ausnahme einer ihr beigegebenen Einleitung gleichlautend mit der von 1497.

In der Sachsen-Weimar'schen F.O. v. 1646 ist zwar die
Mast nicht direkt erwähnt, muss aber doch als Einkommensquelle angesehen worden sein, da verboten war, »Obst- und
fruchttragende Bäume, als Eichen, Aepfel- und Birnbäume,
Kirschen- und Elsbeerbäume abzuhauen«.

In Brandenburg wurden 1602 die früheren Mastgelder erhöht. Amtsunterthanen zahlen 18 Groschen Mastgeld und zwei
Schillinge Schreibgebühr und Hirtenlohn (gegen zwei Schäffel
Haber oder 12 Gr. i. J. 1593), Ritterschaft und Städte 21 Gr.
Mastgeld und 2 Sch., Ausländische und Fremde 1 Thaler und
2 Gr. Schreibgebühren für ein »eingenommenes Schwein«. Durch
die F.O. v. 1622 wurden die Mastgelder nochmals ganz bedeutend in die Höhe geschraubt. Amtsunterthanen zahlen von
jedem Schwein 1 Thlr. 12 Gr., Ausländische 2 Thlr., beide
ausserdem noch 4 Gr. Hüte- und Schreibgeld. Letzteren Betrag mussten auch diejenigen zahlen, welche »freie Mastgerechtigkeit« hatten.

c. Zeidelweide.

In einzelnen Gebieten war auch die Zeidelweide von grosser
finanzieller Bedeutung. In einer Schenkung Otto III. vom
Jahre 993, Heinrichs II. vom Jahre 1007 und Heinrichs V. vom
Jahre 1112 werden die Zeidlereinkünfte [*] im Nürnberger Reichswald erwähnt. Dieselben benutzte im Jahre 1350 Karl IV.
zur Einlösung einer bei Arnold von Seckendorf kontrahierten
Schuld im Betrage von zweihundert Mark »löttigen Silbers«.
Laut des betreffenden Versetzbriefes [**] wird genanntem Seckendorf, »seinen Erben und Nachkommen«, des Reiches Honiggeld
in dem Wald Laurenzi und Sebaldi (»Reichsbienengarten«) [***]
»zu einem rechten Pfandt« verliehen. Seckendorf hat im J.
1355 seine Rechte an den Burggrafen Albrecht überlassen und
im J. 1360 erhielt der Rat zu Nürnberg die Erlaubnis, die

---

[*] Pfeil, Forstgesch. p. 75.
[**] Bei Stisser, a. a. O., Beil. FF.
[***] Stahls F.M. I, 106.

Zeidelgüter einzulösen, was 1433 Kaiser Sigismund bestätigte. Um aber die Zeidler für die ihnen auferlegten Gebühren zu entschädigen, wurden ihnen im gleichen Jahre 1350 verschiedene Privilegien erteilt und zwar auf Kosten des Waldes selbst. Nach der zu diesem Zweck ausgestellten Urkunde *) haben die Zeidler »das Recht, dass ein jeglicher Zeidler alle Wochen soll führen zwei Fuder Stöck und Rannen aus des genannten Reichs Walde, und mag das verkaufen, ob er will und ihn soll niemand daran hindern noch irren«. Wer einen »gewipfelten oder gemerkten Baum« der Zeidler abhaute, »ist schuldig dem Zeidelmeister ein Pfund Heller«. Diese den Zeidlern eingeräumten Rechte sind aber um so charakteristischer für die rein finanzielle Tendenz in der Nutzung dieses Reichswaldes, als im J. 1347 Karl IV. eine Verordnung **) »wegen der Wälder bey Nürnberg und des Hauses Brunn an die Stadt N.« ergehen liess, welche schon Ludwig der Bayer i. J. 1331 in gleichem Wortlaut emaniert hatte, und worin von dem »Gebrechen oder Schaden, der uns und dem Reich geschieht an unsern und des Reichs Wäldern bei Nürnberg gelegen«, die Rede ist und die Holznutzung beschränkt wird ***).

In der Mark Brandenburg kamen im 13. Jhrh. ebenfalls Verpfändungen von Honig- und Heidezinsen durch die Markgrafen †) vor. Nach einer Zusammenstellung der Domanialeinkünfte in dem Landbuch der Mark Brandenburg vom J. 1375 ††) er-

---

*) Stisser, a. a. O. Beil. M.

**) Stisser, a. a. O. Beil. EE.

***) Die Zeidelrechte waren erblich und schlossen die Verpflichtung in sich, dem Kaiser und Reich mit der Armbrust zu dienen und ein bestimmtes Honiggeld zu zahlen. In dem Salbuche v. 13. Jhrhdt. über die Reichsgüter bei Nürnberg ist bestimmt: »das Amt Heroldsberg soll setzen dem Reich einen Pingarten hintz dem Eynch, da 72 Immen inne seyen, die untödtlich seien. Von dem Walde, der zu Heroldsberg gehörte (Sebalderwald), dienet auf die Burg zu Nürnberg 46 Schock, der ist nicht mehr ledig, den 14 Geschock«. Das Uebrige war verpfändet. Roth, Gesch. d. Forst- u. Jagdwesens, p. 313.

†) Pfeil, a. a. O. p. 52.

††) Ausgabe von C. F. v. Herzberg 1781. (citiert bei Bernhardt, a. a. O. I, 151 f. und Berg, a. a. O. 119 f.)

scheinen unter den landesherrlichen Einnahmen die Honiggelder
und die Heidemiete, während die »redditus siluarum sicut de
vendicionibus et locacionibus et alii, quia casuales et incerti
sunt«, nicht besonders aufgeführt werden. Der Erlös aus dem
Verkauf des Holzes (»ligna sicca per totum annum venduntur
et aliquando viridia«) stand erst in zweiter Linie und wurde
von den Bediensteten selbst percipiert. — In der H.O. für die
Neumark v. 1590 werden die Zeidler gleichfalls erwähnt.

Die Sachsen-Weimar'sche F.O. v. 1646 bestimmt hierüber:
»Ob in den Wäldern und Gehölzen Bienen und Honig angetroffen und gefunden würden, die sollen in die Aemter gezogen,
nach billigem Werth verkauft und das Geld dafür berechnet
werden«.

Die Brandenburgische F.O. »auf dem Gebürg« v. 1574
beklagt den Rückgang der Zeidelweide, die »vor alters und auch
noch bei Menschen Gedenken auf den Wäldern eine feine Nutzung gewesen«[*]) und befiehlt den Forstleuten »darauf bedacht
zu sein, wie sie zu förderlichster Gelegenheit solche Zeidelweide
wiederum anrichten möchten«.

2. Für Berg- und Hüttenwerke im fiskalischen Betrieb.

Die Idee, dass der ökonomische Effekt des Waldes nicht
in der Erlangung eines unmittelbaren Einkommens, sondern
erst mittelbar in dem Reinertrage holzbedürftiger Gewerbe zu
suchen sei, war schon in die Praxis des 16. Jhrh. und noch
früherer Zeiten übergegangen und fand ihren Ausdruck einerseits in der Verwendung des Holzes zum Bergbau und Hüttenbetrieb selbst, andererseits in der Unterstützung der darin ihren
Erwerb suchenden Personen.

---

[*]) Im Jahre 1398 verlieh Burggraf Johannes von Nürnberg den
Zeidlern in den Aemtern Weissenstadt, Wunsiedel, Hohenberg, Kirchen-
lamnitz, Regnitz, Hof, Münchsberg und Schauenstein das Zeidelrecht,
wofür jeder Zeidler von zwei Immen ein »Nösslein Honig« jährlich als
Zins geben musste. Grimm, III, 896.

Zur richtigen Beurteilung dieses Verwertungsmodus von Waldnutzungen muss man aber festhalten, dass der Betrieb der Berg- und Hüttenwerke, Kalköfen u. s. w. sehr oft nicht Selbstzweck, sondern das Mittel für die wirtschaftliche Benutzung des Holzes war und daher anfänglich immer in entfernte, waldreiche Wirtschaftskreise verlegt wurde. Man hat es also in solchen Fällen gleichfalls mit spekulativen Nutzungsprinzipien zu thun, die nur unter einem anderen Gewande erscheinen. Waren solche waldreiche Gegenden durch die angelegten Gewerke erschöpft, so gab es nur zwei Mittel zur Instandhaltung der letzteren: entweder Verlegung nach einem waldreichen Ort oder Beischaffung von kondensiertem Holz in Gestalt der Kohlen aus entfernteren Gegenden. Beide wurden je nach Lage der Dinge gewählt.

Von den sog. kameralistischen Theorien des 18. und 19. Jhrh's. unterscheidet sich diese im 16. und 17. Jhrh. gehandhabte Praxis wesentlich dadurch, dass jene überhaupt dem Walde die werbende Eigenschaft absprachen und somit keinen Unterschied machten zwischen erwerbsfähigen und erwerbsunfähigen Waldkomplexen, während die Unterstützung der Gewerbe im 16. und 17. Jhrh. lediglich die Tendenz hatte, dem erwerbsunfähigen Wald, um modern zu reden, eine Bodenrente abzugewinnen. Beweise hiefür sind die vielen Stellen, in welchen die Nutzung des Holzes in den abgelegenen Waldkomplexen angeordnet wird. Ein weiterer Unterschied ist noch der, dass der Betrieb der Bergwerke in der Regel auf Rechnung des Fiskus, bezw. Landesherrn erfolgte, und mithin deren Unterstützung durch Holz privatwirtschaftlichen Interessen der Gemeinwirtschaft diente und finanzpolitisch gerechtfertigt war; die Kameralisten dagegen plädierten für Unterstützung der Privatwirtschaften auf Kosten der Gemeinwirtschaft.

Der Bergbau und Hüttenbetrieb blühte namentlich im südlichen und mittleren Deutschland und trug in den einzelnen Gebieten viel zur Waldverwüstung bei, da abgesehen von dem zum Betriebe selbst benötigten Holze auch die vielen Arbeiter ihren Hausbrand aus den umliegenden Waldungen decken durften.

Die Wald-Ordnung für das Erzstift Salzburg v. 1524*) gibt nicht nur Vorschriften über die Nutzung der landesherrlichen Waldungen, sondern schreibt auch den Privaten den Absatz ihres Holzes genau vor im Interesse des Bergbaues und der Salzsiedereien. Der Landesherr hatte darnach das Monopol für die gesamte Holzkonsumtion des Territoriums. Der »Umreiter« soll »einen Ueberschlag und Anschlag machen, welche Wälder gegen Hallein dienstbar sind, desgleichen welche Wälder zu andern gemeinen Bergwerken zu Kohl- und Bergholz gebraucht werden mögen, auch fleissiglich darob sein, damit solche Wälder nicht zu anderm Gebrauch verliehen, genutzt noch verhackt werden. Das Gleiche galt für die Lehenwaldungen, da »solche Wälder allein zu Notdurft und Gebrauch des Salzsiedens gewidmet und geordnet sind«. Der Bergbau auf Erze und Salz war Gewerkschaften übertragen und daher angeordnet, dass »kein Gewerk- oder Bergwerks-Unternehmer aus den Wäldern, so ihm zu des Bergwerks Nothdurft und Unterhaltung verliehen werden, das Holz in anderem Weg und zu eigenem Nutzen nicht verbrauche oder anderen verkaufe«. Die Monopolisierung der Holzkonsumtion wurde durch die Bergordnung von 1538 noch weiter ausgedehnt und alles für den Bergbau unentbehrliche Privateigentum zum fürstlichen Kammergut erklärt. Zur Erhöhung des Reinertrags aus den Berg- und Salzwerken war aber natürlich die möglichst billige Beschaffung des benötigten Holzes eine Hauptbedingung. Das rechtliche und faktische Monopol bot allerdings die Möglichkeit, die Holzpreise am Produktionsort niedrig zu halten, gegen ein Moment der Preisgestaltung am Konsumtionszentrum war es aber machtlos: gegen die Transportkosten. Daher beschäftigt sich die F.O. von 1592**) vornehmlich mit Verminderung derselben. »Man hat allein dahin gesehen, dass man nur (bei selbigen Zeiten) genügend viel Holz und dasselbige auch an nah gelegenen Orten haben möge; darum man auch nicht auf sehr entlegene Orte

---

*) Müllenkampf II.
**) Müllenkampf II.

gesehen, sondern allein die gar gewinnlichsten Waldorte hergenommen hat, welches wir jetzt ziemlich empfinden, indem
wir in diesen ohnehin mühseligen schweren Jahren die blosse
Nothdurft Holz gar beschwerlich und in sehr hohem Leihkauf
und Geld haben und für unsere Rechnung bringen mögen . . .«
Der »Waldman« soll daher einen ungefähren Anschlag machen,
»zu welchem Leikauf ungefähr ein jeder (Wald) hergehackt
und zum Hällein gebracht werden möchte, was für Pfannen-
holz ein jeder Wald geben, auch mit welcher Gelegenheit oder
Verlegenheit dasselbe gebracht werden möchte«.

Dem gleichen Prinzip entsprechend sollen in der Grafschaft
Mansfeld (1585) »alle der Grafschaft M., sowohl der Grafen
als der Unterthanen eigenthümliche Gehölze, so von altersher
nach den Verträgen allein zu den Berg- und Kohlenwerken
zum Besten der Grafschaft gebraucht, nicht denselben zum
Nachtheil hinfürder als Stammholz . . verkauft und verhauen
werden«.

In der Braunschweig-Lüneburgischen F.O. v. 1590 sind
genaue Vorschriften bezüglich der Abgabe von Holz an die
Bergwerke gegeben. »Gleichwie die Forsten und Holzungen am
Harz nicht allein gleichsam des Bergwerks Herz, wovon alles,
was in diesen Bergwerken enthalten, zu Nutzen zu bringen
ist«, so soll auch in den Waldungen »hausgehalten werden,
dass solche in keinen Ruin gesetzt« werden. Von einer wohl-
durchdachten Finanzmassregel zeigt folgender Passus: »Bei Anweisung und Anlegung der Köhlereien behufs unserer Unter-
harzischer Bergwerke soll wohl beobachtet werden, wie der
Kauf bei den Bergwerksmaterialien bewandt ist und wenn Glöd
und Blei in hohem Preis und die Bergwerke es am besten abtragen können, dass alsdann die weitesten Hayen (Schläge) zum
Verkohlen angewiesen, die nächsten aber so viel als möglich
und thunlich bis zu anderer Zeit, wenn etwa der Kauf der Berg-
materialien fallen sollte, gespart werden«.

Nach der Henneberg'schen F.O. v. 1615 wird den Bergwerken das »Schachten- und Stollenholz« gratis verabfolgt.
»Das geringhaltige Erz soll beiseits gestürzt werden, weil diese

die Hüttenkosten nicht austragen, und nicht durchgesetzt, sondern die Wälder mit solchem Schadenschmelzen verschonet
werden«. Das Abkommen mit den Zieglern, welche nicht den
vollen Preis für das Holz bezahlten, dagegen aber die Ziegel
für die Amtsgebäude wohlfeiler lieferten, wird sistiert und beide
Teile leisten fortan die volle Bezahlung.

Nach der Sächsischen F.O. v. 1560 wird »zur Förderung
der Bergwercke und zu den nothwendigen Gebäuden« Holz abgegeben, muss aber genau verbucht werden. Liegendes und
faules Holz darf verkohlt werden, »doch dass die Käufer die
Kohlen nirgendshin dann auf unseren Bergwercken den Berg-
oder Grobschmieden verkaufen«. Nach einem Mandat von 1620 *)
muss vom Bergamt der Bedarf an Holz quartaliter angegeben
werden, um »die freie Anweisung und Verabfolgung« des Holzes
beanspruchen zu können. Das Holz ist an »unnachtheiligen
und gewöhnlichen Enden aufs allerförderlichste anzuweisen und
auf der nächstkommenden Försterei sind die Bergamts-Zettel
dem Oberforstmeister einzuhändigen, damit dieselben zum Forst-
register gebracht werden können. Bei der Rechnungsstellung
der Bergwerke ist »in specie zu melden, wie hoch jeder Centner
Zinn über den gesetzten Verlag zum Höchsten bei Verkauf desselben ausgebracht und bezahlet worden und solches zu der von
den Verlegern erlangten Summa zu bringen, davon aber die
im (Zeit-)Abschnitt angenommenen Bergkosten abzuziehen und
sodann von dem auf einer oder mehr Zechen verbleibendem
Ueberschuss eine Ab- und Austheilung auf die Holz-Kuckus
zu machen«.

Nach der Bayer. Landesordnung v. 1553 ist den Grundherrn der Lehen- und Zinswaldungen die ungehinderte freie
Waldbenutzung nur dann gestattet, wenn das Holz aus den
Schwarz- und Hochwäldern im Gebirg nicht zu den Bächen
gebracht werden kann und auch den Bergwerken die Wälder
nicht gelegen sind.

Neben den Bergwerken wurde auch der Betrieb der Zie-

---

*) Cod. Aug. II, 269 ff.

gel- und Kalköfen mit Holz unterstützt. Da dieselben aber
weniger rentabel waren als die Bergwerke, so sollte hier der
Holzverbrauch möglichst eingeschränkt und das Gewerbe nicht
über Gebühr ausgedehnt werden (Salzburger F.O. v. 1592).

3. Zur Unterstützung der Unterthanen und Gewerbe (Vergün- stigungen).

Ueberblickt man die allgemeinen wirtschaftlichen Verhältnisse des 16. Jhrhs., so lassen sich zwei divergierende Strömungen
unterscheiden: eine industrielle und eine agrarische. Diver-
gierend müssen dieselben genannt werden, weil die Grundlagen
ihrer Entwicklung ungleich befestigt waren. Das Attraktions-
zentrum der Gewerbe waren die emporgekommenen und noch
aufblühenden Städte, denen von den Landesherrn immer grössere Privilegien eingeräumt wurden, — daher fortschreitende
Entwicklung mit fortschreitender Zeit. Das Agrarwesen hingegen sollte die unmögliche Aufgabe lösen, mit veralteten
Grundlagen neue wirtschaftliche Erfolge zu erzielen. Der Handwerker passte den Preis seiner Produkte den jeweiligen wirtschaftlichen Verhältnissen an, der Bauer dagegen war noch auf
den Boden der Naturalwirtschaft gedrückt durch die Natural-
form der Pachtschillinge, Kapitalzinsen, Steuern u. s. w.

Diese wirtschaftlich unnatürlichen Verhältnisse stempelten
daher die erste Hälfte des 16. Jhrhs. zum Zeitalter der Bauernunruhen, die ihren Herd bekanntlich in Schwaben, Franken und
Thüringen hatten.

Ein wirksames Agens zu ihrer Entstehung waren dazu noch
die unerhörten Jagdübertreibungen, die v. Logau so charakteristisch mit dem Ausdruck: »Hundephilosophie« geisselte.

Die zweite Hälfte des 16. Jhrh. erzeigt kein mehr erfreu-
liches Bild; vielmehr fällt in dieselbe die Ausbreitung der ungemessenen Frohnden, die Belastung der Bauern mit allen durch
die Zeit nötig gewordenen neuen Staatsausgaben und die unter
einem neuen Gesicht entstandene Leibeigenschaft. Dazu kam
noch in der ersten Hälfte des 17. Jhrhdts. der dreissigjährige
Krieg.

Bei diesen allgemeinen Zuständen war es nun nicht zu
verwundern, dass die Landesherrn nach einem Beruhigungs-
mittel der hochgehenden Wellen suchten und dazu dasjenige
ihrer Güter wählten, das sie kostenfrei in Händen hatten, den
Wald. Der Wald war auch dazu noch besonders geeignet, da
die Bauern gerade an ihm ihre verlorenen Rechte zurückforderten.

In offener und charakteristischer Weise spricht sich darüber die F.O. für die Pfalzgrafschaft bei Rhein von 1580 aus,
wenn sie die patriarchalische Sorge für den ununterbrochenen
Bezug des Holzes, der Weide und anderer Nutzungen, »so alles
nicht zu entrathen« seitens der Unterthanen, mit den Worten
motiviert: damit wir »bei den Unterthanen, so uns mit Zehent,
Beetsteuer, Schatzungen, Reisefolge, Frohnen und Anderem
pflichtig (gesessen) und täglich gegenwärtig, nicht in den Ver-
dacht kommen, unsere Privilegien, Regalien und Herrlichkeiten
zu ihrem Verderben und Unterdrücken missbrauchen zu wollen«,
— und wenn als weiteres Motiv die Wildbeschädigungen genannt werden.

Im gleichen Sinne gestattet die Hennebergische F.O. v.
1615, dass den Hennebergischen Unterthanen »wegen der Jagd-
und anderen Frohnen, welche sie der Herrschaft leisten, das
Bau- und Brennholz in geringem Anschlage gefolgt« werde.
Dieses Holz durfte aber nicht verkauft werden. »Wann aber
Holz übrig wäre, so haben die Forstmeister ihnen nach Gelegenheit etwas anzuweisen, das sie verkaufen mögen, doch dass
sie eine Klafter über den geringen Tax noch mit einem halben
Gulden höher bezahlen«.

Für den Zustand des Waldes waren diese den Unterthanen
gewährten Aequivalente deshalb folgenschwer, weil durch sie die
masslose Ausdehnung der schädlichen Nebennutzungen für
die Zeit nach dem 30jähr. Kriege angebahnt wurde. Das
Bewusstsein der Landesherrn, mit ihren Ansprüchen die Grenze
des noch wirtschaftlich Möglichen erreicht zu haben und die
Sorge für die fernere Leistungsfähigkeit der Unterthanen schuf
einen gewissen Patriarchalismus, der in seinen Mitteln nicht
wählerisch war. Dazu kamen noch die Keime merkantilistischer

Anschauungen, den Preis der Nahrungsmittel und 'gewerblichen Rohstoffe möglichst niedrig halten zu müssen. Daher begünstigte man die Viehzucht und förderte die Verbreitung der Waldweide.

So sind nach der Baden-Durlach'schen F.O. v. 1574 die neu zu machenden Schläge nur so weit zu beschränken, dass die Unterthanen keinen Mangel an Weide leiden und das Vieh zu ihrer Unterhaltung und besseren Leistung der Frohndienste aufbringen können. Es müssen daher diejenigen Schläge, welche dem Vieh entwachsen sind, wieder aufgethan werden, es sei denn, dass es wegen des Wildstandes nicht geschehen könne.

In Württemberg (F.O. 1567 u. 1614) sollen die Weidenutzungen den Einheimischen vor den Ausländern zugewendet werden, »damit im Lande dem gemeinen Nutzen desto stattlicher geholfen und mehr Vieh zum Fleischkauf ausgebracht und erhalten werden möge«.

Nach der Bayerischen Landesordnung v. 1553 sollten zwar Nadelholzschläge drei, Laubholzschläge vier Jahre mit der Weide verschont werden, davon sollten aber diejenigen Landesgegenden ausgenommen sein, wo aus Not die Weide so lange nicht entbehrt werden konnte.

Die meisten aller Vergünstigungen bezogen sich auf das Bau- und Nutzholz für den eigenen Gebrauch der Unterthanen. Mit diesen Abgaben war dann sehr oft das Recht, ja sogar die Pflicht verbunden, auch das Brenn- und Reisholz der betreffenden Stämme mitzunutzen. Ausserdem bestanden aber auch noch besondere Begünstigungen für den Brennholzbezug. In der Regel war das Gegenreichnis ein sehr mässiges. Im Eichstädter Stift wurde die eine Hälfte des benötigten Bauholzes um »gebührliche Bezahlung«, die andere »aus Gnaden« verabfolgt. Die Vergünstigung wurde auch überall da substituiert, wo keine Berechtigung für den Bezug vorhanden war. So beschliesst die Brandenburgische F.O. v. 1531 (u. G.), »dass nun hinführo niemandem Bau-, Brenn- oder anderes Holz gegeben werden solle, denn denjenigen, die ohne Mittel der Herrschaft sind«.

Allgemeiner Grundsatz war es ferner, denjenigen, welche keine eigenen Waldungen hatten, das nötige Holz aus den herrschaftlichen Waldungen abzulassen. Dieselbe Brandenburg-Ansbachische F.O. gesteht daher »dem Adel und andern armen Leuten«, die keine eigene Hölzer haben, zu, dass sie mit Holz und Weide aus den herrschaftlichen Waldungen versorgt werden. Und die Bayr. F.O. v. 1568 bestimmt: »Es sitzen etliche Bauersleute um das Gebirg, die selbst nicht eigenes Gehölz haben, denen soll ihre gebührliche Hausnothdurft an den Gebirgen zu schlagen unverwehrt sein«.

In der Sorge für das Emporkommen der Städte gestattet die Brandenburg-Ansbachische F.O. v. 1531 weiter, dass den Bürgern derselben das nötige Bauholz halb »aus Gnaden«, halb gegen Bezahlung verabfolgt werde, wobei aber wohl betont ist, dass man dasselbe »aus Gnaden zu geben nicht schuldig ist« und dass diese Begünstigung nur eingeräumt wird, »damit die Städte und Flecken desto besser gebaut werden und unsere Unterthanen in dem wie in anderem unseren gnädigen Willen spüren«.

Die Sächsische F.O. v. 1560 beschränkt die Zugeständnisse an den nichtberechtigten Unterthanen lediglich auf deren Vorkaufsrecht an den Holzmärkten. »Den Amtsunterthanen soll vor andern Holz zu ihrer Nahrung gegeben werden und keinem Hausgenossen, noch denjenigen, so es ferner verhantieren und abflössen, einiges Holz ohne Befehl; auch soll keinem mehr, denn wie in jedem Dorf unter jedes Namen verzeichnet ist, verkauft und die alten Erbeinwohner vor andern damit bedacht werden«. In demselben Sinn verordnet die General-Bestallung v. 1575, dass »die Amtsunterthanen, und die, so Jagddienste leisten, und andere Dienstbarkeiten und Beschwerungen tragen, vor Fremden mit Holz gefördert, und die Holzhändler, Hausgenossen und Dienstboten denselben nicht vorgezogen« werden.

Aus diesen Bestimmungen ist deutlich ersichtlich, wie wahr die oben aufgestellte Behauptung ist, dass vor allem der Wald zur annähernden Ausgleichung für die »Beschwerungen« herhalten musste, welche man damals sich als notwendiges Apper-

tinenz eines Bauern dachte. Selbst »der grösste deutsche Staats-
wirt seiner Zeit«, »der sächsische Salomo«, Kurfürst August I.,
der die werbende Eigenschaft des Waldes in jeder Beziehung
richtig erkannt hatte, liess es sich zur Befriedigung seiner
Jagdlust nicht nehmen, die Unterthanen zu unentgeltlichen
Jagddiensten zu zwingen.

In der F.O. für die Neumark (Brandenburg) v. 1590 ist
bestimmt: es sollen »die Amtsbauern das Fichtenholz, wenn sie
es zu ihrer Notdurft, als zu Erhaltung ihrer Gebäude und Ge-
höfte kaufen, nur halb so theuer als sonst zuverkaufen ein
jedes Stück angesetzt ist, bezahlen; also soll es auch mit ihnen,
wenn sie Feuersschaden leiden oder nach Gelegenheit wüste
Höfe annehmen und wieder aufbauen, oder neue Kirchen in
den Amtsdörfern errichten oder sie ausbessern, gehalten werden.
Wenn aber die Amtsbauern andern zum Besten oder zur Schaf-
fung ihres eigenen Nutzens und nicht zur Besserung ihrer
Gebäude Holz kaufen, sollen sie es gleich einem Fremden bezahlen«. Die Reussisch-Plauische F.O. v. 1638 befiehlt den
Beamten, »insonderheit dieses in Acht zu nehmen, dass den
Unterthanen und Frohnbauern dasjenige Bauholz, so sie zu
Bauung der Lehen annehmen, etwas leidlicher angeschlagen
und verkauft werde als den Auswärtigen und auch Einheimischen, welche Schindel-, Bau- und Blöcherholz auf den Handel
annehmen und dasselbe wieder verkaufen«.

Auch die F.O. für Braunschweig v. 1591 will die Notdurft
der Unterthanen bei Holzanweisungen berücksichtigt wissen*).

Indirekt lässt sich die Begünstigung der Unterthanen aus
allen denjenigen Forstordnungen schliessen, welche besonders
betonen, dass die Auswärtigen das Holz am teuersten bezahlen
sollen. Nach der F.O. für Magdeburg z. B. soll der Verkauf
des Holzes »jederzeit nach Landesgebrauch zum theuersten, sonderlich an die Auswärtigen und Fremden« bewerkstelligt werden.

Die Berücksichtigung der Unterthanen bei der Mastnutzung war überall gebräuchlich, wie aus den oben angeführten

---

*) Fritsch, III, 123 f.

Stellen hervorgeht. In Baden (E.O. v. 1581) sollten »die Unterthanen zur Nothdurft genugsam versehen« und bei Verpachtung etwa vorhandenen überschüssigen Eckerichs vor Fremden
bevorzugt werden.

Verschieden von diesen Zugeständnissen, welche der Landbevölkerung an den Waldnutzungen gemacht wurden, sind die
Unterstützungen, welche den H a n d w e r k e r n i n d e n S t ä d t e n
u n d M ä r k t e n zu Teil wurden. So soll man nach der Brandenburger F.O. »u. G.« v. 1531 »den Handwerkern in den Städten,
als Schreinern, Büttnern, Wagnern, Bildschnitzern und anderen
ziemlich um gebührlich Geld mit Gerätheholz helfen nach Gelegenheit der Hölzer und eines jeden Handwerks Nothdurft,
nachdem die Herrschaft der Handwercke nicht entrathen kann.
Nach der F.O. »auf dem Gebürg« müssen die Büttner »zur Beförderung des Bierbrauens mit Büttenholz unterstützt werden«.
Und »dieweil den Büttnern, Schreinern, Wagnern und anderen
Handwerksleuten in den Städten nach Gelegenheit geholfen
werden soll und doch nicht an allen Orten dergleichen Holz
vorhanden, so sollen an den Orten, da die Eichen vorhanden,
vor allen Dingen was busswürdig abgehauen und hingegeben
werden«.

In der Bayerischen F.O. v. 1568 wird u. A. auch wegen
der Handwerksleute keine Steigerung der Holzpreise gewünscht.
»Damit bei den Kistlern, Schäfflern, Wagnern und andern Handwerksleuten, die des Holzes zu ihren Handwerken nicht allein
nicht mangeln mögen, sondern männiglich ihrer Arbeit nicht
entrathen kann, an demselben nicht Abgang entstehe, sollen
die Förster das Holz mit Bescheidenheit nach den Stämmen
um ein ziemlich Geld, wie bisher gebräuchlich gewesen, abgeben«. Den Drechslern soll im Gebirg Holz gegen billige
Bezahlung, in der Ebene aber um einen höheren Preis abgegeben werden.

Nach der F.O. für die Pfalzgrafschaft bei Rhein v. 1580
darf aus den herrschaftlichen und Privatwaldungen Kohlholz
nur an solche verkauft werden, die versprechen, die Kohlen an
Inländer und Schirmverwandte zu ihren Handwerken zu ver-

kaufen oder zu freiem Feil kaufen, um auf den Markt zu fahren, aber keinen Handel damit treiben.

Die fast gleichlautenden F.O. für Eisenach (1645), Jena, Sachsen-Coburg (1653) und Sachsen-Weimar (1646) befehlen, dass, »wo Holz verkauft wird, an welchem die Unterthanen ihre Nahrung suchen und ihr Gewerb damit haben können, solches billig ihnen in jedem Amt vor den Auswärtigen gelassen und gegönnet werde«.

Die F.O. für Eisenach sorgt speziell für die Bürgerschaft und Handwerker in den Städten, welchen, »so viel sich ohne Nachtheil der Wildbahn und Verödung der Gehölze leiden will, zu ihrer bürgerlichen Nahrung, des Brauens, Mälzens, Handwerkens, Haushaltung und Gebäuden Holz gelassen werden soll, damit aus Manglung desselben die allgemeine Nahrung nicht in Abfall kommen möge«.

Wie aus Vorstehendem hervorgeht, wurden auch hier, wie in den Markwaldungen, die Köhler als Handwerker betrachtet und behandelt. Doch war die Köhlerei allen anderen Handwerken untergeordnet und von keiner grösseren Ausdehnung, als der Bedarf der Schmiede u. s. w. erheischte. Oft diente sie auch nur als willkommenes Mittel, entlegene Waldgebiete nutzen zu können. So betont die Bayerische F.O. v. 1568, dass den Schmieden das Kohlholz um leidentlichen Forstzins oder Stammrecht abgegeben werden soll, weil das Holz im Gebirge schwerlicher zu bearbeiten und abzufahren ist. Die Köhler dagegen sollen nur Windwürfe und Abstandholz gegen Bezahlung erhalten. Die Sachsen-Coburgische F.O. gibt die Reihenfolge der Handwerke an, wie sie sich bei der Anweisung folgen. Darnach sollen die Büttner, Schindel-, Schachtel- und Siebmacher und andere »Werk-Leute« zuerst berücksichtigt werden. Dann kommen die »Thielschneider«. Was diesen »nicht dienlich, das soll auf den Floss gehauen werden« als Klafterholz. »Nächst dem Floss sollen alle gemeine Unterthanen und Frohndörfer angewiesen werden. Diesen sollen folgen und angewiesen werden die Köhler und Hammerschmiede«. Interessant ist das Preisverhältnis zwischen Kohlen und Eisen, wie

es in der Nassau-Siegen'schen Verordnung v. 6. Juni 1623 festgestellt
ist: Weil fast vor undenklichen Jahren her ein Wagen Kohlen und ein
Wagen Eisen in gleichem Wert gestanden, so muss künftig diese Gleichheit so viel wie möglich beibehalten werden. Damit nach Verhältnis
der Entfernung der Kohlen von den Hütten und Hämmern eine billige
Proportion im Wert gehalten und niemand verkürzt werden möge, so
sollen die Köhler, welche die Kohlen am nächsten zu führen haben, auch
den höchsten Preis, jedoch nicht mehr als 12 Räder Gulden (4 Rthlr.)
für jeden Wagen, die übrigen Köhler aber verhältnismässig weniger
nehmen. Die in den herrschaftlichen Waldungen gebrannten Kohlen
sollen ebenfalls um 12 Rädergulden pro Wagen verkauft werden.

Nach der Eichstätter F.O. v. 1592 musste der Bedarf der
Kleinschmiede an Kohlholz und der Wagner an Zimmerholz in
ein Verzeichnis aufgenommen und dasselbe der »Rechnung« beigelegt werden. Die Meiler der Hammermeister und Köhler sollten
genau abgemessen werden, »damit man beiläufig sehen kann, ob
mit Verrechnung des Waldzinses ungefährlich gegangen werde«.

Neben den genannten Gewerben wurden auch die Gerber
berücksichtigt.

In Württemberg wird die Rinde in den herzogl. Waldungen
nur von den zufällig gefällten Eichen »um gebührliche Bezahlung« den Gerbern zugesichert. »Wo aber Communen oder
sonderliche Personen eigne Wälder hätten, so haüig und anzu-
greifen wären, die möchten sie zu der Zeit, so der Saft darin
ist, auch den Gerbern zu schälen gestatten und verkaufen; doch
soll das Holz zuerst abgehauen und dann geschälet« werden.
Weil sich die Gerber beschwerten, »dass das Baumschälen, auch
das Loh ihnen zu Abbruch und Verhinderung ihrer Handwerck
und Nahrung den Ausländischen mehrentheils zugestellt und
verkauft« werde, wurde die Ausfuhr der Rinde verboten (F.O.
v. 1567 u. 1614).

Nach der Bayerischen F.O. von 1568 ist das Rindenschälen
an stehendem Holz verboten; wo aber Holz im Safte gefällt wird,
da soll denen, die der Rinde benötigt sind, das Schälen um einen
billigen Preis gestattet werden *).

---

*) Die gleichen Bestimmungen sind enthalten in den F O. für Eich-
städt, Eisenach, Sachsen-Coburg, Sachsen-Gotha, Sachsen-Weimar, Jena.

Während die bis jetzt besprochenen Begünstigungen immer nur gegen ein bestimmtes Entgelt erteilt wurden, finden sich in vielen Ländern auch Beispiele direkter A r m e n p f l e g e durch unentgeltliche Ablassung von Waldnutzungen. Zum Leseholzsammeln scheint vielfach das Recht bestanden zu haben, wie in Sachsen-Weimar, Jena, Eisenach, Gotha. In Sachsen-Coburg wurde durch ein Mandat v. 1604*) den Armen das Leseholzsammeln gestattet. In Sachsen-Weimar wird »Gnadenholz« angewiesen, wenn es ohne Schaden der Gehölze und der Wildbahn geschehen kann. In allen erwähnten Forstordnungen wird den »Armen, so keine Kuh zu halten vermögen, um die Kinderlein ernähren zu können, vergönnet«, bis zu zwei Ziegen in den Wäldern zu weiden, »bis dass sich die Zeiten bessern, und sie eine Kuh zu halten vermögen«, während ausserdem den Ziegen der Wald überall verschlossen bleibt. Nach der bayerischen F.O. v. 1568 soll den armen Leuten das Span- und Schindelholz »um ein billig Geld« abgegeben werden, »soviel die Gehölze ertragen mögen«. In der Hennebergischen F.O. wurde für die Armen auch dadurch gesorgt, dass bei der Anweisung die Forstmeister »diesen Unterschied halten sollten, dass den Armen an nahen, den Reichen aber an weiten Oertern der Abfuhr halber, dazu die Armen nicht wohl kommen können, angewiesen« werde.

4. Auf Berechtigung.

Die Abgaben von Waldprodukten zur Befriedigung althergebrachter Rechtsansprüche mussten im Vorausgehenden schon hin und wieder berührt und namentlich beim Verwendungstitel auf Verkauf mitangeführt werden, weil die Gegenreichnisse für dieselben sehr oft in gleicher oder nahezu gleicher Höhe mit den Taxen der im freien Verkauf verwerteten Waldprodukte standen. Dadurch wird es oft schwer, die Grenze zwischen Verkauf, Berechtigung und Vergünstigung zu ziehen**).

---

*) Fritsch, III, 475.

**) In Bayern begriff z. B. der »Waldzins« sowohl die Gegenreich-

Dies gilt besonders bezüglich der Holzberechtigungen, die um
jene Zeit an sich wenig Bedeutung hatten, weil allen jenen
Unterthanen, welchen der Bezug nicht kraft Rechtes zustand,
das Holz entsprechend den Anschauungen der Zeit im Vergünstigungswege gegeben wurde. In der Ordnung für die Waldförster auf der Hardt v. 1483 werden z. B. die Berechtigten
und andere, »die Bauholzes nothdürftig werden«, vollständig
gleich behandelt. Beide Kategorien müssen den Bedarf den
Amtleuten anzeigen, die dann ihrerseits unter Zuziehung von
Zimmerleuten zu prüfen haben, »ob solcher Bau noth oder
nutz« und wieviel Bauholz hiezu nötig sei. Auf Grund dieses
Gutachtens stellt dann der Hofmeister oder die Kanzlei zu
Baden eine schriftliche Bewilligung darüber aus, »wieviel einem
jeden Holz zu seinem Bau« gegeben werden soll. »Die Waldförster sollen von einem jeden Stamm Bauholz, so ihnen also
hinzugeben befohlen wurde, zu Stammmieth nehmen vier Pfennig«, die der herrschaftlichen Kasse einzuliefern sind.

Die meisten aller bestehenden Rechte jener Zeit stammten
unzweifelhaft aus den früheren Markenverhältnissen her. In
diesen Gebieten wurde auch der Berechtigungstitel durch die
Forstordnungen am meisten zum Ausdruck gebracht und als
solcher aufgeführt. Namentlich deutet die besondere Aufführung der berechtigten Ortschaften und der belasteten Waldteile immer auf die früheren markengenossenschaftlichen Verhältnisse hin, wie in der sächsischen F.O. v. 1560 u. a.*)
Dagegen wurden in den Gebietsteilen, in welchen keine
Markwaldungen bestanden oder in welchen dieselben schon längst

---

nisse für Berechtigungen als den Preis des verkauften Holzes in sich.
Behlen u. Laurop, Syst. Sammlg. IV, 2, 174.

*) Waldförsterordnung auf der Hardt v. 1483: »Als dann etliche
Dorfe namlich Buerthan, Bulach, Neuwriet, Buchich, Rintheym, Hags-
feld und Speck zu beholzung und weidgang gerechtigkeit und zu farte
in die hart haben u. s. w.« — Waldförsterordnung an der Murg v. 1533:
»die Unterthanen, die an einem jeden Ende in die Wälder gehören,
Brennholz daraus zu brauchen von Alters her, als Rottenfels, Gaggenau,
Bischweiher, Ober- und Unterweiher, Rugenthal, Kuppenheim, das soll etc.«

diesen Charakter verloren hatten, viele Zuwendungen von Waldprodukten an die Unterthanen angeblich noch aus Gnaden oder
Vergünstigung gemacht, die vermöge ihrer permanenten Ge-
währung eigentlich schon zu Berechtigungen geworden waren
oder sicher später zu solchen wurden.

Die Bauholzberechtigungen bezogen sich nur auf
den nötigsten Bedarf, die Brennholzberechtigungen
nur auf geringwertiges Material. Nach der Waldförsterordnung an der Murg von 1533 sollen kleinere Windwurfanfälle
zu Gunsten der Berechtigten benutzt werden; wenn aber »so
grosser Wind würde, dass ein Gefälle würde, daraus man Taugen
möcht machen«, ist das Holz für die Herrschaft zu verwenden.
Als Brennholz soll den Berechtigten zu gebührlichen Zeiten
gegeben werden dürres, unschädliches liegendes Holz und stehendes Unholz als Hainbuchen, Erlen, Aspen und Weichholz *).
— Die Eichstätter F.O. v. 1592 bestimmt, dass alles Berech-
tigungholz angewiesen werden muss und als solches in erster
Linie das vorhandene Dürr- und Windfallholz verwendet werde.
Auch die Abfälle vom Zimmerholz sollen die Berechtigten erhalten, wenn sie nicht »zum besten Nutz« der Herrschaft verkauft werden können. — Nach der F.O. für die Pfalzgrafschaft
bei Rhein darf, solange Windwurf- und Dürrholz vorhanden,
kein stehendes gehauen werden. Ist dasselbe zu »Sägschröten
oder anderem besser nicht zu gebrauchen«, so soll es zu Brennholz aufgearbeitet und sonderlich denen, die ohne Waldzins
beholzet werden, verwiesen werden.

Nach der Liebenzeller Holzordnung v. 1543 erhalten die
»Burger« Afterschläge und Windwürfe als Brennholz; wer mehr
oder anderes Holz will, muss es »ziemlich bezahlen«. Die
Braunschweig-Lüneburgische F.O. v. 1547 bestimmt, dass den
Berechtigten zu Feuerholz kein Holz angewiesen werde, »worin
noch einiger Nutzen zu spüren«; nur »Windbrüche, verfall-
und angegangen Holz, welches schon todt auf den Stämmen
oder anderes rauhes, untüchtiges Holz« soll bewilligt werden.

---

*) Dieses Unholz sollte im April genutzt und »die stärks über ge-
stymmelt werden, damit sie wieder wachsbar werden«.

7 *

Da die Rechtsbezüge selber noch nicht fixiert waren *),
sondern in der Regel nach dem Bedarf oder nach der Menge
des vorhandenen Materials bemessen wurden, so war auch die
Höhe der Gegenleistungen seitens der Berechtigten nicht
konstant und wurde meistens erst durch die oberen Behörden
festgestellt. Nach der Württemberger F.O. v. 1614 wurde das
Gegenreichnis für das Zimmerholz »nach Gelegenheit der Zeit
und der Sachen angeschlagen«. — Die Bayerischen F.O. v.
1568 und 1616 befehlen, dass die Zinser, welche von Alters
her gegen einen gewissen Waldzins Holz zu beanspruchen haben,
nur nach der Ertragsfähigkeit des Waldes beholzt werden dürfen.
Muss die Anzahl der Klafter gemindert werden, so ist auch
der Forsthaber zu ermässigen. — In der Pfalzgrafschaft bei
Rhein (F.O. v. 1580) soll jeder, dem man Holz um gebührlichen Waldzins oder sonst zu geben schuldig«, beim Forstmeister darum nachsuchen. Die Anweisung soll »auf der Wal-
statt des Holzes« und nicht »anheimisch oder in Wirthshäu-
sern« geschehen. Ferner haben die Forstleute zu berichten,
was und wieviel jeder Berechtigte jährlich an Brennholz bisher
gebraucht hat und fürderhin unvermeidlich haben muss. Darauf
wird den Amt- und Forstleuten nicht allein wegen der Höhe
des Waldzinses, sondern auch über die bewilligte Quantität Holz
Bescheid gegeben werden.

Nach der Sächsischen F.O. v. 1560 werden die Gegenreichnisse in der Regel als Dienstemolumente der Beamten eingezogen und bestehen ausser Geldleistungen auch noch in Naturalabgaben. So z. B. empfängt der Oberförster Enderlein
Meissner für seine Mühewaltung der Aufsicht über die servitut-
belasteten Waldteile jährlich »zu seiner Unterhaltung 7 Schock
an Gelde, 24 Scheffel Korn und 50 Scheffel Haber, 20 Klafter
Holz (die soll er selbst hauen und führen), 2 Schock 48 Bund
Heu und Stroh, 1 Lundisch Kleid, 1 Bier frei unversteuert zu
brauen«. Die Beibehaltung der Naturalleistungen ist hier be-

---

*) Der erste Versuch hiezu findet sich in der Brandenburg-Ansba-
chischen F.O. v. 1531.

sonders zu betonen, da sonst die Durchführung der Geldwirtschaft ein wesentlicher Programmpunkt in der Augusteischen
Wirtschaftspolitik war.

Mast und Weide waren neben dem Holz hauptsächlich
Gegenstand von Berechtigungen. Nach der Baden-Badischen
F.O. v. 1587 sollte alljährlich um Bartholomä (24. Aug.) zugleich
mit der Einschätzung des Mastertrags berichtet werden, wer und
mit wieviel Schweinen ein jeder Ort das Eckerich zu befahren
ein Recht hat. Waldweide war nur gestattet, wenn der Besitzstand des Rechtes nachgewiesen werden konnte. In den
bayerischen Landen wurde durch die F.O. v. 1568 und 1616
die Mastgerechtigkeit geregelt und teilweise eingeschränkt. »Bei
welchen Forsten und Gehölzen die Benachbarten die Gerechtigkeit haben, dass man ihnen ihre Schwein um ein genanntes
Geld an den Techel muss laufen lassen, soll man nicht gestatten, dass die Reichen mehr Schweine als von alters Herkommen anschlagen und die Armen mit ihren Schweinen ver-
drängen«. Die Hut und Weide in den herrschaftlichen Waldungen war nur den von Alters her Berechtigten gegen Entrichtung der hiefür bestimmten Abgaben gestattet. Wer keine
eigenen Waldungen hatte, durfte nur soviel Vieh über Sommer
halten, als er überwintern konnte. Dieses sollte auch nicht
ausser Landes verkauft werden.

Die Anhaltische Landesordnung von 1572*) verbietet bei
Strafe von zehn Thalern einen Mastbaum abzuhauen, weil »hiedurch die Mastung in Geringerung und Abfall kommen und
der Unterthanen merkliche überhebende und wohl hergebrachte
Gerechtigkeit der Mastung verletzt würde«.

Die Einschränkung der Berechtigungen wurde
vielfach versucht und ihrer weiteren Ausdehnung dadurch vor-
gebeugt, dass der Besitzstand des Rechtes urkundlich nachgewiesen werden musste.

In den Baden-Badischen Gebieten (F.O. v. 9. Okt. 1587)
wurden nicht gehörig begründete Holzabgaben aus Dienstbar-

---

*) Fritsch, III, 188.

keiten und Rechten zum unentgeltlichen Bezuge von Bau-,
Brenn-, Zaun-, Taugen- und anderem Holz aus den herrschaftlichen Waldungen aufgehoben, die begründeten Rechte mussten
urkundlich radiciert werden. Niemand durfte sich ein Recht
auf Windfälle, Schneebrüche, Afterschläge, Holzstützen, Lagerholz etc. anmassen. — Die F.O. für das Fürstentum Württemberg v. 1567 führt aus: »dieweil viel Flecken, Gemeinden und
sonder Personen in und ausserhalb Landes sind, die sich der
Dienstbarkeit, Bau-, Brenn-, Zaun-, auch Taugen- und ander
Holz in unsern Wäldern unvergolten, umsonst und unbezahlt
zu hauen gebrauchen und anmassen«, sollte für die Zukunft
niemand mehr etwas erhalten, der nicht »seine Dienstbarkeit
durch einen glaublichen Schein, Urkund, Brief, Kundschaft«
nachweisen könne.

5. Für Hofhaltung und Besoldung.

Die oft sehr luxuriös geführten Hofhaltungen der vielen
kleinen Landesherrn verschlangen bei den primitiven Zuständen
der Feuerungseinrichtungen für den laufenden Bedarf sehr viel
Brennholz, dessen Beschaffung natürlich allen anderen Verwer-
tungstiteln vorausgieng. Nach den Angaben von Kius soll die Hofhaltung zu Weimar im 16. Jahrhdt. jährlich 1200 Klafter Brennholz verbraucht haben. Im Jahre 1572 betrug der Holzverbrauch
sogar 1317 Klafter. Aus den schon angeführten Nassauischen
Forstordnungen ist ebenfalls auf einen grossen Holzkonsum des
Hofes zu schliessen, da ganze Gemeinden für den Transport
des Holzes vom Walde zur Hofstelle aufgeboten wurden. —
Die Eichstättische F.O. v. 1592 bestimmt, dass bei Festsetzung
des jährlichen Fällungsquantums der Bedarf der Hofhaltung
besonders berücksichtigt werden soll.

Ausser dem Brennholz benötigte die Hofhaltung auch Nutzholz aller Art, namentlich Fassholz für den Hofkeller. Nach
der Waldförsterordnung an der Murg v. 1533 darf bei grösseren Windwürfen kein Holz verkauft werden, bevor nicht der
»Keller zu Baden« dieselben besichtigt hat, ob man »daraus

Taugen möcht machen«. Nach der Brandenburger F.O. v. 1620 musste das Bauholz in den unmittelbar um Berlin gelegenen »Heiden« fortan für die Hofgebäude reserviert bleiben.

Die Besoldungen der Diener waren zwar schon überall in Geldbeträgen geregelt, trotzdem wurden aber denselben als besondere Emolumente noch verschiedene Waldnutzungen für ihren Hausbedarf gewährt. Die unmittelbaren Hofbediensteten erhielten das nötige Brennholz in der Regel gleichzeitig mit dem für die Hofhaltung bestimmten Holz, wie in Nassau, den anderen Beamten und Bediensteten des Landes musste in der »Bestallung« das Recht des Bezuges besonders eingeräumt sein. Die Eichstätter F.O. erwähnt besonders »die Beholzigung der Diener und Amtleute, denen es in ihren Bestallungen geordnet oder man zu geben schuldig sein möchte«. Die »Diener, Amtleute und Pfarrer« sollen das Besoldungsholz erhalten »wie es jederzeit der Hau gibt« und nicht »wie sie es gern möchten und ihnen am gelegensten wäre«. Nach der F.O. für die Pfalzgrafschaft bei Rhein v. 1580 müssen, wenn die Amtleute und Diener vermöge ihrer Bestallung ihren Brennholzbedarf aus den herrschaftlichen Waldungen zu beziehen berechtigt sind, die Forstmeister und Forstknechte dasselbe ordentlich anweisen, wo es den Wäldern am wenigsten schädlich. Das den Forstmeistern und Forstknechten gebührende Brennholz muss bei den »verrechnenden Amtleuten jeden Ortes angesucht und gleichfalls ordentlich angewiesen werden«. »Und was und wieviel also einem jeden verwiesen, soll durch unsere Forstmeister, Förster und verrechnende Amtsleute in ihren jährlichen Rechnungen unterschiedlich spezifiziert werden«.

Nach der Badischen Eckerichtsordnung v. 1497 u. 1581 durften Vögte, Amtleute, Schultheise, Bürgermeister, Waldförster u. dgl. je nach Angabe ihrer Bestallung Schweine in das Eckerich treiben, mussten aber gleichfalls Dehmgeld bezahlen, da ausdrücklich verboten ist, dass ihnen »an dem Dehm etwas nachgelassen werde ohne sondere Erlaubung«.

— — —

3. Kapitel.
Forstpolitik im engeren Sinne.

1. Zweck der Waldwirtschaft. Holzvorrat. Vollzug der Forstordnungen.

Im Vorausgehenden wurden die unterscheidbaren und thatsächlich zur Anwendung gebrachten Verwendungstitel der Waldprodukte aufgeführt und dabei schon viele hieher gehörige Punkte teils vorweggenommen teils implicite angedeutet. In wiefern jene im Stande waren, dem Walde seine richtige Stellung in der Oekonomie der Gemeinwirtschaften anzuweisen, lässt sich direkt durch die Forstordnungen nicht prüfen, wohl aber sind in denselben die drei charakteristischen und wesentlichen Willensäusserungen der Landesherrn niedergelegt:

aus dem Walde ständige und hohe Einnahmen zu erzielen,

in dem Walde die Jagdleidenschaft zu befriedigen, und

mit dem Walde die wirtschaftliche Existenz der Unterthanen zu ermöglichen oder wenigstens zu erleichtern*).

Ein schwer zu analysierendes Konglomerat von forstpoli-

---

*) Sächs. General-Bestallg. v. 1575, C. A. 521: »die Gehölze pfleglich und also angegriffen, dass Uns eine währende Nutzung, den Unterthanen aber eine beharrliche Hülfe bleibe«. — Sachsen-Weimar 1646: »dass an Bau- und Brennholz, auch anderen Holzmaterialien kein Mangel entstehen, dabei auch unserer Kammer ein stetiger Nutz und Zugang durch die gewöhnliche jährliche Waldmiethe verschaffet« und die Wildbahn gehegt werde.

tischen Zielen ist in diesen Gesichtspunkten gegeben. Nur hohe Staatskunst oder rücksichtsloser Absolutismus konnten dasselbe scheinbar bewältigen. In Wirklichkeit gieng auch die ganze Forstpolitik vor und teilweise während des dreissigjährigen Krieges darauf aus, diese oft so stark divergierenden Aufgaben, die dem Walde damit gestellt waren, einer harmonischen Lösung zuzuführen und Kollisionen zu vermeiden. Dass der Wald diese Aufgaben gut gelöst hat, hat er seiner damals noch guten Verfassung und den allgemeinen wirtschaftlichen Zuständen zu verdanken. Die gute Verfassung des Waldes bestand in dem Holzreichtum, den er noch aufzuweisen hatte, und in seiner schöpferischen Kraft, die durch die Einwirkung schädlicher Nebennutzungen noch nicht geschwächt war. Die wirtschaftlichen Zustände waren ihm behilflich durch den Mangel geeigneter Transportwege, wodurch einer übergrossen Ausnutzung natürliche Schranken gezogen wurden, — und durch die absolute Herrschergewalt der Landesherrn, deren Zügel noch straff genug waren, um verschwenderische Konsumtion und übergrosse Ansprüche auf ein erträgliches Mass zurückzuführen.

Ueber die Grösse des Holzvorrates vor dem dreissigjährigen Kriege geben allerdings die Forstordnungen keinen direkten Aufschluss und es lassen sich daher nur zuversichtliche Vermutungen hierüber aussprechen. Gewiss ist jedenfalls, dass eine eigentliche Holznot nicht vorhanden und auch nicht zu befürchten war. Da den Holzreichtum einzelner Waldgebiete hauptsächlich die vorhandenen Kommunikationsmittel beeinflussten, so ist es erklärlich, dass die den Wasserstrassen nahe gelegenen Wälder vor allem genutzt wurden und dass es energischer Verbote bedurfte, um dieselben vor Devastation zu schützen *). Im Allgemeinen unterlag aber dieser Gefahr doch

---

*) In den F.O. für Eisenach 1645, Sachsen-Weimar 1646, Württemberg 1567 u. a. wird fast gleichlautend befohlen, die an Flosswässern gelegenen Waldungen »auf künftige Nothfälle« zu verschonen. — Der im Jahre 1248 durch Verminderung der Zollabgabe auf der Elbe erleichterte Holzhandel veranlasste in der Brandenburg. F.O. von 1593 die Klage, »dass die Wälder vnd Gehölze ins Abnehmen kommen, weil im

nur ein kleiner Teil des vorhandenen Waldareals, und da man
den Holzexport aus den vielen kleinen selbständigen Landesteilen gar nicht oder nur bedingungsweise gestattete, so konnte
der völligen Ausbeute solcher bequem gelegenen Waldgebiete
rechtzeitig entgegengewirkt werden.

Für die übrigen Waldgebiete ist nicht anzunehmen, dass
dieselben den Holzbedarf der relativ dünnen Bevölkerung nicht
hätten decken können. Die ganz entlegenen Waldungen näherte
man durch die Köhlerei den Konsumtionsorten, die Pleuter-
wirtschaft im Hochwalde schraubte die Abtriebszeit einzelner
Stämme und Bestände bedeutend in die Höhe, der Wildbann
sorgte für dichte, zusammenhängende Bestände und für die
Erhaltung alter, sehr holzhaltiger masttragender Eichen und
Buchen.

Die Forstordnungen sind zwar insgesamt mit einer den
Zustand der Wälder beklagenden Einleitung versehen, aber ge-
rade die Häufigkeit der Wiederkehr derselben Ausführungen
beweist, dass dieselben mehr der würdevollen, väterlich besorgten
Gesinnung als dem wirklichen Bedürfnis Ausdruck verleihen
sollten. Gleichwie in den modernen Forstgesetzen die Nach-
haltigkeit und die Unterstützung der Gewerbe als oberster
Grundsatz hingestellt ist, so motivirte man den Erlass einer
Forstordnung mit dem »grossen Abgang der Wälder«, mit der
Sorge für die »Posterität« u. s. w. Klagende Sprache und
Pessimismus gehörten mit zum guten Ton einer Verordnung und
klingen auch in allen gewerblichen Verordnungen jener Zeit
wieder.

Bei dem Mangel jeglicher Kenntnisse über die Zuwachs-
verhältnisse mag in den oft mehr jagdlichen als forstlichen
Augen der Landesherrn auch mancher gut bestockte Wald als
in Abgang befindlich« gegolten haben, wenn er nicht Ueberfluss an alten Mast-Hölzern und undurchdringlichen Dickungen

Verkaufen und Anweisen des Holzes unter fremden Ausländischen und
Unterthanen kein Unterschied gehalten, sondern jeder seines Gefallens,
auch wo er fast gewollt, geholzet, dadurch die gelegensten, besten und
nächsten Orte ausgehauen und verödet worden« (Myl. IV, 507).

aufwies oder wenn er in Folge lokaler wirtschaftlicher Krisen nicht mehr die gewohnte Revenüe in die landesherrliche Kasse brachte.

Zudem sprechen die Forstordnungen fast nie von wirklich vorhandener Holznot, sondern nur von dem möglichen Eintreten einer solchen und den daraus erwachsenden nachteiligen Folgen *).

Die Einschränkung der Nebennutzungen und die Ausbildung der praktischen forstlichen Technik in Verbindung mit ökonomischer Ausnutzung des Holzes **) bilden den guten Kern, welcher als erstes Anzeichen beginnender Forstwirtschaft in

---

*) Der Erlass der Hennebergischen F.O. v. 1615 wird z. B. damit motiviert, »dass der gemeine Mann zur Verwüstung der Gehölze geneigt ist und nicht bedenkt, ob die Nachkommen Holz haben werden oder nicht, auch nicht betrachten, dass nach Verwüstung der Wälder endlich auch Hantierungen fallen und neben denselben auch Städte und Dörfer in Abgang gerathen« (Fritsch III, 54 ff.) — Ferner Sächsisch-Magdeburgische Landesordnung v. 1649: da »die Hölzer in merklichen Abgang gerathen« und daher »in kurzen Jahren in unserem Erzstift ein trefflicher Holzmangel und Gebrechen e r f o l g e n möchte«, so . . . . (Fritsch III, 62 ff.). — Auch die Eichstätter F.O. v. 1592 spricht nur die Besorgnis aus, dass »grosser Mangel und Abgang e r f o l g e n w ü r d e«, wenn der verschwenderischen Holznutzung nicht Einhalt geschähe.

**) Die Stockhöhe bei der Holzfällung war z. B. überall frühzeitig festgesetzt: in Bayern 1568 auf 1 Schuh; Ansbacher Gebiet ½—1 Schuh; Salzburg 1524: »ein Werkschuh von der Erden hoch nicht stehn«, 1563: »nicht zu hoch abstocken«, 1592: »die Stöcke am oberen Ort über 1 Schuh hoch von der Erden nicht« zu machen; Sachsen 1585: »das Holz auf das niedrigste vom Stocke schlagen«; Nassau 1562, 1586: »dicht an der Erde«; Eichstaett 1592: 1 Schuh, bei starken Hölzern 2 Schuh; Baden-Durlach: ½—1 Schuh vom Boden.

In Baden-Baden (F.O. v. 1587) durfte das Bauholz nicht in den Waldungen gezimmert werden, damit die Spähne zu Nutzen kommen. — Weil die Fleischbänke vorteilhafter dürr als grün verbraucht werden, so ist das Holz dazu wenigstens ein Jahr vorher zu hauen, Eschen- und Birkenholz soll besonders zu Reifen, Eichen- und Tannenholz nicht zu Flosswieden verwendet werden. Das Schneiden von Erntewieden war nur da erlaubt, wo im folgenden Jahre Holzhiebe vorgenommen wurden. Nach der F.O. v. 1614 sind Sägklötze nur an solchen Orten im Gebirge anzuweisen, wo man grosse Bauhölzer und ganze Stämme nicht gut wegbringen konnte.

den Forstordnungen niedergelegt ist. Damit hatte auch die
ordnende Gewalt der Landesherrn den Boden staatsmännischer
Politik betreten, die aber nur dann fruchtbringend sein konnte,
wenn die Forstordnungen strikte befolgt wurden.
Die Frage, ob dies geschehen ist, wird zwar in allen forstge-
schichtlichen Werken stereotyp verneint, ohne dass aber ein
anderer Anhaltspunkt hiefür als die häufige Wiederkehr von
Forstordnungen gleichlautenden Inhalts beigebracht werden
könnte. Bernhardt glaubt sogar, dass der Erlass von Forstordnungen mit zum guten Tone gehört habe, eine Auffassung,
welche durch die bestehenden Verhältnisse jener Zeit sich jedenfalls nicht bestätigen lässt. Da die meisten Forstordnungen
nur geschrieben waren und durch den Pfarrer von der Kanzel
herab oder durch öffentliches Ausrufen den Unterthanen bekannt gegeben wurden, so mussten eben viele solche Abschriften
im Laufe der Zeit gemacht werden. Dieselben wurden dann
neu datiert, — wenn man bestehende Mängel wahrgenommen
hatte, ergänzt und dann oft, aber nicht immer, dem Landesherrn wieder zur Beglaubigung unterbreitet. So entstanden
innerhalb oft kurzer Zeiträume mehrere, anscheinend neue Forstordnungen, die in gleicher Textierung sogar von einem Land
zum anderen wanderten, um hier wiederum neu datiert und
publiziert zu werden. Daher ist es wohl ein Trugschluss, wenn
man in der grossen Anzahl der oft gleichlautenden Forstordnungen das Kriterium für deren schlechten Vollzug erblicken
will. Im Gegenteil lässt sich vermuten, dass die im 16. Jahrhdt.
noch so mächtige Herrschergewalt ihren Anordnungen auch
den nötigen Nachdruck zu verleihen vermochte. In unruhigen
Zeiten freilich war die Macht der Verhältnisse stärker als der
feste Wille der Landesherrn und hier mögen dann neben allen
anderen Verordnungen auch die für den Wald bestimmten mehr
oder weniger illusorisch geworden sein*), wofür viele Forstordnungen nach dem 30j. Kriege den Beweis liefern.

---

*) Im Uebrigen wird auch die Zahl der Forstordnungen viel grösser
hingestellt als sie nach der Länge der Zeiten wirklich ist. Man ver-

2. Nebennutzungen.

Bezüglich der Zugutemachung der Waldprodukte geht durch alle Forstordnungen der Zug ökonomischer Sparsamkeit und die Idee, unter Aufrechterhaltung des guten Bestandes der Waldungen die Produkte möglichst nutzbringend zu verwerten. Von diesem Gesichtspunkte aus wurden daher alle an und für sich waldschädlichen Nutzungen entweder direkt verboten oder in jene entlegenen Gebiete verwiesen, in welchen ihre Gewinnung die einzige Möglichkeit bot, dem Walde irgend einen Ertrag abzuringen. Wegen Mangel an brauchbaren Transportwegen waren allerdings solche Gebiete nicht selten, weshalb auch in allen Forstordnungen über die Technik und Zulässigkeit der Nebennutzungen ausführliche Bestimmungen getroffen sind. Aber es ist nicht richtig zu sagen, dass vor dem dreissigjährigen Kriege dieselben eine ungebührliche Ausdehnung gehabt hätten. Die Verbote sind weitaus häufiger als die Zulassungen, die überdies meist nur bedingungsweise und mit vielen Einschränkungen gegeben sind.

Das Pottaschenbrennen zur Glasfabrikation war direkt untersagt in Baden *); die Sächsische Verordnung v. 1560 **) verbietet, »einig tüchtig grünes Holz zu veräschern; wo aber das alte liegende Holz ums Geld nicht anzuwerden, so soll dasselbe zu veräschern gestattet und derwegen auf den Förstereien durch die Aschenbrenner angesucht werden«. In gleicher Weise wird durch die Brandenburgische F.O. v. 1574 verordnet, dass »auf dem hohen Wald im Amt Wunsiedel« das durch Brand, Sturmwind und sonst umgekommene Holz, das »zu Haufen liegt und über einander verdirbt, darum dass solchen Ortes Ungelegenheit und Unwegsamkeit halber dazu nicht zu fahren noch solches anderer Wege von Statten zu bringen und doch nicht rathsam, eine solche Menge Holzes vergeblich umkommen

gleiche die rasche Aufeinanderfolge forstgesetzlicher Bestimmungen im gegenwärtigen Jahrhundert.

*) F.O. v. 9. Okt. 1587.
**) Cod. Aug. II, 495.

und verderben zu lassen« — veräschert werden darf. — In der
Baden-Badischen F.O. v. 1587 ist das Aschenbrennen und Fällen
ganzer Stämme zu diesem Zweck bei Strafe gänzlich verboten.
In der Pfalzgrafschaft bei Rhein (1580) sollten die Forstleute
das faule und sonst nicht verwendbare Holz im Winter zu
Asche brennen lassen »um gebührlichen Zins, und dieselbe, so
hoch sie es zum Besten der Herrschaft bringen mögen, verkaufen«.

Das Harz- und Pechscharren ist schon in der Salzburger F.O. v. 1524 verboten, weil »die Stämme dadurch an-
fangen zu dorren und kein Nutzholz mehr daraus wachsen kann«.
In Bayern*) ist dasselbe nur mit ganz besonderer Erlaubnis
der Waldeigentümer ausnahmsweise gestattet, ebenso dürfen
Theeröfen nur mit Erlaubnis unterhalten und bloss liegendes
dürres Kienholz und Stöcke geschwelt werden. Im Eichstätter
Stift war das Pecheln strenge untersagt**). In Baden***) darf
es nur dort fortgesetzt werden, wo die Stämme bereits ange-
rissen sind, ausserdem ist es streng verboten. Im Thüringer
Wald wurden gegen Ende des 16. Jhrhdts. solche Walddistrikte
als »Harzwälder« ausgeschieden, die »ihrer Abgelegenheit wegen
zu Bau-, Kohl- und Flössholz mit Nutzen nicht zu gebrauchen
oder dass die Orte mit kurzen, struppigen, knötichten Fichten
bewachsen, aus denen weder Bau- noch Werkholz zu gewär-
tigen« †). In Württemberg war das Harzen nur zweimal jährlich an den bereits »angebrochenen« Bäumen gestattet. Nach
der Brandenburgischen H.O. für die Neumark v. 1590 durften
die Theeröfen nicht mehr in oder neben den »Heiden« errichtet
werden wegen der Feuersgefahr und nach der F.O. v. 1602
sollte von den Theerbrennern die siebente Tonne als Entgelt
abgegeben und nur Lagerholz verschwelt werden.

Das Bastmachen in den Waldungen wurde in Baden
durch die F.O. v. 1587, in Württemberg durch die F.O. v.

---

*) Bayr. Landesordnung v. 1553 u. F.O. v. 1568.
**) F.O. v. 1592, 27.
***) F.O. v. 1587 (Baden-Baden).
†) Klingner in den forstl. Blättern, 1872, p. 83.

1567 gänzlich abgeschafft, durch die Eisenacher F.O. v. 1645 von besonderer Erlaubnis abhängig gemacht.

Die Bodenstreugewinnung war hauptsächlich im Interesse der natürlichen Verjüngung verboten oder nur mit Einschränkung erlaubt, letzteres nach der Bayerischen F.O. v. 1568 und 1616*). Nach der Salzburger F.O. v. 1524 »soll das Laubrechen an Fürbergen, wo Schwarzholz steht, gänzlich verboten und allein wo nicht Schwarzholz steht, bewilligt sein«. Nach der Eichstätter F.O. v. 1592 ist das Heide- und Laubrechen auch den Privatwaldbesitzern untersagt, »weil die jungen Holzschüsse allenthalben abgehauen, verletzt und ausgerauft werden«. Nur wo letzteres nicht zu befürchten ist (»in Reishölzern — Brennholzwald — und hohen gewachsenen Nadelhölzern«) darf es ausnahmsweise gestattet werden. In der Stolbergischen F.O. v. 1642 ist das Laubrechen gänzlich verboten, weil dasselbe »einen merklichen Schaden und Verwüstung in den Gehölzen verursacht«. In den meisten Forstordnungen ist das Streurechen gar nicht erwähnt**); dasselbe wurde erst im 18. Jhrhdt. in so waldverderbender Weise geübt***).

Als einzige Waldnutzung, welche wegen ziemlich grosser Ausdehnung als bedenklich für den Waldzustand erscheinen konnte, käme noch die Weide in Betracht. Allein auch diese war so geregelt, dass die herrschenden Bestandsformen, Niederwald und Plenterwald, bei dem geringen aus schwächeren Racen bestehenden Viehstand und bei der grossen Ausdehnung

---

*) Bayerische F.O. v. 1568, Art. 18: »Es ist das Laub zu Aufkommung des jungen Gehöltz, so erst aus dem Saamen oder Kern herkommt, hoch dienstlich, dann es unter den Laubern und kleinen ungeraumten Nesteln im Winter, wann es Schnee hat, bass erstarcken kann, weder wann man das Laubwerck darvon raumt und es gar entblöst: Es wird auch solch jung Holtz durch das Wildprät, und ander Vieh um so viel desto weniger abgefretzt«. Nach der F.O. v. 1616 sollte »das Laubräumen an Orten, wo man dessen nicht entbehren kann, gleichwohl zugelassen« werden, aber nur mit hölzernen Rechen.

**) cf. die Ausführungen auf S. 53 (Markwaldungen).

***) Das Dächsenhauen im Gebirge wurde ebenfalls geordnet und eingeschränkt. Bayr. F.O. v. 1568, Art. 20, Salzburger F.O. v. 1550.

der Forste nicht sonderlich gefährdet wurden*). Für Jungwüchse ist überall Hegezeit angeordnet. Nach der Baden-
Badischen F.O. v. 1587 dürfen die in Bann gelegten Wälder
und die jungen Schläge, bis sie dem Maule des Viehes entwachsen sind, bei Strafe von 100 Malter Hafer nicht beweidet
werden. Die Nassau-Siegen'sche W.O. v. 1619 verfügt exem-
plarische Strafen über diejenigen, welche in jungem Gehölze
mit Hüten Schaden thun. Die Hegezeiten sind ferner festgesetzt in der Waldförsterordnung an der Murg von 1533 auf
6 Jahre, in der Liebenzeller H.O. v. 1543 auf 4—6, in Braunschweig 1547 auf 3—6, nach der Mannsfelder F.O. v. 1585
auf 5, in der Brandenburger F.O. a. d. G. v. 1574 auf 7, im
Eichstätter Stift auf 6 Jahre. In Bayern durften Nadelholz-
verjüngungen 3 Jahre, Eichen-, Buchen-, Birken- und Aspen-
jungwüchse 4 Jahre lang nicht betrieben werden**). Nach der
Württembergischen F.O. v. 1614 darf der Eintrieb erst dann,
wenn das Vieh die Gipfel nicht mehr erreichen kann und nur
mit Zustimmung des Forstmeisters geschehen.

Die Unentbehrlichkeit der Weide wird vielfach betont und
führte auch zu regelmässiger örtlicher Ausübung. So soll nach
der Nassau-Hadamar'schen Verordnung v. 1625 in Gemeindewaldungen ein Ort nach dem anderen nach einer gewissen Ordnung ausgezeichnet, mit Strohwischen behangen und der Weide
geöffnet werden, damit diese ohne Schaden für den Wald fort-
während geschehen kann. — Nach der Württemberger F.O. v.
1567 sollen die Weiden den Unterthanen »bestandsweise« verliehen werden.

Die alten markengenossenschaftlichen Grundsätze, dass niemand mehr Vieh auf die Weide bringen dürfe als er überwintern kann und für den Hausgebrauch notwendig hat, finden
sich auch in der Bayerischen F.O. v. 1568 und in der F.O. für
die Pfalzgrafschaft bei Rhein v. 1580. — Verwandt mit diesen

---

*) cf. v. Fischbach in der Zeitschr. f. F. u. J. W. 1883, p. 203.
**) Reformation des bayer. Landrechts v. 1518 und bayer. Landes-
ordnung v. 1553.

Bestimmungen ist auch die Verfügung der Nassau'schen V. v. 1562 (Dillenburg-Siegen), dass in jeder Gemarkung die Anzahl des Rindviehes und der Schafe nach der Grösse der Waldungen, Aecker, Wiesen und Weideplätze zu bemessen sei.

In vielen Ländern war trotz der Festsetzung einer bestimmten Hegezeit der Vieheintrieb noch von ausdrücklicher vorhergehender Genehmigung abhängig.

Um ein Jahrhundert früher als in anderen Ländern begann man in Preussen die Weide zu einer einträglichen Waldnutzung zu machen. Nach der F.O. v. 1593 war für gewöhnlich die Weide auf die »Bauernschaften, so Weidehafer von Heiden und Tangern geben«, beschränkt und auch diesen nur kraft ihres Rechtes gewährt. Im Jahre 1602 dagegen wurde zugegeben, dass auch »anderes Vieh hineingenommen werde, dergestalt, dass die Unterthanen gewöhnlich für jedes Haupt-Rindvieh 6 Pfennige, für ein Pferd 9 Pf., die Fleischer für ein Haupt-Rindvieh 1 Silbergr. und neben diesem dem Heidereiter allewege von zwei Häuptern besonders 1 Pf. wöchentlich entrichten«. Im Jahre 1622 wurde die Weidemiete gleichzeitig mit den Mastgeldern nach folgenden höheren Taxen normiert: Unterthanen, Bürger und Adel zahlen für jedes Stück wöchentlich 2 Märkische Groschen, Ausländer, Fleischhauer und solche, »so zu ihrem Nutzen die Ochsen feist zu machen vorhaben«, 4 Silbergr., durchtreibende Ochsenhändler für »Tag und Nacht« 1 Silbergr. Dazu kam noch ein proportionaler Betrag für die Accidentien der Förster.

Die schädlichsten Weidetiere, Ziegen und Schafe, waren überall aus dem Walde verwiesen *) und nur in einigen Ländern wurde den armen Leuten, die keine Kuh halten konnten, der Eintrieb von Ziegen gestattet **).

Auch die G r a s n u t z u n g wurde zugunsten der jungen

---

*) Chursachsen 1560, Braunschweig-Lüneburg 1575, Nassau 1609, 1615, 1632, Bayern 1568. — Im Solling wurde durch die F.O. v. 1590 für das Fürstentum Calenberg-Göttingen die Schafweide bei Strafe von 10 Hammeln verboten. Pfeil, Krit. Bl. 1845, p. 115.

**) Hohenlohe 1579, Bayern 1568, Pfalz 1580.

Schläge eingeschränkt; nach der Eichstätter F.O. v. 1592 mussten dieselben 3 Jahre, nach der F.O. v. 1585 für das Mannsfeldische Gebiet 5 Jahre mit Grasen verschont bleiben *).

Die Hauptnutzungen im Walde waren im 15. und 16. Jahrhdt. unbedingt das Holz und die Mast; alle anderen Nutzungen wurden nur in einzelnen kleineren Staaten nach spekulativen Grundsätzen verwertet, in den meisten Ländern dagegen dienten sie nur den Vergünstigungen und Berechtigungen, deren Einschränkung und Beseitigung überall erstrebt wurde. Auch die Zeidelweide, die im 13. und 14. Jahrhdt. Gegenstand der Verpfändung eines ganzen Waldkomplexes war (Nürnberger Reichswald), wurde zwar in den folgenden Jahrhunderten als willkommene Einnahme begrüsst, nicht mehr aber zur Hauptnutzung erhoben **)

Nach allen angeführten Stellen lässt sich mit Bestimmtheit der so viel verbreiteten Ansicht entgegentreten, dass »in früheren Zeiten«, »bei dem grossen Ueberfluss an Wald« die Nebennutzungen und nicht das Holz auf dem Programm der waldwirtschaftlichen Produktion gestanden wären. Wenn diese »früheren Zeiten« überhaupt einmal gewesen sind, so fallen sie

----

*) Erwähnt sei ferner, dass die Gewinnung von humusreicher Erde, Mergel, Lehm, Steinen etc. vielfach als eigentliche Waldnutzung betrieben wurde. Die noch heute im Sebalderwalde bei Nürnberg bestehenden Rechte von Ziegeleien auf die Gewinnung von Lehm nach Bedarf werden schon in der »Pflicht der Laimengräber zu Nürnberg v. 3. Juni 1536« erwähnt: die Lehmgräber sollen bedenken, »dass die Nachkommen und die Handwerke auf künftige Zeit auch etwas bedürfen«.

**) Nach der Nassauer F.O. v. 1692, 1714, 1757 erhält die wilden Bienen der Finder, welcher aber der Herrschaft die Hälfte des Wertes mit 22 Albus 4 Pf. bezahlen muss; kann nichts anderes als der Honig davon genutzt werden, so ist auch hievon die Hälfte der Herrschaft abzuliefern; stecken sie in einem Baum, der mehr Wert als die Bienen hat, so sollen sie darin belassen werden. — Nach der F.O. für Schlesien und Graz v. 1750 (Stahl, M., II, 185) darf kein Bienenschwarm ohne Anzeige an den Förster ausgehauen werden. »Soferne der Förster findet, dass dies ohne einen guten Baum zu verderben geschehen kann, soll der Schwarm dem Finder gegen baare Bezahlung eines Rthlr. schl. oder 24 Slbgr. gelassen werden«.

jedenfalls in eine noch viel weiter zurückliegende Aera, als man gewöhnlich anzunehmen pflegt. Für diese Zeiten fehlen indes alle Anhaltspunkte, und selbst wenn man solche hätte, wäre es unfruchtbare Arbeit, nach diesen den Hauptzweck des Waldes für die Bedürfnisbefriedigung damaliger Zeit konstatieren zu wollen. So lange es noch keine nationale Wirtschaft gab, d. h. solange in den wesentlichsten Stücken des Güterlebens jeder auf sich selbst gestellt und damit in engste Grenzen der Bedürfnisse und der Lebenshaltung gebannt war, so lange jede Organisation der volkswirtschaftlichen Kräfte fehlte und keine Veranlassung bestand, die individuellen Arbeitskräfte und die Produkte für höhere Ziele nationaler Wirtschaft einzusetzen, — kann auch dem Walde nicht eine bewusste Stellung für die Bedürfnisbefriedigung eingeräumt oder ein besonderer Wirtschaftszweck zugeschrieben werden. Erst mit der Konzentration der Gewaltbefugnisse über Menschen und Güter in wenig Händen war das Mittel gegeben, alle Leistungen der Produktion zu steigern, die Summe der Gesamtleistungen zur Deckung der nationalen Bedürfnisse zu verwenden und ihre Wirksamkeit zu erhöhen. Von da an war auch der Begriff Volkswirtschaft gegeben und mit diesem der aller anderen Wirtschaften, welche derselben dienten. Von einer Waldwirtschaft kann man daher mit vollstem Rechte schon von jenen Zeiten an reden, in welchen die Nutzungen des Waldes in Beziehung gesetzt wurden zur Bedürfnisbefriedigung der Allgemeinheit*). Eine Befriedigung von Bedürfnissen wurde auch dadurch erzielt, dass man mit dem aus dem Walde gezogenen Einkommen Ausgaben deckte, die ausserdem aus anderen Wirtschaftszweigen zu bestreiten gewesen wären. Zur Erzielung eines solchen Einkommens dienten aber, wie aus dem Vorausgehenden sich ergibt, immer in erster Linie das Holz und die Mast und die schädlichen Nebennutzungen nur in so weit, als sie aus rechtlichen

---

*) Die Unterscheidung v. Bergs (a. a. O. p. 4 f.) zwischen Holz-, Wald- u. Forstwirtschaft ist unhaltbar und ohne jede denkbare Begründung.

oder lokalen wirtschaftlichen Gründen herbeigezogen werden
mussten. In allen Forstordnungen des 16. Jhrhdts. zeigt sich
das Streben, die Nebennutzungen zugunsten der Holzerzeugung
einzuschränken. Jedenfalls suchte man in denselben vor dem
17. Jhrhdt. keine neue Einkommensquelle, wie dies nach dem 30-
jährigen Kriege und besonders im 18. Jhrhdt. öfter der Fall war.

3. Ausfuhrverbote und Holzhandel im Innern.

Vom 13. bis zum 19. Jhrhdt. wurde kein Märkerweistum
und keine Forstordnung erlassen, ohne dass darin zugleich der
Handel mit Waldprodukten nach aussen und im Innern des
Landes berührt wäre. Der Inhalt der darauf bezüglichen Bestimmungen ist fast ausnahmslos negativer Natur und gipfelt
im direkten Verbot oder wenigstens in wesentlicher Einschränkung des Exports und Handels mit Waldprodukten.

Stellt man nun dieser Thatsache den jeweils bestehenden,
mit den Jahrhunderten wechselnden faktischen Zustand der
Waldungen gegenüber und nimmt man ferner hinzu, dass speziell die Holzausfuhr- und Holzhandelsverbote für alle Waldgebiete — für ausgedehnte nicht minder als für kleinere isolierte — in allen Zeiten erlassen und wiederholt wurden, so
ergibt sich von selbst, dass die Motive hiezu während der fünf
Jahrhunderte nicht die gleichen sein konnten und dass namentlich die Grösse des Holzvorrats hierauf nicht immer Einfluss übte. Der Holzexport war im 17. Jhrhdt. und unmittelbar
nach dem dreissigjährigen Krieg angesichts des guten Waldbestandes ebenso verboten wie um die Mitte des 18. Jhrhdts.,
wo unzweifelhaft die Holznot in einzelnen Gegenden drohend
an die Thüre klopfte.

Es konnte also nicht lediglich die Furcht vor Holznot als
Grund für die Beschränkung des Holzhandels massgebend sein,
wenn auch nicht zu läugnen ist, dass in einzelnen Gegenden
und Zeitabschnitten, vor allem in der 2. Hälfte des 18. Jhrhdts.
jene mit in die Wagschale fiel.

Diese Gründe wechselten mit den wirtschaftlichen Anschauungen der Zeiten und mit den zu Recht bestehenden jeweiligen Nutzungsansprüchen der Unterthanen am Wald. Für das 15. und 16. Jhrhdt. ordnen sich diese Gründe in folgender Weise.

1) Die Ablassung von Bau-, Nutz- und Brennholz an die Unterthanen erfolgte meistens im Berechtigungs- und Vergünstigungswege; ein Wiederverkauf dieser Produkte war unzulässig, weil damit der Zweck des Bezugstitels verfehlt gewesen und der landesherrlichen Kassa direkter Nachteil erwachsen wäre. So ist z. B. in der W.O. für Nassau (Dillenburg-Siegen) v. 1619 der Holzverkauf im Lande im allgemeinen verboten. Wer Holz geschenkt bekommt und wieder veräussert, wird bestraft. Macht er einen Bau daraus und verkauft ihn, so wird derselbe konfisziert; bleibt der Bau im Lande, so wird er mit 10 fl. und mehr bestraft.

Die Gefahr des Missbrauchs dieser Begünstigungen und Berechtigungen war wie heute auch damals nicht ausgeschlossen; in der Bayerischen F.O. v. 1568 ist ausdrücklich hervorgehoben: »die Bauern sollen nicht unter dem Schein der Hausnotdurft Sägbäume fortschaffen und Bretter schneiden lassen, die wohl gar ins Ausland gehen«.

2) Für die Privatwaldungen lag die Gefahr nahe, mit Freigabe des Holzhandels abgeschwendet zu werden. Dies zu verhüten, lag im Interesse der Erhaltung der Wildfuhr und der landesherrlichen Waldrevenüen, weil auch die Privatwald besitzenden Unterthanen aus den landesherrlichen Waldungen beholzt werden mussten, wenn sie ihren Bedarf aus den eigenen Waldungen nicht decken konnten. Deshalb befiehlt die Württemberger F.O. v. 1614: »Es soll kein Unterthan und Schirmverwandter, der eigene oder Lehen-Wälder hat und besitzt, fürohin keinem Ausländischen einig Holz aus solchen seinen eigenen Wäldern zu verflössen und zu verkaufen geben«. — Nach der Salzburger F.O. v. 1550*) sollen diejenigen Unterthanen, »welche zu ihren Gütern eigene Heimhölzer und Hofsachen

---

*) Müllenkampf, II, 23. Wiederholt i. J. 1555, 1659, 1713, 1785.

haben, daraus sie ihre Hausnothdurft haben mögen, dieselben
nicht schwenden noch zu Gründen räumen oder die schier verkaufen, sondern dieselben hegen«. — Auch in der Eichstätter
und in der Badischen F.O. v. 1589 finden sich die gleichen
Verbote.

Wie in den eben angeführten Stellen schon angedeutet ist,
bezogen sich die Verkaufsverbote auch auf die Lehenwaldungen
und diejenigen Forste, die nur zur Nutzniessung verliehen oder
mit Regalien belastet waren. So dürfen nach der Brandenburger F.O. v. 1620 die Besitzer eines mit Regalität belasteten
Waldes nur mit Erlaubnis desjenigen, welchem jene zusteht,
Holz daraus verkaufen, »damit auch die künftigen Lehensfolger
hieran keinen Mangel leiden mögen«. — In der unter Leopold I.
erlassenen Forstordnung für Tirol v. 1626 ist ausgesprochen,
dass in den Wäldern, welche Gotteshäusern, Städten, Schlös-
sern und Privaten gehören, nur soviel geschlagen werde, als
die Notdurft der Besitzer und Nutzniesser erfordert, nie aber
zum Verkaufe.

3) Mit der patriarchalischen Fürsorge für das Wohlergehen
der Unterthanen — wenn auch oft nur zu dem Zwecke geübt, dieselben steuer- und frohndedienstkräftiger zu machen —
hatte sich der Grundsatz ausgebildet, alles, was das Land selbst
braucht und konsumieren kann, nicht in das Ausland gehen
zu lassen. Dieses Prinzip enthält zwar schon anscheinend merkantilistische Anklänge, unterscheidet sich aber von den Grundsätzen des Merkantilismus doch wesentlich dadurch, dass hier
nur die Existenz des Individuums und der Gewerbe möglich
gemacht werden sollte ohne Absicht auf weiteren Vermögens-
erwerb, während die Handelspolitik des Merkantilismus stets
den Reichtum des ganzen Landes und die Ansammlung grosser
Geldsummen bezweckte.

Die hier in Rede stehende Berücksichtigung der Gewerbe
bei der Zuwendung von Waldprodukten stand noch auf dem
Boden der Naturalwirtschaft, deren Streben lediglich auf die
Bedarfsbefriedigung gerichtet war. Die reine merkantilistische
Geldwirtschaft dagegen rechnete schärfer. Sie war mit der

blossen Befriedigung der Bedürfnisse nicht zufrieden, sondern wollte Ueberschüsse anhäufen und zwar hauptsächlich durch lebhaften Handel mit dem Auslande. Ein weiterer Unterschied liegt noch darin, dass die Zurückhaltung der im Lande selbst benötigten Waldprodukte im 15. und 16. Jhrhdt. einseitig, d. h. ohne Rücksicht auf das Wohl oder Wehe des Nachbarlandes erfolgte, während der Merkantilismus sich stets in offenen wirtschaftlichen Kampf mit dem Nachbarlande setzend, sehr oft nur aus Eifersucht gegen das Ausland den Export von Rohprodukten verhinderte.

Unter diesen Gesichtspunkt fallen nun die meisten der den Holzhandel beschränkenden Bestimmungen, soweit dieselben nicht schon durch die vorausgehenden Motive erklärt werden.

Nach der Baden-Badischen F.O. v. 1587 dürfen die Kohlen nur an inländische Handwerker und auf öffentlichen Märkten, Gerberrinde nur an die inländischen Rotgerber und nur zu ihrem eigenen Gebrauche verkauft werden. Die Baden-Durlach'sche F.O. für Sausenberg und Röteln v. 1574 bestimmt, dass das Holz aus den Gemeinde- und Privatwaldungen vorzugsweise an Inländer verkauft werden muss; wer sein Holz aber im Lande nicht anbringen kann, der darf es nur mit Erlaubnis des Landvogts ausserhalb Landes verkaufen. Den Unterthanen von Gernsbach und Hasel ist besonders verboten, das Tannenholz zu Rebstecken und Dielen ausserhalb des Landes zu verkaufen, da dieses den inländischen Unterthanen zum Nachteil gereicht.

Die Württembergische F.O. v. 1614 verbietet den Verkauf von Bauholz, Brennholz, Flossholz, Pfählen, Rinde, Lohe und Kohlen an Ausländer. »Damit die Unterthanen und Zugewandte zuförderst desto bass zu notdürftigem Bauholz durch das Flössen jederzeit kommen mögen, so sollen die Flösser kein Holz aus dem Lande schiffen und verkaufen«, ohne es zuvor den Unterthanen zum Kauf angeboten zu haben *).

---

*) In den Ordonnances de Frederic, t. les Bois et Forests, »est semblement prohibé et defendu à tous nosdits Subiets qu'ils n'ayent à

Die Braunschweig-Lüneburgische F.O. v. 1591 will »ernstlich gehalten haben, dass kein Nutzholz an Felgen, Speichen, Naben, Eichensägblöcken und wie das alles Namen haben mag, ausserhalb Landes und sonderlich in die Städte Hildesheim und andere geführt, sondern wenn ein jeder dessen zu entrathen, dasselbe soll um den billigen Werth im Lande einer dem andern zu verkaufen gestattet und verarbeitet werden«. — Im gleichen Sinne bestimmt die Hohenlohe'sche F.O. v. 1579: »Nachdem bisher unsere Bürger und Unterthanen in unseren Städten, Dörfern und Flecken deswegen viel Klagen gehabt und merklich beschwert wurden, dass sie von andern Orten mit schweren Kosten Taugen hiezu bringen müssen, so verordnen wir hiemit, dass keine Taugen mehr ausser der Grafschaft verkauft werden dürfen«.

Die Bayerische F.O. v. 1568 verbietet die Ausfuhr von Hopfenstangen, Rechenstielen, Reif- und Leiterbäumen.

4) Die wenigen Fälle, in denen der Holzmangel die Veranlassung zum Holzausfuhrverbot war, trafen in der Nähe grösserer Städte zu, welche sehr viel Holz konsumierten. So ist nach der Brandenburgischen F.O. von 1620 in den unmittelbar um Berlin gelegenen »Heiden mit dem Bauholz nunmehr zu schliessen und dasselbe für die Hofgebäude zu schonen, und keinem Holzhändler weder Bau- noch Brennholz in gedachten Heiden zu verkaufen, es wäre denn, dass die angesessenen Dorfschaften zu ihrer selbst eigenen Bewahrung etwas kaufen wollten, darunter doch . . . kein Nutzholz soll verstanden werden«.

Um die Stadt München mit Holz zu versorgen, wurde umgekehrt der Holzhandel dorthin durch die Bayer. Holz- und Kohlordnung vor dem Gebirg an der Isar v. 1536 und 1560 frei gegeben und erlaubt, Astholz und sonstiges schlechtes und altes Holz in den Wäldern aufzuräumen und unentgeltlich weg-

---

vendre aucun bois d'affuage à aucuns estrangers, si non entr'eux, et en non Villes à peine d'une livre d'emende perditte monnoye pour chascune fonte. Permettons, que Communautez pourront entreux accorder, et donne bois à ceux qui en auront necessté pour maisonner, riere noz Contez et Seignieuries . . . sans en vendre hors de Seigneuries«.

zuführen; die neuen Windfälle und das Afterholz dürfen auf Anweisung der Förster weggeführt und nach München zu Wasser
und zu Lande zum Verkauf gebracht werden. — »Grosse Holztheuerung« in München war die Veranlassung hiezu.

Auch die Reichsstadt Nürnberg erliess i. J. 1555 ein Mandat, »dass die Bauern ihre Hölzer auf das förderlichste herein
zu gemeinem Markt führen sollen« *).

5) Einen bemerkenswerten Beitrag zur Charakteristik der
ökonomischen Politik jener Zeiten liefern die in süddeutschen
Verordnungen niedergelegten Ansichten über den auswärtigen
Holz- und Kohlenhandel. In der Bayerischen F.O. v. 1568
wird die Exportflösserei verboten, weil die Bauern, Tagwerker
und Häusler »sich zum Gewaltigsten auf das Flosswerk ver-
legen, ihre Güter in Abschleifung bringen« und den Anbau
ihrer Grundstücke vernachlässigen **). — Ebenso rufen die
Württembergischen F.O. von 1567 u. 1614 die Bauern zu ihrer
gewohnten Beschäftigung zurück: »Denjenigen in der Obrigkeit
und Schirm Gesessenen, so Höfe und Lehen, Ackerbau und Güter
haben, dieselben gänzlich verlassen und sich des Holzgewerbs
und Flössens allein um des Schlamms und Faulenzens willen
gebrauchen und doch den Wäldern ungelegen gesessen, soll
solch Holzgewerb und Flössen forthin nicht mehr also gestattet,
sondern aus dero und allerhand beweglichen Ursachen ihre
Lehen- und Hof-Güter zu bauen von den Amtleuten gewiesen
werden«. — Nach der Baden-Durlach'schen F.O. v. 1574 darf
das Kohlenbrennen nur in den Bergen und entlegenen Waldungen stattfinden, weil dasselbe die Waldungen gefährdet und
die Unterthanen durch den Kohlenhandel den Ackerbau ver-

---

*) Gatterer, F. A. I, 232.
**) Dagegen ist es bemerkenswert, dass nach der Bayer. Holz- und
Kohlordnung vor dem Gebirg an der Isar v. 1536 u. 1560 denen, welche
soviel Kohlen hatten, um ein Floss damit zu beladen, gestattet war,
Floss und Bretter zu kaufen und solchen Kohlenfloss selbst zu verführen,
während ausserdem die Flösserei eingeschränkt war. Da die Kohlen nur
in den entlegenen Waldungen gebrannt werden durften, so wollte man
durch die vorstehende Erlaubnis zur Nutzung solcher Wälder aufmuntern.

nachlässigen. Wer eigene Waldungen hat, darf keinem fremden
Taglöhner oder Handwerker, der nicht Leibeigener oder Hin-
tersass ist, weder um die Hälfte noch um fremden Taglohn
brauchbares Holz zum Verkohlen geben. — Die Salzburger F.O.
v. 1592 verbietet den »Sollhäuslern und Herbergern« den Holzverkauf aus den ihnen zur Nutzung überwiesenen Wäldern namentlich während des Sommers, weil »daraus folgt, dass der
Bauersmann die Taglöhner zu der nöthigen Feldarbeit nicht
bekommen kann«.

Aus diesen Verordnungen geht einmal hervor, dass nicht
immer die Furcht vor Holzmangel die Ausfuhrverbote ins Leben
rief und zweitens, dass man in dem Holz- und Kohlenhandel
eine Vernachlässigung des Ackerbaues erblickte, dessen Rückgang grössere wirtschaftliche Verluste mit sich bringen musste
als der Profit aus dem Holzhandel Nutzen stiften konnte. Der
gesunde Kern in Quesnay's geflügelten Worten: »Pauvres pay-
sans, pauvre royaume, pauvre royaume, pauvre roi« war den
Landesherrn schon im 16. Jahrhdt. zum Bewusstsein gekommen,
da man auf der Suche nach neuen Einnahmequellen immer
wieder dem Bauern als leistungsfähigstem Opfer begegnete.
Zudem brachte auch der Holz- und Kohlenhandel zu wenig
Geld in das Land gegenüber dem Handel mit anderen export-
fähigen Produkten, als dass man den weiteren Grundsatz, billige Erwerbsmittel für die arbeitenden Klassen zu gewinnen,
aufgeben wollte.

4. Baupolizei.

Während in den Ausfuhrverboten sich im Allgemeinen
mehr der objektive, patriarchalische Standpunkt der Landesherrn kundgegeben hat, dienten die in allen Forstordnungen
niedergelegten baupolizeilichen Vorschriften mehr den egoisti-
schen Interessen, welche die Landesherrn rücksichtlich der Jagd
und der Revenüen am Walde hatten. Schon wiederholt wurde
erwähnt, dass die Unterthanen das Bauholz um geminderte
Taxe oder auch umsonst erhielten. Je mehr dieselben benö-

tigten, desto weniger blieb für den Landesherrn zum freien Verkauf übrig, und je mehr Eichenholz zum Bauen verbraucht wurde, desto mehr stand der ergiebige Mastertrag in Frage. Daher suchte man den Bauholzkonsum einzuschränken, wo es nur immer angieng und erdachte oft die sonderbarsten Mittel*). In der Grafschaft Hohenlohe (F.O. v. 1579) soll das Bauholz womöglich »ausserhalb der Grafschaft« gekauft werden. Ist dies nicht möglich, so sollen »Erdhäuser und Erdscheuern« errichtet oder wenigstens »die Haupt- und Grundschwellen drei Schuh hoch untermauert« werden. Auch ist darauf zu sehen, »dass keiner ein grösseres Haus und Scheuern baue, denn er nach Gelegenheit seiner Haushaltung, Gesinds, Vieh und seiner Bau- und Feldgüter nothwendig und gar nicht entrathen könnte«. — Im Ansbacher Gebiet erhalten die Bürger in Städten und Flecken nur dann das Bauholz um den halben Preis, wenn sie zum mindesten das »Untergaden« aus Stein bauen (Brandenbg. F.O. v. 1531).

Nach der Brandenburger F.O. v. 1620 soll den Unterthanen nur bei »unvermeidlicher Nothdurft« Bauholz angewiesen werden, im Fürstentum »auf dem Gebürg« sollten zur Ersparung des Schindelholzes Ziegelhütten errichtet werden.

Die Sächsische F.O. v. 1560 befiehlt, dass »keinem Bauersmann noch der Bürgerschaft in Flecken und Städten Bauholz zu ganzen hölzernen Häusern, Schroten, Scheunen, Ställen noch andern Gebänden gelassen werde, sondern da sie aus Noth neue Gebäude aufrichten werden müssen, so sollen sie das Unter-Geschoss und für den Fall, dass es zwei Geschoss hoch werden soll, das andere auch steinern aufführen«. Zu einem Neubau dürfen höchstens 20 Stämme abgegeben werden. Keine neuen hölzernen Gebäude, Boden nicht mit »Brettern spünden«. »Welche eigenes Gehölz haben, die sollen sich dessen aus den ihren erholen«. Von den Amts-Unterthanen bekommt »ein Anspanner«

---

*) Welch' enorme Mengen Bauholz oft verbraucht wurden, lässt sich aus der Thatsache ermessen, dass im Schwarzwalde ein Bauernhaus bis zu 300 fm. Holz enthält.

nicht über zehn, und »ein Hintersasse« nicht über fünf Stämme.
»Des mangelnden Holzes sollen sie sich bei den anstossenden
Nachbarn erholen«; wenn dies nicht möglich, müssen sie »Be-
richt und Zeugniss« beibringen, um aus den landesherrlichen
Forsten mehr zu erhalten. Strohdächer!

Nach der Württemberger F.O. v. 1567 und 1614 muss
die Erlaubnis zum Bauen eingeholt werden. Privatwaldbesitzern
wird »Mass und Ordnung« empfohlen, »damit sonderlich das
Eichenholz nicht überflüssig verschwendet, sondern so viel als
möglich gehegt und auf dem Lande nicht so köstlich, sondern
allein Erdhäuser zu ziemlicher Nothdurft und, so es sein kann,
mit Steinen gebaut werden«. Es soll ferner »fürnemlich in
Städten mit Steinen, und was von Holzwerk sein muss, besonders im Trocknen und vom Wetter (weg), mit Tannenholz gebaut
werden. Doch dass die Haupt- und Grundschwellen in den
Gebäuden zum wenigsten 3 Schuh hoch untermauert und vor
dem Faulen gehütet werden«.

Schon die Baden-Badische Landesordnung v. 1495 *) verordnet, dass in Städten und Dörfern jeder Bau »zum wenigsten
Sims hoch von der Erden auf unterfahret und untermauert«
werden soll, damit nicht »die Schwellen im Grund eher verfaulen müssen«. Häuser und Scheuern sind wenn thunlich mit
Ziegeln zu decken. Eine Kommission hat jährlich alle Gebäude
auf ihren baulichen Zustand zu prüfen zur Hintanhaltung un-
nötiger Bauholzansprüche. Dieselben Bestimmungen wurden in
den nachfolgenden F.O. wiederholt und teilweise ergänzt. Nach
der F.O. v. 1587 sollte das notdürftige Bauholz um einen billigen Preis abgegeben werden. Um den Bauholzverbrauch aus
den Privatwäldern zu hemmen, durften diejenigen, welche selbst
Bauholz hatten, keine grossen Gebäude, sondern nur »für den
nöthigen Bedarf« aufführen.

Nach der Baden-Durlach'schen F.O. (für S. u. R.) von 1574
darf zur Ersparung des Bauholzes das Eichenholz nur zu den
Teilen, die dem Wetter und der Feuchtigkeit ausgesetzt sind

---

*) Manuskript im Gr. General-Landes-Archiv zu Karlsruhe.

und auf dem Boden liegen, verwendet werden, nicht aber zu inneren Teilen des Gebäudes. Neubauten sind kniehoch von der Erde zu untermauern. Reicht man mit Windfällen und gipfeldürren Eichen aus, so dürfen keine gesunden Stämme abgegeben werden.

Aus der unteren Hardt (Baden-Durlach'sche F.O. v. 1566) werden zum Bau eines vergiebelten Hauses »zu Schwellen und im Wetter« nicht über 14 Stämme und zu einer vergiebelten Scheuer 10 Laubholzstämme abgegeben.

Die Waldförsterordnung an der Murg v. 1533 bestimmt: Was von den Eichen-Windwürfen »gut zu Taugen, Bauholz und Zaunstecken tauglich ist, soll herausgezogen werden«. Wer »Bauholz nothdürftig ist und bauen will, das soll er zuvor an seinen Amtmann bringen, der soll den Bau mit einem Zimmermann besehen und anschlagen, was und wieviel ihm noth sei zu solchem Bau; darüber soll ihm dann der Amtmann einen Zettel an den Landvogt geben mit unterschiedlichen Worten, was er bauen will und wieviel er Eichen- und Tannenholz haben müsste«.

Gemäss der W.O. für die Pfalzgrafsch. bei Rhein v. 1580 darf zu keinem ganz geschrotteten Bau Zimmerholz abgegeben werden, sondern die »Stöcke und Füsse« sollen gemauert und darauf erst gezimmert werden. Damit das Bauholz um so »beständiger und langwieriger« sei, »auch das Holzwerk desto weniger wurmig und faul werde«, so soll dasselbe von Egydii (1. Sept.) bis Ausgang März »im rechten Schein« gehauen werden. Das abgegebene Bauholz darf nur für den bestimmten Zweck und nicht als Brennholz verwendet werden. Die Forstbedienten haben auf rechtzeitige Wendung aller Baufälle in den Gebäuden der Unterthanen zu sehen, damit »durch zeitliches Einsehen mit einem, zwei oder drei Stämmen Holzes möge vorgekommen und gewendet werden, da man folgends nach fahrlässigem Uebersehen zehn, zwanzig, dreissig oder mehr Stämme muss dazu haben und gebrauchen«.

Auch nach der Hennebergischen F.O. v. 1615 ist das Eichenholz beim Bauen zu sparen, das untere Stockwerk mit

Steinen aufzuführen und statt Schindeln sind Ziegel anzu-
wenden.

In Nassau (-Dillenburg-Siegen) musste nach den F.O. v.
1562 und 1606 der bauliche Zustand der Gebäude alle Jahre
kontrolliert werden, kein Zimmermann durfte einen Bau über-
nehmen, bevor er nicht mit ein oder zwei Nachbarn berat-
schlagt, wie der Bau mit dem wenigsten Holze aufzuführen sei.

Die Unterthanen des Eichstätter Stifts waren angehalten,
»Stöck und Füss zu mauern und darauf zu zimmern«. Waren
Steine nicht zu Händen, so musste ein Bericht an den Bischof
gemacht werden. Der halbe Teil wurde aus Gnaden, der andere
Teil um gebührliche Bezahlung abgegeben.

In eigenartiger Verquickung wurde in Bayern und in
Mecklenburg d u r c h d i e b a u p o l i z e i l i c h e n V o r s c h r i f t e n
a u c h a u f E r s p a r u n g d e s B r e n n h o l z e s h i n g e w i r k t.

Die Bayerische F.O. verbietet den Bauern das Bauen »der
Ausnahmhäusel«. Die abtretenden Eltern sollen sich mit einer
Kammer oder dem Anbau an dem Bauernhause begnügen. Die
zweignädigen gezimmerten Bauernhäuser müssen abgeschafft und
Stock- und Fussmauern errichtet werden. Ausserhalb der Städte
dürfen neue Ziegel und Kalköfen nicht mehr gebaut werden.
»Es möchte auch nicht wenig Holz gehegt und ersparet werden,
wann die grossen Gebäude und überflüssigen Feuer bei männiglich hoch und niedern Stands abgeschafft würden«. »Es
sollen auch die gemeine Badstuben und Backöfen, weil viel
Holz dadurch verschwendet wird, so viel immer möglich, und
sich nach Gelegenheit eines jeden Orts thun lässt, abgeschafft
und allewege bei jedem Dorf nur eine Badstube . . . gestattet
sein«. Backöfen dürfen mehrere vorhanden sein, »weil es nicht
in jedem Dorfe einen Bäcker hat und der armen Leute ihrer
Nothdurft nach in einem Dorf auf einen Tag etliche backen,
auch allerlei , . . dürren müssen«. Allein man soll sich befleissen, dass »die Ofenlöcher nicht zu weit gemacht werden«.

Nach der Mecklenburgischen Landes-Ordnung von 1562 *)

---

*) Fritsch III, 187, Tit. 26.

sollen die Bauern angehalten werden, »dass sie sich befleissen, zu Ersparung des Holzes Stuben und Dormitzen zu bauen, den Winter darin sitzen und also das übrige Holz, welches sie sonsten den ganzen Tag über auf dem Herde verbrennen, ersparen mögen« ... Im Jahre 1547 wurde aus Mecklenburg noch Bauholz nach Brandenburg erportiert*). Die Holzersparung lag daher im finanziellen Interesse des Landesherrn, während in Bayern die Hegung des Waldes der Hegung des Wildes diente.

Auch im Salzburger Gebiet wurde die Baupolizei mit der Brennholzersparung in engste Verbindung gesetzt. In der F.O. v. 1563 wird den eingesessenen Bauern verboten, ein neues Haus zu bauen, so »dass sie an etlichen Orten die alten Häuser daneben stehen lassen, darinnen viel Innleute und Herberger erhalten und zu solchen Gütern desto mehr Holz zu Hausnothdurft gebraucht und verwüstet werden muss«. Die wirtschaftliche Funktion der Waldungen um Salzburg lag hauptsächlich in der Unterstützung der Bergwerke; daher lag auch dieser Verordnung eine spekulative Tendenz zu Grunde.

Neben diesen haushälterischen Gründen zur Ausübung einer strengen Baupolizei waren aber auch die Rücksichten auf die Jagd massgebend, wie dies in der Sächsischen F.O. v. 1560 ausdrücklich betont wird. Darnach sollte es keinem gestattet sein, »auf einige Räume noch Haine Wohnhäuser zu bauen, weil sich in solchen Häusern allerlei verdächtige Personen, so der Wildbahn und den Gehölzen schädlich, zu halten pflegen. Gleicher Gestalt soll auch nicht gestattet werden, dass die alten Erbgüter zertrennt noch auf derselben zugehörenden Plänen neue und mehr Feuerstätten denn vor Alters vor den Wäldern und Gehölzen noch in den Wildpret-Gängen erbauet« werden. — Wenn auch diese Forstordnung allein nur offene Farbe bekennt über den Zweck des Verbotes, neue Häuser zu bauen, so liegt es doch nahe, auch in anderen Ländern, wie in Braunschweig-Lüneburg, wo der Bau neuer Häuser vom be-

---

*) Brandenburger F.O. v. 1547, Myl. IV, 771.

sonderen fürstlichen Consens abhängig gemacht wird, in derartigen Bestimmungen die Rücksichtnahme auf die Wildbahn zu vermuten.

Ausser den beschränkenden Bestimmungen über die Ausdehnung des Bauholzconsums wurden noch positive Vorschriften über Qualität des Holzes und Holzart gegeben. Die schon bei den Markwaldungen hervorgehobene Thatsache, dass das Buchenholz allgemein zum Bauen verwendet wurde, bestätigt sich auch hier. Daneben dienten auch Aspen, Erlen, Birken und Weiden als Bauholz (Flechtholz). Den Verbrauch des Eichenholzes suchte man überall zu reduzieren. Die Nassau-Dillenburg-Siegen'sche H.O. v. 1562 u. 1606 gebot, dass zu Ingebäuden Buchen- und Aspenholz verwendet werde anstatt Eichenholz; zu den Wänden der Scheunen und Ställe können von Birken, Weiden und anderem zähen Holze die Aeste benutzt werden. Zu Riegeln, Bändern, Sparren sind ausserdem auch Erlen und Birken zu nehmen. Die Württembergische F.O. v. 1611 empfiehlt für den Trockenbau Tannenholz, die Baden-Durlach'sche F.O. v. 1574 für die dem Wetter und der Feuchtigkeit ausgesetzten Teile Eichenholz*).

Eine grössere Dauerhaftigkeit des Bauholzes suchte man fast überall durch die Zeit der Fällung zu bewirken. So soll z. B. nach der Eichstätter F.O., damit das Bauholz »desto beständiger und langwieriger, auch das Holzwerk und die Bretter desto weniger wurmig und faul werden, das Nadelholz im zunehmenden (Mond-)Schein, das Reisholz (Laubholz) im abnehmenden Schein« und zwar alles Holz womöglich von Egydi bis zu Ausgang März gefällt werden. — Nach der Bayerischen F.O. v. 1598 und 1616 ist das Bauholz v. 24. Okt. bis Ende Februar im abnehmenden, oder im Februar während 3—4 Tage im zunehmenden Mond zu fällen. — In Baden sollte »das Eichenbauholz von Jakobi an bis zum Hornung alle Neu oder bei

---

*) Nach der Brandenburger F.O. v. 1620 wurde das Erlenholz zu Grundpfählen für die Festungsbauten in Pandow verwendet oder für die Hofhaltung verkohlt.

kleinem Mond, das Tannenholz bei vollem Mond und solange
der Saft nicht darin geschossen, alles bei schönem Wetter gefällt werden«.

Hieher sind auch die vielen Bestimmungen über Abfuhr-
termin und Fristenerstreckung bezüglich der Verwendung des
Bauholzes zu zählen, die schon in der Ordnung auf der Hardt
im J. 1483 verzeichnet sind. Darnach musste z. B. das Holz
14 Tage nach der Fällung aus dem Walde geschafft und binnen
Jahresfrist seiner Bestimmung zugewendet werden.

5. Waldrodungen. Forsthoheit.

Rodungsverbote und Aufforstungsgebote finden sich in fast
allen Forstordnungen und wurden sowohl im Interesse des
Waldertrags als wegen der Jagd erlassen. Die umfassenden
Rodungen im 12. und 13. Jahrhdt. hatten Feld und Wald in
Deutschland so weit in's Gleichgewicht gesetzt, als es nach dem
Stande der Technik und Volkswirtschaft möglich war. Das
14. und 15. Jhrhdt. war die Periode der mehr lokalen Veränderungen in dem Arealbestand der Waldungen und erst im
16. Jhrhdt. bildeten sich hierüber feste Grundsätze und mit
diesen deutliche Waldgrenzen aus.

Im Jahre 1309 erliess Kaiser Heinrich VII. ein Mandat
an den Magistrat der Stadt Speier, dass (bei harter Strafe) die
Felder, welche ehedem aus dem Waldgrund hervorgegangen,
wieder mit Wald zu bestocken seien *). Gleichzeitig wurden
aber in anderen Territorien die Rodungen durch die Landesherrn unterstützt und geboten. Karl IV. liess um 1367 in
Böhmen überall Weinberge, Wiesen, Felder, Hopfengärten auf
dem bis dahin bestockten Waldgrund anlegen **).

Die Landwirtschaft scheint auf den gerodeten Flächen vielfach eine Art Raubbau getrieben zu haben, indem der hu-
mushaltige Waldboden bis zu seiner Erschöpfung an Nähr-

---

*) Stahl, F.M. VI, 73.
**) Fischer, a. a. O. II, 308.

stoffen landwirtschaftlich benützt und dann wieder verlassen
wurde. Dagegen macht die Forstordnung für die Pfalzgrafschaft bei Rhein v. 1580 Front: Roden und Umwandlung von Wald
in Feld erheischt besondere Erlaubnis. »Denn dadurch (nicht nur)
leicht die Wälder und Hölzer vergehen, sondern uns und den
Unsern in etlichen Fällen der Nutz entzogen und andern zu-
gehet, so begibt sich auch oft, ... dass solche Güter ein klein
Zeit gebaut und genossen und darnach, so der Grund vermagert
und ermergelt oder sonst Krieg, Sterben oder Theuerung einfallen, wüst gelegt und gelassen werden und also fürderhin
weder Frucht noch Holz ertragen oder geben«. — In den
Markwaldungen und namentlich in den Alpen war die vorüber-
gehende landwirtschaftliche Benützung des Waldbodens allerdings öfter erlaubt, aber immer unter der Bedingung, dass nach
kurzer Zeit die Fläche wieder mit Wald bestockt würde. So
sollte im Salzburger Gebiet »jedes Gereut nach altem Brauch
und Herkommen nicht länger als drei Jahre nacheinander inne-
gehabt und albei im dritten Jahre ausgelassen werden« (F.O.
v. 1563).

Im Gegensatz zur modernen Praxis wendete man dem
landwirtschaftlichen Betriebe öfter die schlechten Böden zu, auf denen kein Wald gedeihen wollte. Die
Salzburger F.O. v. 1524 enthält den ernstlichen Befehl, »dass
niemand solle gestattet werden, zu reuten, zu brennen, zu
schwenden. Wo aber verödete Gründe, die keinen guten Holzwuchs haben und keiner daselbst gewesen und auch auf denselben Orten keiner zu erzielen, sondern allweg ein unnützes
Dornach, Staudach und Poschach wäre, so soll das Reuten in
denselben Orten, die Gründ zu erweitern und zu bessern un-
verboten sein«. In gleicher Weise gebietet die Brandenburger
F.O. (a. d. G.), »keine neuen Gereute oder Geräume zu machen,
es sei denn das an solchen Orten, da es zum Wachsen nicht
tauglich«. — Diese Bestimmungen haben jedenfalls ihren letzten
Grund darin, dass der damaligen Kulturtechnik die Bestockung
solcher verwilderter und verangerter Flächen nur schwer ge-
lang, während die landwirtschaftliche Bebauung denselben nach

gründlicher Bodenbearbeitung immerhin einen lohnenden Ertrag abgewinnen konnte. So sehr die Landesherrn auch auf
die Ersparung des Brennholzes hielten, so war doch die Ausgiebigkeit solcher Flächen für die Brennholzproduktion zu gering,
als dass man die Erhaltung des darauf befindlichen Strauchholzes
anstreben wollte. Die Baden-Durlach'sche F.O. v. 1574 (f. S.
u. R.) erlaubt daher auch, Horste und Gesträuche, in welchen
sich kein Bauholz und keine Reifstangen befinden, zu roden
und mit Getreide anzusäen.

In der Verfügung über den Territorialbestand
der Waldungen fand die von den Landesherrn geübte Forsthoheit ihren stärksten Ausdruck. Damit
war denselben der Zügel in die Hand gegeben, die waldwirtschaftliche Produktion je nach Bedürfnis ihrer Kassa oder
ihrer Jagdleidenschaft einzuschränken oder über Gebühr auszu-
dehnen.

Diese zwei Beweggründe kehren auch in allen Forstordnungen mehr oder minder deutlich wieder. Nach der Landesordnung für Mecklenburg v. 1562 »sollen sich die vom Adel
des übermässigen und schädlichen Rodens, dadurch das Mast-
und Grundholz auch unsere Wildbahnen verwüstet werden, enthalten« (Fritsch 186). Ebenso befiehlt die Brandenburgische H.O.
v. 1593 *), »die Wälder und Heiden an fruchtbaren Mast- und
Nutzhölzern nicht zu veröden, noch sonsten nicht zu verhauen
und mit Ausroden zu verwüsten«. In der Ernestinischen Landesordnung für Coburg v. 1556 **) ist es keinem gestattet,
»wessen Unterthanen die seien, etwas in der Wildfuhr zu roden
oder Aecker und Wiesen zu machen« ausser in ganz besonderen
Fällen, und ebenso ist in der Badischen F.O. v. 1615 für die
Markgrafschaft Hochberg verboten, »bei einem Wildhag zu
reuten, noch viel weniger denselben zu zerreissen oder Holz davon zu tragen«.

---

*) Myl. IV, 507.
**) Kius, das Forstwesen Thüringens im 16. Jahrhdt. Jena 1869 p. 12.

Die Entstehung der Forsthoheit wird allgemein und wohl
mit Recht auf die Jagdliebe der Landesherrn und ihrer Vasallen
zurückgeführt. Für deren weitere Ausbildung und Befestigung
kam aber, wie die vorausgehenden Erörterungen insgesamt be-
weisen, hauptsächlich das zweite Moment, nämlich der finanzielle
Nutzen, der den Landesherrn aus den Waldungen erwuchs, hinzu.
Würde die Jagd damals nicht existiert haben, so wäre die Ver-
hängung landesherrlicher polizeilicher Anordnungen über den
Betrieb der Privatforste und über die Konsumtion des Holzes,
wenn auch wahrscheinlich erst später, so doch in gleicher Ausdehnung erfolgt, weil die Bevormundung der kräftigste Hebel
war, um den wirtschaftlichen Theorien und Ansichten ein prak-
tisches Feld einzuräumen. Speziell der Merkantilismus hätte
ohne Druck von oben unmöglich alle wirtschaftlichen Kreise
in dem Masse beherrschen können, wie es thatsächlich der Fall
war. Man denke nur an die sächsischen Kleiderordnungen, die
z. B. das Tragen von ausländischer Leinwandwäsche für die
unteren Klassen verbieten*). Einen ähnlichen Druck glaubte
man auch auf die Holzkonsumtion üben zu müssen, und es ist
nicht zu läugnen, dass die bestehenden Verhältnisse hiezu Veranlassung boten, wenn die Landesherrn den Wald zu ihrem
eigenen Vorteil und zum Nutzen der Unterthanen in möglichst
grosser Ausdehnung und in gutem Stand forterhalten wollten.
Die im Volksbewusstsein fortlebende Erinnerung, dass der Wald
früher res nullius war und Rodungen sogar gewünscht und
begünstigt wurden, liess bis zum 16. Jhrhdt. keine strenge
Waldgrenzen aufkommen. Die meisten Forstordnungen gegen
Ende des 16. Jhrhdts mussten noch das »Sengen und Brennen«
in den Waldungen verbieten. Nach der Rheinpfälzischen F.O.
v. 1580, Baden-Badischen v. 1587 und nach der Württembergischen v. 1588 sollen »fürderhin keineswegs mehr aus Wäldern, Hölzern und Egerten, Aecker, Weidgänge, Wiesen, Wein-

---

*) Landesordnung v. 1482 für Sachsen, Cod. Aug. 1, 91. — In der
Reichspolizeiordnung v. 1530 wird der Kleiderluxus verboten, weil dadurch »ein überschwencklich Geld aus teutscher Nation geführt« werde.

gärten oder andere neue Gereute gemacht oder gebrannt werden«*) , die Brandenburger F.O. v. 1547, 1556 und 1553
verbieten das schädliche Brennen in Heiden und Gehölzen bei
Strafe des Halses«. Auch die vielen Berechtigungen und Vergünstigungen hinsichtlich des Bezugs von Waldprodukten liessen
den Unterthanen den eigentlichen Wert des Waldes nicht zum
klaren Bewusstsein kommen und hatten wie in den Markwaldungen so auch hier verschwenderische Konsumtion zur
Folge **).

Unter diesen Umständen war die Entstehung und Ausbildung des Forstbannes eine wirtschaftliche Notwendigkeit. So
segensreich derselbe aber auch — zugleich unter dem Gewande
des Wildbannes — für die Erhaltung des Waldes wirkte, so
darf man doch andererseits nicht vergessen, dass die durch
denselben bewirkte Konzentrierung ausgedehnter Waldkomplexe
der natürlichen Ausbreitung der Kultur die stärksten Schranken
entgegensetzte und die Herstellung eines gesunden Gleichge-
wichts in der Verteilung von Volk, Feld und Wald oft verhinderte. Dazu kommen noch die mittelbaren ökonomischen
Verluste, die der Wildbann für Landwirtschaft, Industrie und
Gewerbe auch schon für jene Zeiten im Gefolge haben musste
und die unmöglich durch den Nutzen der Walderhaltung auf-
gewogen wurden. August I. von Sachsen bildete aus ganzen
Dorffluren grosse Wildgehege!

Die indirekten Folgen der Waldkonzentrierung lasteten aber
auf dem spätern Mittelalter bei verhältnismässig dünner Be-

---

*) Die Bayerische F.O. v. 1568 erlaubt dagegen, dass das Holz,
welches innerhalb der letzten zehn Jahre angeflogen, und »nicht Eich-
reis ist«, abgehauen werden darf, »nachdem sich die Prälaten, die von
Adel, Städte und Märkte und die armen Leute, sonderlich vor dem Gebürg, beklagt haben, wo ihre Holzgründe und Wiesmader aus ihrer
Nachlässigkeit mit Holz verwachsen, dass ihnen solches abzuhauen verboten sei«.

**) In der F.O. für die Pfalzgrafschaft bei Rhein v. 1580 musste
verboten werden, fernerhin wegen Eichenmisteln und Vogelnestern noch
Bäume abzuhauen!

völkerung noch viel weniger schwer als auf der folgenden Zeit, wo die grossen Waldkomplexe mächtige Scheidewände bilden zwischen blühendem wirtschaftlichen Leben und dem kümmerlichen Dasein armer Waldbevölkerung.

————————

II. Abschnitt.

Vom Jahre 1650 — gegen 1800.

1. Kapitel.

Merkantilismus. Dreissigjähriger Krieg.

Die forstpolitischen Grundzüge des beginnenden 17. Jhrhdts. lassen sich in folgendem Rahmen zusammenfassen: Holz und teilweise Mast Hauptwirtschaftsobjekt, Nebennutzungen nur geduldet und ihre Einschränkung allgemein angestrebt; die Geldwirtschaft bei der Verwertung der Waldprodukte in einem gesunden statu nascendi; die Mitwirkung des Waldes zur Deckung staatlicher Ausgaben eine seiner wirtschaftlichen Funktion angemessene.

In Ansehung solch' geebneter Bahnen wäre wohl für den Wald im 17. u. 18. Jhrhdt. eine segenbringende Epoche aufgegangen, wenn auch die politischen und volkswirtschaftlichen Neugestaltungen den Interessen und eisernen Grundlagen der Waldwirtschaft angepasst geblieben wären. Allein das 17. Jhrhdt. brachte in die Entwicklung der allgemeinen wirtschaftlichen Verhältnisse tief einschneidende Erscheinungen: die Ideen und praktische Einleitung des Merkantilismus und mit ihm die Ueberschätzung der Geldmenge, — und den dreissigjährigen Krieg, in seinem Gefolge die Kleinstaaterei mit Verschwendung der Geldmenge. Wenn auch beide Ereignisse mit ihren Folgen in jedem Wirtschaftszweig grosse und folgenschwere Revolutionen verursachten, so war es doch gerade die Waldwirtschaft, welche durch dieselben eine Wendung in deterius auf zwei Jahrhunderte erlitt.

Merkantilismus.

Abgesehen von der speziellen Haltung, welche der Merkantilismus dem Walde gegenüber in Bezug auf die Preisbildung des Holzes und Unterstützung der holzverbrauchenden
Gewerbe einnahm, waren die merkantilistischen Theorien für
die Waldwirtschaft deshalb so folgenschwer, weil die ohnehin
bei den Landesherrn mehr und mehr in den Vordergrund getretene Idee, den Wald als Garantiefond für die Deckung der
Staatsausgaben betrachten zu dürfen, nunmehr zum staatswirtschaftlichen Axiom erhoben und gleichsam als Entwurf für die
Finanzverwaltungsinstruktionen theoretisch motiviert wurde.
Viel Geld *), viel Handel und viele Menschen waren die idealen
Vorstellungen und Wünsche während zweier Jahrhunderte und
es war nicht immer leicht. die Wege anzugeben, welche zu
einer harmonischen Lösung dieses Problems führen sollten. Daher
sind auch oft die widersprechendsten forstpolitischen Ansichten
in denselben Schriften und Verordnungen niedergelegt: auf der
einen Seite grosse Waldrevenüen, auf der anderen Seite billige
Holzpreise; hier Anbahnung einer grossartigen Handelspolitik
namentlich durch Belebung des Holländerholzhandels, dort Verbot jeglicher Holzausfuhr; bald liberalste Unterstützung der
Bergwerke und Gewerbe, bald Einschränkung des Betriebs.

Ueberall Kollisionen des einzelnen mit seinen eigenen Ansichten und mit denen der Gesamtheit. Im Grossen und Ganzen
sind aber doch die Ideen praktisch realisiert worden, die schon
1591 Johannes Bodinus**) als massgebend hinstellte, indem er behauptet, dass reipublicae nervi in pecuniis consistunt
und wenn er zu den genera conficiendae publicae pecuniae vor
allem die agros publicos und die Einnahmen ex mercatura rechnet.

----

*) Eine Chur-Braunschweiger Verordg. v. 1784 konstatiert mit Ge-
nugthuung, dass die nötigen Nadelholzquantitäten nun im Inlande auf-
gebracht werden, während vordem derselbe »aus dem Sächsischen und
Thüringischen verschrieben und also dafür Geld ausser Landes geschickt
werden musste«. Moser, A., X, 1791 p. 152 ff.

**) Johannes Bodinus, De Republica 1591, p. 944 f.

Nach dem dreissigjährigen Kriege trat namentlich Kaspar
Klock für die Herbeiziehung des Waldes zur Füllung der
Staatskasse ein; eine Besteuerung der Unterthanen solle nach
ihm erst »in subsidium der Kammergüter« erfolgen *). In seiner
Schrift »De Acrario« **) führt er unter dem Titel: »Aerario
augendo inservit sylvarum caeduarum, incaeduarum et lignorum
cura« (Lib. II, Cap. II) aus: »Quantum enim intersit publice
sylvas caeduas (quae in hoc habentur, ut caedantur, et quae
succisae rursus ex stirpibus vel radicibus renascantur) grosse
Haydenwälde und Büsche, in sua Republ. colere, quis est, qui
non videat? (II, 2, 2 p. 411) Ideoque multum pecuniae ex hoc
medio honeste congeri, et Aerario inferri potest, praesertim, si
nemora ad gratiam Solis attondeantur et certis temporum spatiis
ligna caedantur, dass die Hölzer in gewisse Häu abgetheilet
werden, et usus non abusus sylvarum prae oculis habeatur«
(II, 2, 3). Ist der Staat in finanzieller Notlage, so solle aus
dem Reservefond des Waldes geschöpft werden: »Incidua sylva,
non caedua, ein Heimholtz, Hegeholtz, Fructus sunt procerae
arbores, lignaque per tot annos, ne caederentur, tuta, e quibus tempore extremae necessitatis multum pecuniae colligi et Aerarium collocupletari potest« (II, 2,
13). Kein Mittel, um dem Aerario Geld zu verschaffen, glaubt
er übergehen zu dürfen. Neben dem Steinkohlenverkauf, welcher dem Staate jährlich multorum millium censum einbringen
könne, sind ihm besonders die Einnahmen aus den Nebennutzungen, zu denen er auch die Mast rechnet, sehr erwünscht.

Auch v. Seckendorff gibt in seinem »Teutschen Fürstenstaat« ***) zu, dass die »Waldnutzung in vielen Ländern
eine von den ansehnlichsten Einkünften der fürstlichen Kammer

---

*) Tractatus nomico-polit. de contrib., Bremen 1634, II, 117.
**) Tract. Juridico-Politico-Polemico-Historicus De Acrario, etc.
Nürnberg 1651. Hier citiert nach der neuen Aufl. von Christ. Peller,
Nbg. 1671.
***) Ludwig v. Seckendorff, Teutscher Fürsten-Staat. 1655. Vielfach
neu aufgelegt. Hier citiert nach einer Ausgabe von Sim. von Biechling, Jena 1737.

zu sein pflegt«, verlangt aber, dass die Einwohner »nicht ge-
drungen sein sollen, die Nothdurft (an Holz) theuer zu kaufen
oder ihre Wohnung und Nahrung darüber zu verlassen« (222).
Als vornehmste Waldnutzung nennt er »den Holzvertrieb oder
Holzverkauf« (464). Da, wo »die Herrschaft des Holzes viel
und in grosser Menge und in dero Lande nicht genugsamen
Vertrieb hat, aber an entlegene Orte auf der Axe zu führen
allzu kostbar und ungelegen, so ist dazu das Flössen ein treff-
liches und bequemes Mittel« (468)*).

Die Vorliebe für die privatwirtschaftlichen Domanialeinkünfte gegenüber den staatswirtschaftlichen Steuern ist ein
charakteristischer Zug der merkantilistischen Finanzpolitik, weshalb auch die Einkünfte aus »Steuern, Kontributionen und Abgaben« immer erst sekundär nach jenen aus Domänen und Regalien genannt werden (v. Justi).

Der dreissigjährige Krieg.

Der dreissigjährige Krieg wurde mit seinen direkten und
indirekten Folgen dem Walde nicht minder gefährlich als die
durch den Merkantilismus angebahnte Ueberschätzung des Geld-
reichtums eines Landes. Die kolossalen Opfer, welche mit der
Kriegführung selbst verknüpft waren, waren zwar bald wieder
ausgeheilt und speziell der Wald hatte an Areal und Holz-
masse viel gewonnen, da infolge der dünner gewordenen Bevölkerung grosse Flächen landwirtschaftlichen Kulturlandes nicht
mehr unter den Pflug genommen wurden und sich allmählich
wieder mit Wald bestockten. »Es ist furchtbar charakteristisch, sagt Roscher, wenn der grosse Churfürst durch Verordnungen von 1663 und 1664 wieder eine Politik des Wald-
rodens und der Waldkolonisation einschärfen musste, während
vor dem Kriege in vielen Theilen von Deutschland Symptome

---

*) Neben dem Holzverkauf führt er als weitere Verwertungstitel
des Holzes auf: »Ordentliche Nothdurft der fürstlichen Hofstatt, Diener-
deputat, Gnadenholz, so armen, verbrannten oder sonst verderbten Leuten
gereichet wird, und freie Holzungen (Berechtigungen)«.

drückender Holztheuerung vorgekommen waren, ja schon Melanchthon geradezu Holzmangel prophezeit hatte«.

Indessen waren es gerade diese neuen Kolonisationen, welche im Verein mit dem Bestreben, dem verarmten Bauernstand und einer zerrütteten Industrie wieder die nötigsten Lebensbedingungen zu schaffen, für die Folgezeit die Veranlassung gaben zur Entstehung neuer Rechte auf den Wald. Eine preussische Verordnung v. 1650 *) bewilligt z. B. allen, welche »wüste Höfe und Güter anzunehmen und aufzubauen gemeinet«, ausser Befreiung von Kontributionen, Pachtzinsen und Diensten auf sechs Jahre freies Bauholz »zu Erbauung und Ausbesserung der Häuser, Wohnungen und Ställe zu solchen wüsten Bauern- und Cosseten-Höfen«. Es mag aber sehr zweifelhaft sein, ob der Ablauf dieser sechs Jahre auch wirklich das Ende der Bezugsberechtigung bedeutete. Dies ist um so unwahrscheinlicher, als »die leidigen bösen kriegerischen Zeiten und Jahre«, wie die Sachsen-Coburger F.O. v. 1653 **) sich klagend ausdrückt, einen gewissen anarchischen Zustand geschaffen hatten, dem Gesetz und Gewissen unbekannte Begriffe waren. Gegen die während der Kriegszeiten in überschwenglichem Masse geübte »Holzdieberei« musste i. J. 1636 in Sachsen-Coburg ein eigenes Mandat erlassen werden ***) und eine nach dem Kriege emanierte Braunschweiger F.O. gibt ein grasses Bild von den herrschenden Zuständen, wenn sie ausführt, dass das Weideverbot vollständig umgangen werde und »etliche ungeschliffene Rotzlöffel, wenn sie darüber gestraft werden, zum merklichen Schimpf des Landesherrn und der Beamten und der ganzen Posterität zum höchsten Schaden und Nachtheil die Worte: Holz und Schaden wüchse alle Tage — vermessentlich vernehmen lassen«. Die oben erwähnte Coburger F.O. beklagt ferner, dass »etliche Walddorfschaften und Gemeinden eine Zeit her und bei kriegerischen Zeiten zu einer Gewohnheit

---

*) Bei Schwappach, Handbuch der Forst- u. Jagdgesch. Deutschlands 1886, p. 333.

**) Fritsch p. 445.

***) Fritsch p. 478.

bringen wollen, dass ein jeder sein Vieh absonderlich hüten
lasse« und verbietet das »Privathüten, indem solche unterschie-
dene Haus- und Privathirten . . . grossen Schaden gethan«.

Angesichts solcher Zugeständnisse kann man wohl mit Gewissheit annehmen, dass die waldschädlichen Nebennutzungen
nach dem Kriege viel grössere Dimensionen angenommen hatten *) als gegen Ende des 16. Jhrhdts und zwar
sowohl infolge eingeschlichener Missbräuche als durch den aus-
gesprochenen Willensakt der Landesherrn, den Unterthanen auf
Kosten des Waldes ein Strohhalm hinzuwerfen, an dem sie sich
anklammern sollten. Im Sollinger Walde waren während des
30jährigen Krieges herrliche Bestände entstanden; »junge Eichen
und Buchen waren zu masttragenden Bäumen herangewachsen
und die früheren Blössen mit jungem Unterholz bedeckt, da
der geringe Viehstand dieses nicht mehr am Aufkommen verhindert hatte«. Allein schon gegen Ende des 17. Jhrhdts wurden wieder Klagen über die Waldverwüstung laut und um das
Jahr 1740 liess ein Beamter den Moosberg und mit ihm einen
bedeutenden Walddistrikt abbrennen, um sich bessere Waldweide zu verschaffen, vorschützend, dass ihm die Weidenutzung
verpachtet und rechtlich zuständig sei **).

Neben diesen unmittelbaren Folgen hatte der dreissigjährige Krieg noch mittelbare für die Waldwirtschaft. Der
grosse Aufwand an den vielen kleinen Fürsten-
höfen liess kein Mittel unversucht, zugunsten der fürstlichen
Privatschatulle Geld aufzubringen, wobei der monarchische Des-
potismus alle entgegenstehenden Hindernisse beseitigte. Die über-
triebene Jagdlust der Grossen scheute auf der anderen Seite

---

*) »Der Wald war in Folge der verminderten Menschenzahl und
des Erlöschens alles Holzhandels fast völlig wertlos geworden; der
Harzer und Pottaschensieder trieb ungestört sein Wesen in ihm, es war
gute Wirtschaft, wenn man statt dieser die nomadisierenden Glasmacher
in die Wälder setzte und das Land, das sie »»aufgeschlossen««, in Hufen
aufthat«. Gothein in der Zeitschrift für die Geschichte des Oberrheins,
1886, Bd. 1 p. 23.

**) Pfeil, Krit. Bl. 1845, 1. Heft, p. 119 u. 128.

keine Unwirtschaftlichkeit, um nutzungsfähige Waldungen dem Markte zu entziehen und grosse Flächen für unproduktiv zu erklären. Beide Thatsachen standen aber im grellsten Widerspruch: dort finanzielle Ausbeutung, hier unwirtschaftliche Schonung. In der hessischen Landesordnung v. 1665 *) wird den Unterthanen als Aequivalent für die enormen Wildbeschädigungen erlaubt, »Vieh in die Vorhölzer und Feldköpfe, so viel immer thunlich, zu hüten«, aber dies nicht einmal im Interesse der Unterthanen selbst, sondern nur, damit dieselben »die schuldigen Rent-, Pacht-, Zehnt-, Zinssteuer und Anlegen der Gebühr sonder Abgang zu entrichten« vermögen!

Diese Habgier nach Einkünften wird von den Fürsten einiger kleinerer Staaten schon während des Krieges ohne Scheu zugestanden und zwar waren es wieder die Nebennutzungen, die hiezu als Unterlage dienen mussten. So wird in der Reussisch-Plauischen F.O. v. 1638 »der Nachtheil des Gehölzes und der Wildfuhr durch die Hut und Gräserei« zwar beklagt, aber trotzdem sollte es »dabei verbleiben«, um nicht auf das »Hut-, Trift- und Grasgeld an Geld, Gänsen, Hühnern und anderem« verzichten zu müssen. Diese Beträge sollten »fleissig registriert und bei der Waldnutzung in der Amtsrechnung in Einnahme gebracht werden«. Das Moosrechen wird erlaubt, »damit die Leute zur Besserung ihrer Güter desto eher gelangen können; dagegen sollen sie aber nach Gelegenheit jeden Ortes etwas an Geld oder Haber zu entrichten schuldig sein und sollen die Forstschreiber darüber richtige Register halten und gebührlich berechnen«. — Nach der Sachsen-Weimar'schen F.O. v. 1646 stand zwar die Weide vor Allem den Berechtigten zu, doch durfte auch fremdes Vieh gegen Entrichtung »des gebräuchlichen Waldzinses« eingetrieben werden. Das Grasen sollen die Beamten »nach eingenommenem Augenschein« gestatten, »jedoch dass es um einen gewissen Zins geschehe und entweder die gewöhnlichen Grashühner oder ein Gewisses an Geld dagegen abgestattet und berechnet werde«. Auch das Pecheln wird »um einen Zins auf Rechnung« erlaubt.

*) Fritsch 183 ff.

2. Kapitel.

Verwertung der Waldprodukte.

1. Holzverkauf.

a. Holztaxen und Holzwucher.

Die leitenden Prinzipien bei der Holzverwertung vom
Schlusse des dreissigjährigen Krieges bis gegen Ende des 18.
Jhrhdts. tragen den unverkennbaren Stempel der an wirtschaftlichen Anschauungen und kulturellen Veränderungen so un-
stäten Zeit an sich.

Die Preisbestimmung des Holzes erfolgte schon im 15.
und 16. Jahrhdt. einseitig durch die Landesherrn mittelst Auf-
stellung fixer Holztaxen. Für jene Zeiten hatte die Verwertung nach diesen künstlichen, ohne jede allgemeinwirtschaft-
liche Basis normierten Preisen wenig Unzuträglichkeiten, weil
die noch grossen Holzvorräte und die erst ins Leben getretene
Geldwirtschaft einer gesetzmässigen Preisbildung an sich im
Wege standen und der Holzverkauf gegen den vollen Wert-
ansatz meistens nur an Ausländer erfolgte, während die Einheimischen und Unterthanen auf dem Wege der Berechtigung
oder Vergünstigung das nötige Bau- und Brennholz um geminderte Taxe erhielten. Der Handel mit demselben war verboten und kraft der geübten Forsthoheit waren auch die Privatwaldbesitzer im Verkauf ihrer Waldprodukte wesentlich eingeschränkt.

Diese Prinzipien suchte man nun auch in der neuen Aera
des deutschen Wirtschaftslebens nach dem dreissigjährigen Kriege
durchzuführen, — allein sie passten nicht mehr für die neue

Zeit und für die gänzlich veränderten Verhältnisse. Die künstlichen Holztaxen liessen sich nicht mehr ungestraft aufrecht erhalten und wurden für die Kassa der Landesherrn geradezu verderblich, seitdem der Privatholzhandel deren natürliche Konsequenzen sich zu Nutzen zu machen anfieng und den landesherrlichen Waldungen eine wirksame Konkurrenz entgegensetzte durch künstliche Aufspeicherung grosser Holzvorräte, wodurch die Preise in die Höhe getrieben werden sollten und mussten.

Auf diese Weise entstand der eigentliche Holzwucher. Konkret ausgedrückt, war derselbe nichts anderes als ein ständiger Kampf gegen die staatliche Forsthoheit, die auch im 18. Jhrhdt. viel weniger auf der Grundlage der allgemeinen Volkswohlfahrt als im speziellen Interesse der Landesherrn geübt wurde. Der Schwerpunkt in den Motiven für ihre strikte Durchführung hatte sich nur insoweit verschoben, als im 18. Jhrhdt. gegen die früheren Zeiten die Jagd mehr im Hintergrund und das finanzielle Interesse im Vordergrund stand. Daher mussten die Gemeinden und Privaten den Holzverkauf aus eigenen Wäldern immer dem aus den landesherrlichen Waldungen unterordnen oder denselben zugunsten des letzteren einschränken.

Die Landesherrn suchten dem Holzwucher angeblich unter dem Schein, Holzteuerung zu verhüten, entgegenzutreten und verboten den Holzhandel von Seite Privater sowohl mit selbst gebautem als mit gekauftem Holz, in Wirklichkeit aber war das Motiv hiezu die Sorge für die eigene Kassa, da durch ein Monopol des Holzverschleisses in Händen von Städten und Privaten die landesherrlichen Preise gedrückt wurden, während daneben doch die mit Recht verpönten zu hohen Holzpreise infolge des Holzwuchers fortbestanden. Spekulative Köpfe hatten in diesen Zeiten eben ein weites Feld für ihre Wirksamkeit, wenn sie die schlechte finanzielle Lage der Landesherrn und die sich dadurch bietenden Konjunkturen auszunützen wussten. So musste wiederholt den Privatwaldbesitzern verboten werden, ihr eigenes Holz auf Spekulation zu sparen und ihren Bedarf aus landesherrlichen Forsten nach der Taxe zu kaufen. In den F.O.

von Jena, Eisenach, Sachsen-Coburg und Sachsen-Weimar wird
gleichlautend ausgeführt: »Indem auch oftmals befunden wird,
dass etliche, die eigenes Gehölz haben, das ihrige auf Theuerung halten, sparen, und sich aus den Amtsgehölzen solches
erholen, und ehe sie den Amts- und den ihrigen Unterthanen
damit zu Hilfe kämen, lieber das Holz umkommen oder verfaulen lassen, — so thun wir den Beamten und Forstbedienten
hiemit befehlen, dass sie denselben noch den ihrigen, welche
sich dergestalt unbillig zeigen, kein Holz verkaufen, sondern
den Amtsunterthanen vor den Auswärtigen dasselbe zukommen
lassen sollen«.

Am stärksten scheint der Holzwucher in B r a n d e n b u r g
u n d s p e z i e l l i n B e r l i n getrieben worden zu sein. In einem
Patent vom 28. Dec. 1692*) wird ausgeführt, »dass sowohl
das Kiefern-, als das Eichen-, Elsen- und Birkenbrennholz bei
hiesigen Residenzen von Tag zu Tag teurer und von denen,
so dessen noch einen Vorrat hätten, dergestalt angehalten und
im Preise so hoch getrieben würde, dass fast die Notdurft nicht
mehr zu bekommen wäre, — Se. Churfürstliche Durchlaucht
aber solchem eigennützigen Unternehmen gewinnsüchtiger Leute
keinesweges nachsehen, sondern dem gemeinen Nutzen und sonderlich der Armut zum Besten darunter remediret und anderer
Anstalt gemachet wissen wollen, zumal es der Augenschein
zeiget, dass auf den Holzmärkten annoch eine ziemliche Quantität Holz vorhanden, ihrer viele auch dessen in ihren Höfen
in nicht geringer Quantität stehen haben . .«, — so hat jeder
Bürger »sub fide juramenti« auszusagen, »wie viel an allerhand Brennholz bei ihm im Vorrat sei und wie viel ein jeder
zu seiner Notdurft und Haushaltung in diesem Winter bedürfe«.
Das übrige Holz musste verkauft werden, und zwar der »Haufen
Kienenholz zu 3 Rthlr. 12 Gr., Elsen- u. Birkenholz um 5 Thlr.«
Dieselben Taxen werden in einem Pat. v. 20. Juni 1693**) für
den Holzmarkt in Berlin beibehalten, nach dem Patent vom

---

*) Mylius, C. C. M. IV, 1, 797 f.
**) Myl. 797 ff.

28. Juni dess. J.*) aber wird die Taxe für das in den »unterhalb des Spreestroms liegenden c h u r f ü r s t l i c h e n Heiden« geschlagene Elsen- und Birkenholz »wegen grösserer Mühe und schwererer Kosten« des Transports auf 5 Thlr. 12 gr. erhöht. Die Privatwaldbesitzer waren aber an die alten Taxen gebunden, mochte der Transport auch noch so schwierig und weit sein. Diese Bestimmung illustriert deutlich die angebliche Sorge für die Unterthanen und die Gründe, die den Landesherrn zu Beschränkung des Holzhandels der Privaten bestimmten. Erst durch ein Reglement v. 11. Dec. 1694 **) wurde der Holzverkauf in Berlin ganz frei gegeben und auch den Privaten das Recht zur Erhöhung des angesetzten Verkaufspreises eingeräumt, wenn das Holz »entweder stromaufwärts oder gar aus dem Spreewalde und diesen Enden mit schweren Kosten« nach Berlin gebracht werden musste. Die Taxen sollten von nun an »nicht sowohl von dem ersten Einkauf als vielmehr von dem Wiederverkauf an die Einwohner hiesiger Residenzen, als welche allermeist zur Sublevation der Armut auf ein gewisses determiniret werden müssen , verstanden werden«. Durch die Ansetzung dieser Maximaltaxe war aber der private Holzhandel wesentlich getroffen und auch den churfürstlichen Waldungen die aussichtsvolle Konkurrenz mit den privaten Waldungen eingeräumt. Wie wenig die »Sublevation der Armut« das eigentliche Motiv zu den getroffenen Massregeln war , zeigt das folgende Patent vom 8. Apr. 1699 ***), wodurch wegen »der mehreren Unkosten« infolge »weiterer Anfuhr« für das auf den Holzmärkten vor Köln und Berlin befindliche Brennholz aus den c h u r f ü r s t l i c h e n Heiden die Taxen auf 3 Thlr. 6 Gr. für den Haufen Kienholz, auf 5 Thlr. 18 Gr. für Elsenholz, und auf 4 Thlr. 9 Gr. für Eichenholz erhöht wurden. Für das aus den unterhalb der Spree liegenden Heiden oder auch »von oberwärts herunter« gebrachte Holz, das durch die Schleusse geflösst und im Thiergarten aufgesetzt wird , ferner

*) Myl. 799 f.
**) Myl. 799 ff.
***) Myl. 805 f.

für das auf Schiffen herbeigeführte Holz werden die Taxen, »in
Ansehung der dazu erforderten mehreren Kosten und weil auch
die Käufer von dem mit den Schiffen gebrachten Holz das Ein-
fuhrgeld ersparen«, beim Kienholz auf 4 Thlr. 3 Gr., Elsenholz 6 Thlr. 6 Gr. und Eichenholz auf 5 Thlr. 3 Gr. pro
Haufen erhöht. Nach Errichtung des preussischen Königsthrons
wurden die Taxen durch Patente v. 10. März 1707 *), 15. Novbr.
1709 **) und v. 18. Mai 1711 ***) fort und fort verändert und
hinaufgeschraubt, »weil die Anfuhr und Herunterbringung jährlich mehr und mehr Kosten erfordert«. Die Folge war, dass
der Privatholzhandel die Situation ausbeutend die Preise
nun niedriger stellte und den königlichen Waldungen
eine gefährliche Konkurrenz eröffnete. Daher wird durch Edikt
v. 19. Dechr. 1716 †) verboten, Privatholzmärkte »anzulegen«,
weil abgesehen von der Feuersgefahr für die anliegenden Vor-
städte »durch den Privatholzhandel den öffentlichen Holzmärkten
der meiste Handel entgienge«. Durch Reskript v. 4. Januar
1718 ††) wurde dieses Verbot zwar wieder aufgehoben, durch
ein Patent v. 2. Febr. 1726 †††) aber »resolviret, dass so wenig
die vom Adel als die Städte, welche Holzungen haben, bei
harter fiskalischer Strafe sich unterstehen sollen, ihr Holz
unter der königlichen Holztaxe zu verkaufen, dagegen aber ihnen frei stehen solle, selbiges, wenn sie
können, höher anzubringen«. Schon vorher war durch
eine Deklaration der Holzordnung v. 14. Febr. 1722 *) für
Preussen erlaubt, »dass die Churmärkische Ritterschaft ihre
Holzwaaren so hoch und theuer anschlagen und verkaufen möge,
als sie es deshalb bringen und poussiren kann, männiglich un-
gehindert«, und noch in der Pommerischen F.O. v. 1777 wird

---

*) Mylius, C. C. M. 807.
**) Mylius 800 ff.
***) Mylius 811 f.
†) Mylius 811 ff.
††) Mylius 813 ff.
†††) Mylius IV, 1, 753 f.
*) Mylius IV, 1, 721.

den adeligen Gutsbesitzern verboten, ihr Holz unter der allgemeinen Holztaxe zu verkaufen.

Aus allen diesen Verordnungen geht hervor, dass die Sorge für die Unterthanen und für die Armut lediglich zur Ermöglichung der Einschränkung des privaten Holzhandels zugunsten des fiskalischen vorgeschützt wurde und dass die Landesherrn aller möglichen künstlichen Drehungen und Wendungen bedurften, um sich die private Konkurrenz vom Halse zu halten.

Wie aus dem Vorausgehenden schon teilweise ersichtlich ist, begriff man unter Holzwucher nicht nur die Ansammlung grosser Holzvorräte in den eigenen Waldungen behufs Herbeiführung einer Holzteuerung, sondern auch den **Wiederverkauf des um billige Taxe aus den herrschaftlichen Waldungen erhaltenen Holzes um einen höheren Preis***) und ferner die **Konsumtion des billigen Herrschaftsholzes und Verkauf des Holzes aus eigenen Wäldern um beliebigen höheren Preis**. Sogar in Württemberg, wo der Holzverschleiss in liberalster Weise gestattet war, wurde im Jahre 1770**) durch ein Reskript zur jährlichen Berichterstattung darüber aufgefordert, »ob nicht einige Privati mit erkauftem und besonderen Gattungen von Holz ein nachtheiliges Commercium treiben oder auch ihre Waldungen zu Beförderung der Holztheuerung gänzlich schonen«.

Ermöglicht wurde der Holzwucher in allen Gestalten, in welchen er auftrat, durch die künstlichen Holztaxen und in Konsequenz derselben durch die masslosen Vergünstigungen, welche man durch Niedrighaltung der Preise den Unterthanen einräumte. Alle Ausfuhr- und Verkaufsverbote waren im 18. Jhrhdt. nicht mehr stark genug, um die Unnatürlichkeit der künstlichen Preisgestaltung und deren unausbleiblichen wirtschaftlichen Nachteile zu kompensieren.

Je mehr sich auch gegen die zweite Hälfte des 18. Jhrhdts.

---

*) Weiteres hierüber unten in dem Kapitel über »Berechtigungen u. Vergünstigungen«, Seite 179 ff.
**) Moser, A. I, 178.

10 *

hin ein forstliches Budget herausgebildet hatte, desto lästiger
wurden die einseitigen Holztaxen, die schliesslich jede
Basis verloren hatten, und desto eifersüchtiger wurden die Landesfürsten auf die Konkurrenz seitens ihrer Nachbarn und der
Privatwaldbesitzer. »Im Wunsche nach Verderben des Nachbarn« steigerte Friedrich der Grosse die Elbzölle bei Magdeburg zunächst auf ein Drittel, dann auf die Hälfte und zuletzt
sogar auf zwei Drittel vom Werte des Holzes, um den böh-
mischen und sächsischen Holztransit nach Hamburg zu ver-
nichten*). Die Preussische H.O. für Schlesien und Graz v.
1750 hegt zu den Privatwaldbesitzern das Vertrauen, »dass sie
einestheils das Publikum im Preise ihres Holzes nicht zu sehr
übersetzen, anderntheils aber auch ihr Holz zum Nachtheil
ihrer Nachbarn und Ruin der Forste nicht in gar zu nie-
drigem Preise verlassen oder verthun werden«. — Höhere Preise
in den benachbarten Ländern und Ländchen waren für die Landesherrn nicht unangenehm, weil sie dadurch gerechte Veranlassung zu haben glaubten, die eigenen Taxen »ohne Bedrü-
ckung des publici« gleichfalls erhöhen zu dürfen. In diesem
Sinne fordert das Württembergische Generalreskript v. 1770
die Beamten zur Berichterstattung darüber auf, »ob die bisherigen Holzpreise nach vorliegenden Umständen und in Absicht der angrenzenden in- und ausländischen Commun- und
Privatwaldungen und darinnen bestimmten Holzpreisen zu erhöhen räthlich und welche Proportion überhaupt bisher bei
Taxirung und Anschlagung der Stämme, welche zu Bau-, Klotz-,
Werk- und Brennholz abgegeben werden, genommen wird?«
    Das Schicksal der einseitigen Holztaxen hatte sich daher
mit der Mitte des 18. Jhrhdts. immer mehr erfüllt. v. Lange
proponierte schon i. J. 1745 dem Herzog von Braunschweig**),
alle Jahre eine neue Holztaxe aufstellen zu lassen je nach Aen-
derung der Preise und die »Holzeffekten gegen baare Bezahlung an Einheimische und Auswärtige zu verkaufen und zu

---

*) Roscher, Gesch. d. Nationalök. p. 411 f.
**) Moser, A., XIV, 159 f.

berechnen«. — Die Bayerische Verordnung v. 26. Okt. 1786, den Rechnungsunterricht im oberpfälzischen Forstwesen betr., bricht mit einer in den vorhergehenden Forstordnungen nie dagewesenen Entschlossenheit mit den bisherigen Gepflogenheiten über die Preisbestimmung des Holzes und betont, dass die Landesherrschaft sich in ihren eigenen Waldungen keine Schranken setzen lässt, an wen und um welchen Preis sie das Holz abgeben will. Die Hofkammer hat sich hierin wie jeder andere Privatmann zu betrachten und ihre Feilschaften um möglichst besten Preis zu verwerten *).

In ähnlichem Sinne ist eine kgl. preussische »Instruction für den Obristen v. Stein in der Mark Brandenburg« v. 28. Decbr. 1786 **) gehalten. Darnach ist in den Spree- und Havelrevieren der Verkauf des Holzes nach der Forsttaxe nur dann gestattet, »wenn der Landesbedarf (Residenzen) und die Holzberechtigten befriedigt sind. Was ausserdem zum Verkauf übrig bleibt, solches muss zum möglichsten Vortheil des Forstetats bestens versilbert werden«.

Eine fürstlich Speierische Instruktion vom Ende des 18. Jhrhdts. macht dem Oberjäger besonders zur Pflicht, dass »das versteigert werdende Holz in seinem wahren Werthe ange-

---

*) Durch eine Churbayerische Verordnung v. 1787 (Moser, A., I, 54) wurde ein »F o r s t c u l t u r f o n d« errichtet, wozu alle Unterthanen, welche Holz aus den bayer. Waldungen kauften, einen kleinen Beitrag zu liefern hatten (für die Klft. Hartholz 6 Krzr., Weichholz 4 Krzr.). Diese Einrichtung wird folgendermassen begründet: »Seit undenklichen Zeiten ist der Holzpreis in unseren meisten Waldungen nicht erhöht oder doch nicht dem in der Revier bei Privatis üblichen Holzpreise gleich gehalten worden; die benachbarten Waldeigenthümer setzten den Holzpreis aus ihren Waldungen ungemein höher hinauf als wir und verursachten dadurch, dass unsere Waldungen mehr hergenommen und die übrigen mehr verschont wurden . . . Ueberdies haben wir auch vor einigen Jahren schon gnädigst erlaubt, das Klaftermass zu vergrössern, ohne deswegen den Holzpreis zu erhöhen. Wären unsere holzbedürftigen Unterthanen nicht in Gefahr, bei mehr einreissendem Holzmangel . . . noch mehreres zu ertragen, so würden wir gewiss auch jetzt nicht daran gedacht haben, einen Forstculturfond zu errichten . . .«

**) Moser, A., I, 9 ff.

bracht und aus Freundschaft, Gunst oder Gab nichts geringer
hingegeben werde«. Ferner wird durch eine Churpfälzische Verordnung v. 27. April 1787 *) ein »Churpfälzisches Hof-Kammer-
Forstamt« eingesetzt und als dessen Kompetenzgebiet u. a.
»die Bestimmung der Erträglichkeit an Gehölz und Preis jeder
Gattung« bezeichnet.

b. Verkaufsarten.

Um die Mitte des 17. Jhrhdts. tragen die Bestimmungen über die Holzverwertung noch ganz das Kolorit der
in den vorhergehenden Zeiten hierin geübten Praxis. Der so
gebräuchliche Ausdruck »zu unserem besten Nutz« bildete noch
die herrschende Parole und involvierte zugleich die Rücksicht
auf die Unterthanen wie das finanzielle Interesse der Landesherrn. — So soll nach der Sachsen-Coburger F.O. von 1653
»durch gebührliche Schonung und Hegung (des Holzes) ein
immerwährender fortgänglicher Nutzen durch die gewöhnlichen
jährlichen Waldgedinge verschaffet« werden. Ueber den Erlös
bei den Waldgedingen sind dreifache Register auszustellen,
worin »richtig zu beschreiben ist, an welchem Orte, wem,
auch wie theuer ein jedes nach Stämmen oder sonst verkauft
sei . — Die gleichlautenden Forstordnungen für Eisenach v.
1645 **) und für Jena v. 1674 ***) bestimmen, dass »alles Rei-
sig, Abgänge, Schleifreiser, Windfälle und Duftbrüche dem
Landesfürsten berechnet und zu Nutz angewendet werden«.

Um die Wende des 17. Jhrhdts. und in der ersten
Hälfte des 18. Jhrhdts. dagegen zeigen alle Forstordnungen, dass man auf die Einnahmen aus dem Holzverkauf
mehr Gewicht legte als es je zuvor der Fall war. Die Rücksicht auf die Unterthanen trat in dieser Zeit entschieden zurück gegen den grossen Geldbedarf der luxuriösen Hofhaltungen,
und auch die merkantilistischen Doktrinen waren nicht immer

---

*) Moser, A., I, 30 ff.
**) Fritsch 321 ff.
***) Fritsch 273 ff.

stark genug, mit der ihnen beigelegten Wahrheit das Feld zu
behaupten. An Stelle des Ausdrucks »zu unserem besten Nutz«
trat jetzt vielfach der Ausdruck »zum theuersten«.

Nach der Badischen Forst- und Jagdordnung v. 1686 *)
soll der Verkauf des Brennholzes an In- und Ausländer schlag-,
stamm- und klafterweise (»wie dann diejenige Weise, so uns
am nützlichsten, zu erwählen«) immer möglichst hoch geschehen.
Verkauft wird alles Holz, welches nicht für andere Abgabe-
titel benötigt ist. Kann nicht Baarzahlung erfolgen, so darf
nur »auf kurze Ziel« kreditiert werden. Das zu Reifen taugliche und für die Hofkellereien nicht benötigte Eschen- und
Birkenholz soll nicht als Brennholz, sondern als Reifholz verkauft werden, »dieweil doch mehr Nutzen aus solchen Stangen
denn aus dem Brennholz zu treiben«. — Die F.O. v. 1723 wiederholt die früheren Bestimmungen und schärft den Beamten
ein, die Verkäufe so hoch als möglich zu treiben. Für alle
Waldungen und »soviel in Sonderheit den Hagenschiess bei
Pforzheim betrifft, so sollen sich unsere Forstmeister bei den
Benachbarten des Preises halber fleissig erkundigen und sich
in dem Tax und Kaufgeld, sonderlich gegen Fremde und auch
diejenigen, so uns nicht frohnbar sind, item gegen die Zimmer-
leute, so etwa einig Gebäu ausser Landes verdungen haben und
zimmern wollen, darnach richten, den Kauf jedesmal so hoch
thunlich beschliessen und den Betrag getreulich verrechnen
lassen«.

Die k. Preussische F.O. v. 1720 für die gesamten Marken **) bezeichnet die darin aufgestellten Taxen nur als Mini-
malpreise. Wenn dagegen »an etlichen Orten das Holz theurer
als in dieser Holzordnung der Preis regulirt (ist), losgeschlagen
und verkauft werden kann«, so haben dies die Forstbediensteten
kraft ihrer geleisteten Eide zu thun. Nach der Cleve-Märki-
schen W.O. v. 1742 ***) sollen die Hölzer »zum besten und

---

*) Im Archiv zu Karlsruhe.
**) F.O. v. 20. Mai 1720 für die Mittel-, Alte-, Neu- und Ucker-
Mark, auch für das Wendische und zugehörige Kreise. Mylius IV, 683 ff.
***) Stahl, Forstmagazin, VIII, 291 ff.

höchsten Nutzen zu Geld, wo nicht über, dennoch nicht unter
der Taxe angeschlagen und dem Käufer dafür angewiesen werden«.

Im Herzogtum Magdeburg liess man schon durch die Forstordnung v. 1687*) die Holztaxen vollständig fallen, »weil der
Holzkauf in den Aemtern nicht gleich ist«. Das Klafterholz
soll »zum teuersten verkauft und die daraus gelösten Gelder
treulich berechnet werden«, die Beamten sollen »den Verkauf
aller Orten beobachten, dass das Holz jederzeit nach Landesgebrauch zum teuersten, sonderlich an die Auswärtigen und
Fremden verkauft werde«.

Der Verkauf des Holzes fand an den sog. Holzschrei-
betagen oder Holzterminen statt, eine Einrichtung, die
unzweifelhaft aus den »Märkergedingen« der alten Markgenossenschaften hervorgieng, da noch im 16. Jhrhdt. und später
alle Berechtigungs- und Vergünstigungsansprüche an denselben
geltend gemacht werden mussten**). Nach dem 30jähr. Kriege
wurden dieselben zwar noch beibehalten«, ihre Zahl aber meistens reduziert***). Der Grund hiezu lag darin, dass die Rechtsbezüge in dieser Zeit entweder schon fixirt oder wenigstens
urkundlich radiziert waren und somit die ursprüngliche Bedeutung der Holzschreibetage verloren ging†). Ihre teil-

---

*) Fritsch 301 ff.

**) In den Forstordnungen für Sachsen-Coburg, Sachsen-Gotha und
Sachsen-Weimar sind die Holzschreibetage auch noch »Waldgedinge«
genannt.

***) Die gleichlautenden F.O. für das Fürstentum Jena von 1674
und für den an Sachsen gefallenen Teil des Fürstentums Eisenach v.
1645 ordnen für Herbst und Frühling je einen Holzschreibetag an, der
»jedesmal acht Tage zuvor in Städten und Dörffern öffentlichen vom
Rathhause und vor der Gemeinde verkündigt« wird mit dem Anhange,
wer sich auf denselben Tag nicht einstellete, dass dem hernacher nichts
geschrieben werden sollte«.

†) Nach einer Speierischen V. v. 1732 sollten jährlich »Holzbegehrlisten« aufgestellt werden, welche anzugeben hatten, »was ein jeder
an Holz, als Hausbrand, Gewerbholz erstere 3 Klafter und Gewerbholz
über die drei Klafter verlanget! Wer den Termin zur Anmeldung ver-
säumte, musste sich »nach dem herrschaftlichen Holzpreis und Tax«
das Holz kaufen.

weise Beibehaltung in den späteren Zeiten hatte aber den un-
läugbaren Vorteil, dass durch sie eine gewisse Ordnung im
Holzabgabegeschäft geschaffen und der Wald nicht das ganze
Jahr hindurch mit der Axt heimgesucht wurde. Mit der Entwicklung des grösseren Holzhandels wurden sie aber unzeitge-
mäss und unpraktisch, weshalb sie auch im 18 Jhrhdt. allmählich verschwanden und an ihre Stelle die eigentlichen Ver-
steigerungen gesetzt wurden.

Vielfach wurden aber als Benennung für den Tag der Versteigerung die Ausdrücke »Schreibtag« und andere *) beibehalten, woher es auch kommen mag, dass das Wort Versteigerung und Synonyme sehr selten zu finden sind. Die Verstei-
gerungen waren aber unzweifelhaft im 18. Jhrhdt. für den
freien Holzverkauf der regelmässige Verwertungsmodus, was
aus den vielen Stellen, nach welchen die Forstbedienten das
Holz über der angesetzten Taxe verkaufen sollten, zu schliessen
ist. Letzteres war aber nur durch ein Feilschen von Seite des
Käufers und Verkäufers möglich. Die Churpfälzische Forstordnung v. 1711 führt aus: »wofern Unterthanen und andere
um Erkaufung einigen Brennholzes sich anmelden, sollen die
Forstbeamten auf den zu dem Ende anstellenden Holzschreib-
tägen den Verkauf in Versteigerung auf einmal und
nicht aufschubsweise vornehmen, wozu zwei Termine, nämlich
im Odenwald Johanni und Martini, jenseits des Rheins aber
Martini und Lichtmess dergestalt zu bestimmen sind, dass denjenigen, welche sich zu solcher Zeit nicht anmelden, hernach
kein Brennholz abgegeben werden soll.«

Ausdrücklich wird die Versteigerung auch in einer preussischen Verordnung v. 1713 **) erwähnt, wonach die Beamten
das Holz nach einer »gewissen Taxe, welche sie jedoch geheim
halten müssen«, anzuschlagen und einen »gewissen Terminus
zur Auction« anzusetzen haben: hiebei soll »besten Fleisses

---

*) In der Baden-Badischen F. O. v. 1686 ist vom »freien Verkauf
im Waldgeding oder Forstmiethe« die Rede.
**) Schwappach, Handb. der Forst- und Jagdgesch. I, 480, A. 16.

versuchet werden, ob solches noch höher als die gemachte
Tax sich betragen und anzubringen sei«. Ferner sollen nach
der Speierischen F.O. v. 1768 »keine Ausländischen zum Steigholz zugelassen und bei der Versteigerung selbst« die Bedingungen wegen des Holzverkaufs ausser Landes bekannt gegeben worden. — In der Brandenburgischen F.O. für das
Herzogtum Magdeburg v. 1687 ist schon von »Holzmärkten«
die Rede, die »an den Aemtern, da es füglich geschehen kann,
allezeit, wenn die Holzrechnungen abgenommen werden, zugleich gehalten werden sollen und ausser solcher Zeit soll niemand etwas verkauft noch sonst angewiesen werden.«

Eine sehr eingehende und bemerkenswerte Auseinander-
setzung über den Vorzug der Versteigerung gegenüber den
Handabgaben giebt ein Regulativ für die kgl. preussischen
Domainenforsten in Schlesien v. 26. März 1788 *). Darnach
haben die für jedes Revier je nach der Lage der Waldungen
aufgestellten und von Zeit zu Zeit zu revidierenden Taxen nur
zum Zweck, »dass der inländische Bedarf darnach berechnet
und für gewisse bekannte Sätze erhalten werden kann. Was
aber den ausländischen Handel betrifft, so ist, da dessen Wert
steigend oder fallend ist, in allen ungewissen Fällen die öffent-
liche Versteigerung als der sicherste Weg an-
zusehen, den jedesmaligen billigen Wert zu berechnen. Da
nun aber die Versteigerung diesen Endzweck verfehlen würde,
sobald nicht eine ganz freie Conkurrenz des Handels stattfindet
und hieran zuviel gelegen ist, damit der Provinz im Ganzen
die höchst mögliche Einnahme für diese Ausfuhr versichert
bleiben möge, so wird dieser Handel und die Exportation an
sich für frei erklärt und von allem Zwang eximiert!

Die Speierische F.O. für den Boehnwald v. 1782 unterscheidet stets zwischen »Käufern« und »Steigerern« und be-
greift unter den ersteren die Amtsunterthanen, welche ihren
Holzbedarf alljährlich bei dem Ortsschultheiss oder Vorsteher
in die Holzbegehrlisten eintragen lassen mussten. Jene hatten

*) Moser, A., IV, p. 189.

auch »den ganzen Ertrag des Holzpreises« zu perzipieren und
dann der Herrschaft abzuliefern. »Falls aber ein oder der
andere ihrer Gemeindsleute den ganzen Ertrag ihrer Schuldigkeit nicht abtragen wolle oder könne, so haben die Gemeinden vermöge der solidarischen Garantie das Abgehende salvo
regressu zu ergänzen«. Für das »Steigholz« dagegen haben
die Gemeinden nicht aufzukommen, sondern die Steigerer haben
im Falle ihrer angezweifelten Zahlungsfähigkeit einen guten
Bürgen zu stellen.

Mit der Durchführung eines rationelleren Verwertungsmodus bildete sich auch eine gewisse G e s c h ä f t s c o u l a n z
aus und eine wohlwollende Rücksichtnahme auf die Käufer.
So befiehlt die Churmainzische F.O. v. 1744, dass, wenn ein
auf dem Stock verkaufter Stamm durch das Fällen beschädigt
werde »oder nicht Kaufmannsgut wäre«, für denselben dem
Käufer ein anderer Baum gegeben werde.

In Nassau-Weilburg wurde 1738 der Verkauf nach dem
Augenmass abgeschafft und sollte das Stammholz fortan nach
dem »Cubik- oder Quadratschuh« ausgemessen und nach dem
hiefür angesetzten Preis losgeschlagen werden.

Eine Erscheinung des 18. Jhrhdts. auf dem Gebiete des
Holzhandels ist die Errichtung sog. H o l z h ö f e , die den Konsumenten als Warenmagazine dienen sollten. Wie mit den
Holztaxen und den anderen Bestimmungen über Holzkonsumtion, so war man auch mit diesen Holzhöfen in eine Sackgasse
geraten. Der Zweck ihrer Errichtung war ein mehrfacher.
Einmal sollte durch sie den Städten und grösseren Orten —
und in solchen oder in der Nähe dieser waren sie nur etabliert — das nötige Brennholz geliefert werden, was zu einer
Zeit, in der die Verwendung von Steinkohlen noch sehr ver-
einzelt dastand und wo die den Städten nahe gelegenen Waldungen stark überhaut waren, von tiefeingreifender Wichtigkeit
für die vitalen Interessen der Städtebevölkerung war*). Dann

---

*) Nach den Forstrechnungen der Grafschaft Hanau-Münzenberg
i. J. 1745 bestanden in den einzelnen Aemtern der Grafschaft grosse

aber sollte dadurch den Städten auch eine b e q u e m e Gelegenheit zur Holzbeschaffung behufs Förderung des gewerblichen
Lebens geboten werden, oder — wie eine Verordnung v. 1770,
die Errichtung eines allgemeinen Holzhofes in Darmstadt betr *),
sich ausdrückt — »um jedem Einwohner das benöthigte Brennholz zu allen Zeiten und ohne sein Gewerb oder Handthierung
durch das Hin- und Herlaufen auf die benachbarten Dorfschaften oder Forsthäuser verabsäumen zu dürfen, in der Nähe
zu verschaffen«. Und endlich hatten die Holzmagazine zum
Zweck, das Bau- und Nutzholz »solange. liegen zu lassen, bis
es gänzlich ausgetrocknet ist«, wie die F.O. für die Oesterreichischen Vorlande von 1786 sich ausdrückt.

In der Regel scheint aber der Staat mit diesen Holzhöfen
kein gutes Geschäft gemacht zu haben, da die Anlage-, Be-
triebs- und Transportkosten den Wert des Holzes meist über-
stiegen. In Bayern betrug nach der Beilage zum Finanz-Etat
der Verlust der fünf bestehenden Holzgärten in 13 Jahren
(1764—1776) 11 413 fl. bei einer Gesamthöhe der »Holzgarten-
gefälle« von 77 976 fl. **)

c. Holländerholzhandel.

Als eine Thatsache von weittragendster Bedeutung für den
Waldzustand ist die Ausdehnung der auswärtigen Handelsbe-
ziehungen, namentlich des Exporthandels mit Holländerholz,
während des 18. Jhrhdts. zu betrachten. Wiewohl nämlich
im Allgemeinen die Holzausfuhr aus merkantilistischen Gründen und aus Furcht vor Holznot verboten war, so war doch
der Merkantilismus inkonsequent genug, die Verflössung starker
und wertvoller Hölzer in das Ausland zu begutachten, weil

Preisunterschiede des Holzes, die durch die Lage der betr. Waldungen
zu Frankfurt und Hanau erklärt werden. Moser, A., VIII, 308 ff. —
In Bayern und in der Oberpfalz wurden aus diesem Grunde 5 Holz-
gärten errichtet. Moser, A., III, 360.
  *) Moser, A., XVII, 91 f.
  **) Moser, A., III, 361.

dadurch möglichst rasch viel Geld in das Land kam *). Dieses
Holz wurde nicht mehr als Rohstoff, sondern als fertige pro-
duzierte Ware angesehen, gegen welche Auffassung die Landesfürsten in ihrer Geldnot selbstverständlich nichts einzu-
wenden hatten. Die Verlockungen zur möglichsten Erschöpfung
dieser Einnahmequelle waren aber zu gross, als dass man noch
den gesunden Blick für das Wohl des Waldes walten lassen
konnte. Die Folge war daher eine Uebernutzung des Waldes,
gepaart mit einer planlosen Durchplänterung der Bestände, wodurch namentlich die Verjüngung sehr beeinträch-
tigt und vernachlässigt wurde.

Zur Vermeidung dieser Uebelstände schlug von Lange in
seiner Relation an den Herzog von Braunschweig i. J. 1745 **)
vor, dass bei dem »Schiffholzhandel der Käufer alle Sorten
von der grössten bis zur kleinsten alle Jahre annehmen und
keineswegs darauf bestehen solle, dass ihm diese oder jene
Sorten gehauen werden.« — In gleichem Sinne verbreitete sich
auch das Württembergische Generalreskript v. 1770 ***) über
die Ansprüche der Holzhändler, »dass der Holzschlag zum
Verkauf nicht nach den Anforderungen der Holzhändler und
Unterthanen, sondern nach dem wahren Zustand der Wälder
abgemessen werde.« Die Oesterreichische F.O. für den Breisgau v. 1754 schränkte den Holländerholzhandel wesentlich ein,
weil das »Eichenholz zum höchsten Nachstand der Breisgauischen
Lande durch allzu exzessiven Verkauf an die Holländer ausgehauen und verführet werde«. — Ferner soll nach einem
fürstlich Speierischen Reskript v. 21. Sept. 1774 den Holländer

---

*) So wird in Moser's Archiv I p. 108 das unterm 30. Septbr. 1780
erlassene Verbot Württembergs, die Ausfuhr von Taugenholz betr., gut-
geheissen, weil »in einem Lande, das so grossen Weinbau hat, solches
um so nöthiger ist, als der Vorrath an Eichen im Herzogthum ebenso
wie in ganz Deutschland abgenommen hat. Der übrige Holländerholzhandel, besonders mit Tannenholz und der Handel mit tannener Schnitt-
waare, geht seinen Gang und bringt dem Lande keinen Schaden.« —
cf. auch Stahl, F. M. 1763, p. 319 ff.

**) Moser, A.. XIV, p. 161.

***) cf. Moser, A., I, p. 179 und p. 106.

Holzhändlern nicht mehr erlaubt sein, das Holz im ganzen
Walde zu suchen, sondern »die zu Holländerholz tauglichen
Bäume sind in jenen Walddistrikten, worin in Bälde die Fällung des Bau-, Brenn- und anderen Nutzholzes vorgenommen
werden muss, oberforstamtlich auszuzeichnen«.

In Sachsen wurden seit dem Jahre 1619 fast jährlich
Patente und Mandate g e g e n die »Flössholz-Deuben« auf der
Elster, Saale und Weiseritz erlassen. Gegen Ende des 17.
Jhrhdts. dagegen wurde die Flösserei als besonders günstig zur
Erhöhung der Waldrevenüen hingestellt. Durch ein Patent
v. 1693 *) wird auf den »besseren und langwierigen Nutzen«
hingewiesen, welcher »künftigkin von der Mulden-Flösse zu
gewarten« ist und die Hegung der unter dem Amte Voigts-
berg befindlichen Gehölze, so zur Flösse zu bringen«, verfügt.
In einem im Jahre 1694 ausgegebenen Rechnungsschema **)
zur Spezifizierung der landesherrlichen Einnahmen und Ausgaben nehmen die »Gehölze, Jagden und F l ö s s e n« je eine
selbständige Rubrik ein. In den gleichlautenden Resolutionen
von 1697 ***) und 1698 †) für die »Erz- und Ober-Gebirgischen
Kreise« wird ausdrücklich betont, dass die »der Flösse ganz
nahe gelegenen Bretterbäume zeither aufs höchste pro 30 Gr.
verkauft und dadurch der Nutz dem Käufer zugewendet, Unserer
Cammer aber entzogen worden; daher soll in's künftige dergleichen Baum nach Proportion und Beschaffenheit der Grösse,
Länge und Stärke, auch nach Gelegenheit des Orts, wo er
stehet und zur Abfuhr gelegen, angeschlagen .. werden«.

Die Forstordnung für Pommern befiehlt: »Wenn der Debit
durch Flossbarmachung der kleinen Ströme und Bäche befördert werden kann, so sollen die betr. Behörden »dazu Vor-
schläge thun: hiernächst alles, was nur aus den Forsten aufkommen kann, zu dem höchstmöglichen Ertrage zu bringen

---

*) Cod. Aug. I, 539 f.
**) Cod. Aug. II, 44.
***) Cod. Aug. II. 587 ff.
†) Fritsch III, 488 ff.

suchen, die verdunkelten und den Forsten entzogenen Nutzungen wieder herbei ziehen ..«

Nach der Badischen F.O. v. 1723 soll der Forstmeister, »wenn man Bau- und Flossholz verkauft, den Augenschein einnehmen und nach Gelegenheit und Viele der Stämme mit dem, so solch Holz begehret, den Kauf der Länge nach so hoch er kann machen«.

In Württemberg sollte nach dem Landtags-Abschied v. 18. April 1739 *) »das Flosswesen zu mehrerer Emporbringung und Facilitirung des Commercii« eingerichtet werden. Durch Vertrag v. 20. Sept. 1740 zwischen Oesterreich, Württemberg und Esslingen **) wegen des Flosswesens auf dem Neckar wurde den Württembergischen Unterthanen erlaubt. aus den »Kommun- und eigenen Wäldern« an Auswärtige Holz zu verflössen, und der Holzhandel völlig frei gegeben. In Folge dessen gingen die Holzpreise enorm in die Höhe und i. J. 1764 beschwerten sich die Landstände über die zu starke Ausnutzung der Wälder und über den Verkauf des Holzes ausser Landes, weshalb in dem Vergleich von 1780 bestätigt wurde, dass der Holländerholzhandel einzuschränken sei. ***)

Die Churpfälzische F.O. v. 1711 befiehlt den »verrechnenden Bedienten«, den Bau- und Flossholzverkauf »so hoch sie können zu treiben und zu machen und mit guter Ueberlegung und öffentlicher Ausbietung zu verrichten«.

Nach der Chur-Mainzer F.O. v. 1744 sollen die Forstbeamten »die Gehaue zu den Flössen also anstellen, dass nicht allein das nahe am Wasser, sondern auch das abgelegene Holz und also eines mit dem anderen zugleich gehauen werde, damit Unser Nutzen in allem treulich gesucht und Schaden und Nachteil verhütet werde«. Ein Jahrhundert früher wäre das Gebot, auch die abgelegenen Waldorte zu nutzen, nicht durch den Hinweis auf den »Nutz« motiviert worden!

---

*) Moser, Archiv, I, 1788, p. 139 ff.
**) Realindex, p. 135 f.
***) Moser, A., XII, 1791, p. 47 f.

Bekannt ist ferner, dass für die Churmark und das Her-
zogtum Magdeburg i. J. 1765 eine Nutzholz-Handelsgesellschaft
etabliert wurde, die vertragsmässig jährlich für 73640 Thlr.
Holz aus den landesherrlichen Waldungen zum auswärtigen
Handel erhielt. Im Jahre 1771 übernahm der Staat die Haupt-
Nutz-Holz-Administration in eigener Regie, dieselbe wurde aber
später wieder aufgelöst, weil die Administration nur das beste
Holz ausplänterte und der anscheinend grosse Gewinn auf
Kosten des guten Waldbestandes erzielt wurde *) (siehe Seite
163 oben).

d) Geldetat.

Die unmittelbare Folge der während der ersten Hälfte
des 18. Jahrhdts. hervorgetretenen spekulativen Holznutzung
war eine übergrosse Abnutzung der Wälder und ein übermäs-
siges Steigen der Holzpreise. Holzteuerung und Holznot waren
die ersten Begriffe, an welchen sich die Wissenschaft der
Kameralisten — wenn man anders von einer solchen sprechen
kann — zu erproben versuchte.

Vom forstpolitischen Standpunkt aus waren nämlich die
Landesfürsten dadurch in eine Zwangslage gekommen, dass
bei der allmählichen Ordnung des Finanzwesens die Forsten
mit einem bestimmten Geldetat eingesetzt wurden, dessen
Höhe den gesteigerten Holzpreisen und der Uebernutzung des
Waldes angepasst war, während andererseits der Zustand der
Waldungen und die Berücksichtigung der Unterthanen zu Einschränkungen mahnte. Dabei trat der rein privatwirtschaft-
liche Charakter der Domanialeinkünfte gegenüber den staatswirtschaftlichen immer mehr in den Vordergrund, so zwar,
dass z. B. in Preussen unter Friedrich dem Grossen die Einnahmen aus Domänen und Forsten 10 Millionen Rthlr., die
übrigen Einkünfte dagegen zusammen nur 12 Millionen, nämlich 6 ½ Millionen aus der Grundsteuer, 5 ½ Millionen aus Zoll
und Regie, betrugen**). Auch eine gräflich Stollberg-Werni-

---

*) Pfeil, Forstgesch. Preussens, 167 ff.
**) Roscher Gesch. der Nationalök. p. 386.

gerodische Verordnung v. 1745 *) konstatiert, dass »die grössten
Revenüen des Landesherrn in den Forsten bestehen« und sorgt
deshalb dafür, dass dieselben »unter göttlichem Segen in stetem
Flor und Wachsthum verbleiben«.

Die Preussische Instruktion v. 1. Juni 1770 **) schränkte
die Abgaben auf Vergünstigung ein und modifizierte dieselben,
nur um den jährlichen Geldetat baar in die Kasse zu erhalten.
Danach wird »kein freies Eichenholz mehr accordiret, weil
solches gar zu sehr abnimmt und seines vorzüglichen Nutzens
wegen lediglich zum Verkauf und E r f ü l l u n g d e s F o r s t -
e t a t s asserviret werden muss«. Und da die Churmärkischen
Forste das nötige Bauholz, besonders die starken Sortimente,
nicht mehr enthielten, die jährlich in Berlin verbraucht wurden,
»und wenn alles solches Holz frei verabreicht werden sollte,
der F o r s t e t a t u n d U e b e r s c h u s s nicht würde erfüllt
werden können«, so wurden für die Neubauten in Berlin »gewisse Baufreiheitsgelder à Proportion der zu errichtenden
Häuser und was das dazu erforderte Holz an Geld nach der
Forsttaxe werth sein dürfte«, vergütet. — Weil »sich kein jähr-
licher richtiger Forstetat machen lässt, wo die Forstrecht-
ler mit einer unbestimmten Quantität Holz eingeforstet sind«,
wurden in Bayern gegen Ende des 18. Jhrhdts. viele Forstrechte
fixiert, während die Fixierung der ungemessenen Forstrechte
in den meisten Ländern schon viel früher begonnen worden war.

Um sich bessere Garantien für die Stabilität der jährlichen
Einkünfte aus den Forsten zu verschaffen, ging auch das Bestreben der Kameralisten dahin, die Verwaltung der Forsten
von der Technik zu trennen und unter das Ressort der allgemeinen Finanzverwaltung zu stellen. Ein fürstlich Speierisches Reskript v. 21. Sept. 1774 stellt die Forstwirtschaft
unter die Hofkammer, »welcher die landesherrliche Oekonomie
überhaupt anvertraut ist, da die Forstwirthschaft eine der

---

*) Moser, A., XIV, 186.
**) Moser, A., IV, 115.

wichtigsten Kameralgegenstände ist und auch da, wo Holzmangel
noch nicht zu besorgen gewesen, getrachtet werden müsse, die
Quelle der landesherrlichen Forsteinkünfte auf alle Zeiten geöffnet zu halten«.

Letzteres Postulat suchten die Kameralisten auch voll
und ganz zu erfüllen, selbst dann, wenn die Zuwachsleistungen
des Waldes nicht im entferntesten mehr den Abnutzungssatz
deckten. Teils aus Unwissenheit, teils in der Absicht, sich
dem Landesherrn gefällig zu erweisen*), fragten sie wenig
nach dem wirklichen Ertragsvermögen der Bestände und nach
der Zukunft des Waldes, obwohl gerade die Kameralisten es
waren, die in den hochtönendsten Phrasen stets die Sorge
für die allgemeine Wohlfahrt predigten. In Wirklichkeit wand-
ten sie ihre Sorge aber nur der jährlichen Erfüllung der mitunter sehr hohen Finanzetats zu und kümmerten sich nur um
den Augenblick, nicht aber um die Zukunft**).

Diesem Gebahren traten gegen Ende des 18. Jahrhdts.
die einsichtigeren Landesherren oft selbst entgegen; so wurde
für die Mark Brandenburg durch eine Instruktion v. 28. Dezbr.

---

*) Ein naives Zugeständnis in dieser Hinsicht findet-sich in Moser's,
Archiv, VIII, Jhrgg. 1790 p. 92, wenn in einem i. J. 1786 geschriebenen
Aufsatze, der u. a. »von der Anwendung der Mittel, durch welche aus
den Waldungen die höchstmöglichen Einkünfte bezogen werden können«,
handelt, bemerkt wird: »durch nichts macht sich der Forstmann bei
seinem vorgesetzten Dikasterio und bei seinem Herrn selbst beliebter
als durch Vermehrung der Forstrevenüen«. »Er versilbere nun sein
Holz, auf welche Art dass er immer will, so suche er solches in so
hohem Preis anzubringen als es möglich und billig ist«.

**) Erwähnt sei hier folgendes Urteil in Moser's Archiv v. J. 1788,
p. 6: »Durch die preuss. F.O. v. 1720 sorgte König Friedrich Wilhelm I
für das Polizeiwesen in den Waldungen und für den höchstmöglichen
Verkauf des Holzes; aber die Oekonomie in den Waldungen liess er
auf dem alten Fuss und seine einzige Klage war, dass die Förster kein
Inventarium über ihre Bäume hätten. Friedrich II machte es darin
nicht viel besser. Er war zufrieden, wenn die Forstmeister nur
jährlich die Summe zur Kammer lieferten, mit welchen
ihre Forste in den Kammeretates angesetzt waren, sie
mochten das Geld aus Bauholz oder aus Büschel lösen«.

1786 verordnet, dass »die Ausarbeitung des Kaufmannsguts
von der Hauptnutzholz-Administration zum wahren Besten des
Landes und nicht zu gezwungener Deckung und überspannter
Etats fortgesetzt werden solle«. In der Weimar'schen F.O. v.
1775 wird zwar »für die Beibehaltung der aus der Forstnutzung
sich herleitenden ganz beträchtlichen Kammerrevenües« Sorge
getragen, aber doch angeordnet, dass die Nutzung sich genau
innerhalb der Grenzen der entworfenen »Forsteinrichtung oder
des Regulativs eines nachhaltigen Ertrags sämtlicher Reviere«
zu halten habe. In Württemberg wurde schon durch ein
Generalreskript v. 24. Mai 1663*) angeordnet, dass das Bedürfnis des Landes der Masstab sein solle, nach welchem die
Holzabgabe reguliert wird und nicht die Summe an Geld,
welche die Kammer zu ihren Ausgaben nötig zu haben ver-
meint.

Aehnliche Erwägungen sind allenthalben in der Litteratur
des endenden 18. Jhrhdts. zerstreut, freilich nur um in den
seltensten Fällen erhört zu werden. Die eigentliche Umkehr
blieb erst dem 19. Jhrhdt. vorbehalten.

2. Verwendung des Holzes für den Bergbau und Hüttenbetrieb.

(Holzkohlen und Steinkohlen.)

Während vor dem dreissigjährigen Kriege der Bergwerk-
und Hüttenbetrieb weniger Selbstzweck als vielmehr das Mittel
war, die aufgefundenen Erze und Mineralien für den nötigsten
unumgänglichen Bedarf nutzbar zu machen und zugleich die
vorhandenen, ausserdem unverwendbaren Waldschätze produktiv
zu verwerten, wurde demselben im Laufe der jetzigen Periode
in demselben Masse eine gewichtigere und nationalökonomisch
begründetere Stellung eingeräumt, als der Merkantilismus praktische Wirtschaftspolitik wurde und grösseres Feld gewann.

Dieser Uebergang von der Stellung, welche der Wald im

---

*) Moser, A., I, p. 74.

Mittelalter gegenüber dem Bergbau einnahm, zu derjenigen, welche das 18. Jhrhdt. demselben einräumte, lässt sich an der Hand der Litteratur inkl. der Forstordnungen unzweifelhaft nachweisen.

Noch im Jahre 1655 rät v. Seckendorff in seinem »Teutschen Fürstenstaate« zu dem Betrieb von Bergwerken, allerlei Schmelzhütten, Eisen- und Kupferhämmern, Glashütten, Aschenbrennereien u. s. w. an den Orten, wo das Holz sonst nicht zu Nutzen zu bringen ist. Dies bringe »doppelten Nutzen, sowohl zur Beförderung der jetzt genannten und anderen Metalle und Mineralien und Waaren, als auch Mehrung der Waldmiethe und Besserung der Herrschaft Waldeinkünften« (p. 470).

Ein Jahrhundert später dagegen lehrte der Merkantilismus und dessen Hauptvertreter um jene Zeit, Gottlob v. Justi, in seinem Werke über Staatswirtschaft*), dass »die Bergwerke der einzige wahrscheinliche Weg seien, wodurch sich der Reichthum in den verschiedenen Staaten von Deutschland wird vermehren lassen«. Der Nutzen der Bergwerke liege in direkter Vermehrung des Goldes und Silbers, in der Beförderung des Warenexports und in der Erhaltung und Ernährung der Gebirgsbevölkerung. »Ein Staat, der seinen Vortheil versteht, soll Gold- und Silberbergwerke bauen, die keine Ausbeute geben, ja die sogar mit Verlust gebaut werden müssen«. Als »Anreizungsmittel zum Bergbau« empfiehlt er verschiedene den Privaten einzuräumende Befreiungen und fährt dabei fort: »es versteht sich von selbst, dass sie in Ansehung des Holzes und der Kohlen, der Wasser, so sie gebrauchen, allen möglichen Vorschub und Beförderung geniessen müssen« (I, 244—249)**).

Das gleiche Räsonnement findet sich in der Forstordnung für Steiermark v. 1767, in der zugleich das ganze merkanti-

---

*) Johann Heinrich Gottlob von Justi, Staatswirthschaft, 2. A., Leipzig 1758.
**) Auch v. Carlowitz steht in seiner Sylvicultura öconomica auf rein cameralistischem Standpunkte: das Wichtigste für ihn sind der Bergbau und Gewerbfleiss auf Kosten des Waldes.

listische Glaubensbekenntnis über die Beziehungen zwischen
Wald und Staatswirtschaft niedergelegt ist, wenn »die Wichtigkeit des Waldwesens« wie folgt erklärt wird:

»Es wird wohl keiner, der das echte Bergwerks-Principuum und die
heraus fliessende allgemeine Nutzbarkeit gründlich und patriotisch ein-
sieht, die stärkere Bearbeitung der Eisenbergwerke tadeln oder dawider
schreien, sondern solche vielmehr eifrigst wünschen und verlangen; gestalten, je fruchtbarer ein Cammergut befördert wird, je mehr braucht
man Leute, desto mehr hat der Unterthan Verdienst, Freigelder, Fuhr-
lohn, Nahrungs- und Contributionsmittel in Händen, desto mehr versilbert der Landstand (Bauernstand) seine Erzeugnisse, desto mehr ziehet
der Handelsmann, Bürger und Manufacturist an seinem Gewinn, desto
mehr geniesset das Publikum den fremden Geldeinfluss, um so viel mehr
überkommet unser Allerhöchstes Aerarium an Frohn- und Mauthgefällen,
ja desto füglicher kann das Gewerk, auch jeder Landinsass bestehen
und praestanda prästieren. Und hierin bestehet die wahre Glückselig-
keit und Wohlfahrt des Vaterlandes et commune bonum provinciale.
Wie höchst bedauerlich hingegen wäre es, wenn man bei dem im Wege
stehenden Holz- und Kohlenmangel entweder die in der Schooss der
Erden verborgenen Schätze und Reichthümer die edelsten Klüfte und
Gänge nicht aufzusuchen und zu verfolgen vermögend . . . gemachet
würde . . . und der Centner Eisen dann viele tausend Gulden kosten
würde? So viele tausend Cammerguts Personen, Fabrikanten und Künst-
ler würden sich verlaufen, der von diesen beiden Eisenkörpern (d. h.
die Haupt-Eisenwurzen Inner- und Vordernberg) allein jährlich einige
Millionen betragende fremde Geldeinfluss aus den entlegensten
Provinzen aller vier Welttheile würde gänzlich wegbleiben, die Länder
würden an den Comestibilibus einen Ueberfluss, hiezu aber keine An-
wehr- und Versilberung haben, die Contribuenten würden sich ohne
Nerven, und daher statt Geld ihre producta pro praestationibus anzu-
tragen genöthigt finden, jedermann würde ein allgemein geldloses Wesen,
wie in jenen Ländern, wo die Früchte zwar gesegnet, das Geld hingegen wegen mangelnden Consummo und Verschleiss sehr beklemm
und abgängig ist, von Tag zu Tag mehrers wahrnehmen und empfinden«.*)

Für die praktische Durchführung dieser Theorien sorgten
nun die Forstordnungen. Gleichwie aber der Merkantilismus
im Gegensatz zum Physiokratismus ein aus dem praktischen
Leben herausgewachsenes Wirtschaftssystem war, so wurde auch

----

*) Moll—Müllenkampf p. 233 ff.

der Wald dem Bergbau schon zu einer Zeit untergeordnet,
wo die Wissenschaft ihre Lehren noch nicht formuliert hatte.
Dies war vor allem der Fall in den Salzburger und Oesterreichischen Gebieten, in denen auch die Privatwaldungen dem
Berg- und Hüttenbetrieb schon im Anfang des 16. Jhrhdts.
dienstbar gemacht wurden. Die Anregung hiezu gaben hier allerdings hauptsächlich die Salzbergwerke im Salzburgischen Gebiet, deren Ausbeute wegen der Unentbehrlichkeit ihrer Schätze
um jedes Opfer betrieben werden musste. Daher wurde auch
der Betrieb aller anderen Hüttenwerke, namentlich das »Kalk-
öfenansetzen«, wesentlich eingeschränkt. Erst nach dem durch-
schlagenden Erfolg, den die merkantilistischen Ideen mit dem
18. Jhrhdt. in Theorie und Praxis errungen hatten, wurde
auch der Eisenhüttenbetrieb durch die Unterstützung Leopolds,
Karls VI. und Maria Theresia's nach neuem staatswirtschaftlichen Muster gehandhabt. So wurde durch die F.O. für den
Breisgau v. 1754 und durch ein Generalmandat für Oesterreich
ob- und unter der Enns v. 1752*) den Privaten aufgegeben,
den Berg- und Hüttenwerken gegen eine festgesetzte Taxe die
Kohlen zu liefern. Die Waldordnung für letzteres Gebiet v.
1766**) betont besonders die Wichtigkeit der Waldungen
wegen »der Salz-, Eisen- und anderer Bergwerke, die zum Gebrauch so vieler Professionisten und ihrer aus den Metallen
so vielfältig erzielenden Fabrikaten unumgänglich nöthig seien«.
Dieselbe Forstordnung inauguriert aber zugleich die namentlich gegen Ende des 18. Jhrhdts. gegen den zu ausgedehnten
Hüttenbetrieb zur Geltung gekommene Stimmung***), indem

---

*) Stahl, F. M. VII.
**) Moll—Müllenkampf.
***) So eifert der Badener Johann Jakob Reinhard in seinen ver-
mischten Schriften vom Jahre 1760 gegen die Salzbergwerke: »Einige
neuangelegte Salzwerke sind in unseren Tagen wohl gelungen; daher
ist eine Art Raserei entstanden«, neue Salzquellen aufzusuchen. Durch
das Sieden, die Gradierhäuser etc. werde aber viel Holz verbraucht.
»O! wie wohl wäre es gethan, wenn man das Geld vor Salz aus dem
Lande sendete, um das Holz darinnen zu behalten. Ich bin keiner von
denjenigen die gern Barschaften aus dem Lande senden, um Noth-

sie die Neuanlage von Eisen- und Blechhämmern, Glashütten, Pottaschensiedereien und dergl. an jenen Orten verbietet, wo das Holz auf den Flössen nach Wien und auf das flache Land zum Verkaufe gebracht werden kann. Den eingentlichen Abfall vom Merkantilismus und die Umkehr zu den früheren Prinzipien bringt die F.O. für die Oesterreichischen Vorlande v. 1786 zum Ausdruck, wenn sie zwar die Eisen- und Blechhämmer, Glashütten, Pottaschensiedereien, Eisenschmelzen und andere dergl. Fabriken, welche viel Holz bedürfen, »zur Beförderung des Commerciums nach Möglichkeit unterstützt und mit dem erforderlichen Holz versieht«, deren Neuanlage aber nur da bewilligt, »wo das Holz in sehr geringem Preise oder gar nicht im Lande verkauft werden kann, auch sich in solchem Ueberfluss findet, dass sich wenigstens auf 20 Jahre die Dauer eines dergleichen Werkes mit Wahrscheinlichkeit versehen lässt«.

Die F.O. für Steiermark v. 1767 sucht um jeden Preis die Bergwerksrente hinaufzuschrauben, selbst auf die Gefahr hin, dass andere Wirtschaftszweige dadurch zu Grunde gehen. Wie überhaupt in den Oesterreichischen Gebieten, so war auch hier die Privatwaldwirtschaft die dienende Magd der Montanindustrie. Alle Unterthanen mussten ihre Kohlen auf die »Haupteisenwurzen« liefern, wenn sie dieselben »in einem Tag erreichen können«. Da die im Privatbetrieb stehenden Fabriken, Eisenhämmer und Freibergwerke durch die »uneingeschränkte freie Kohlabnahme und Ueberzahlung« die Kohlenpreise in die Höhe drückten und »dadurch manchen Besitzers unverantwortlicher Untergang« herbeigeführt wurde, so sollten sich dieselben »der Kohlvertheuerung bei Vermeidung der nebst schuldiger Kohlenrestitution pro quovis casu irremissibiliter verwirkten 50 fl. Strafe enthalten , . und sich des bisherigen ordinari Preises bedienen«.

---

wendigkeiten zu der Speise, dem Tranke, der Kleidung und sonsten dafür hineinzuziehen; allein wenn ich das Geld in dem Lande behalte, mich aber von Holz entblössen soll, alsdann gehe ich von meiner Maxime ab« (p. 314).

In den früheren mitteldeutschen Verordnungen (Sachsen,
Henneberg, Braunschweig) wurde die Intensität des bergmänni-
schen Betriebs noch abhängig gemacht von dem Zustand der
Wälder und von der Höhe des damit zu erzielenden Gewinns,
so dass Bergbau und Waldbau noch als koordinierte wirtschaftliche Faktoren neben einander bestanden (s. Seite 84 ff.). Dasselbe Verhältnis herrschte auch noch nach dem dreissigjährigen
Kriege. Die grossen Holzvorräte des Solling suchte man noch im
17. Jhrhdt. durch Anlegung von holzkonsumierenden Gewerbsan-
stalten, wie Eisenhütten, Kupferhämmern, Glashütten, Salzwerken
zu verwerten und noch im Anfange des 18. Jhrhdts. wurden
zwei neue Eisenhütten angelegt*). In der sächsischen Ham-
merwerksordnung v. 1660**) wird einem Mich. Gottschalck
verboten, »die Hölzer, so am nächsten, an sich zu bringen, wodurch andern Hammermeistern solche entzogen werden«, während »sein erstes Privilegium besagt, seine bedürfenden Hölzer
sich aus Böhmen zu erholen«. Darnach wurde die Betreibung
von Hammerwerken von einer besonderen Erlaubnis abhängig
gemacht und dieselbe nur mit Rücksicht auf den guten oder
schlechten Waldbestand erteilt. In der erneuerten Blechham-
merordnung von 1666***) werden die Hammermeister angewiesen, »nahes und weites Holz zugleich und nicht nur das
nahe Holz allein abzutreiben«. — Eine Resolution für den
Erzgebirgischen Kreis v. 1675 †) gewährt als freies Bergholz
nur das eigentliche Grubenholz kraft Rechtes; alles übrige
zum Bergbau benötigte Holz muss baar bezahlt werden. Die
Hammerwerke, welche sich lediglich aus den Churfürstlichen
Waldungen beholzen müssen, erhalten jährlich 800 »Schragen«
Holz, diejenigen, welche aus anderen Waldungen Holz zu beziehen im Stande sind, nur 400—500, beide Kategorien aber
nur dann, wenn die Abgabe der »beständigen continuierlichen

---

*) Pfeil, Kritische Blätter 1845, 1. Heft p. 124.
**) Cod. Aug. II, 325 ff.
***) Cod. Aug. II, 335 ff.
†) Cod. Aug. II, 571 ff.

Nutzung« und der Wildbahn (»welche wir keines-
weg's benachtheiliget und weiter geschwächet
wissen wollen«) nicht hinderlich ist. Ein Befehl v. 1687[*])
hebt dieses jährliche Deputat von 800 Schragen ganz auf, weil
die Wälder »dünne« geworden und bestimmt, dass »die hohen
Oefen bei Blech- und Stab-Hammerwerken jährlich nur 24
Wochen gehen sollen«. — Die indirekten Einnahmen aus dem
Holzverkauf, namentlich des Handelsholzes, wurden in dieser
Zeit noch höher geschätzt als der aus dem Berg- und Hüttenbetrieb resultierende Profit. Mit Rücksicht darauf ergieng
auch i. J. 1692[**]) ein Befehl, worin ausgeführt wird: »All-
dieweil sich das Holz allenthalben sehr seltsam und dünne
machet, Wir gleichwohl Unsere Flössen ohne Verminderung
fortgesetzet wissen wollen, so ist Unser nochmaliges ernstes
Begehren hierdurch, ihr wollet bei den auch gnädigst anver-
trauten Revieren keinen Stamm, der zur Flösse zu gebrauchen
und an die Bäche gebracht werden kann, weder für die Hammerwerke noch sonst anders wohin anweisen oder ablassen,
sondern einzig und alleine dazu behalten und verschonen«. —
Den Uebergang zu den Ideen des 18. Jhrhdts. bil-
det die Resolution von 1697[***]), in welcher die Schonung
der Waldungen namentlich im Interesse des Bergbaues empfohlen wird und von da ab stehen alle weitere Anordnungen auf
dem Standpunkt, dass der Hauptzweck der Waldwirtschaft in
der Unterstützung der Berg- und Hüttenwerke liege.

In Nassau wurde durch Verordnung v. 1765 eine besondere Berg- und Hüttenkommission mit einem forstlichen Referen-
ten eingesetzt, um bei der engen Verbindung, worin das Berg-
und Hüttenwesen mit dem Forstwesen stehe, sich gegenseitig
zu unterstützen und nach der Churmainzischen F.O. v. 1744
sollen die Forstbeamten »ein wachsames Auge darauf haben,
wo etwa einige Bergwerk von Eisen, Kupfer und dergleichen

---

[*]) Cod. Aug. II, 565 ff.
[**]) Cod. Aug. II, 539 f.
[***]) Cod. Aug. II, 589 ff. Wiederholt 1698 bei Fritsch III, 488 ff.

Mineralien zu erfinden wären«, und solches gleich an die Hofkammer berichten.

Ein Regulativ für die Preussischen Domänenforste in
Schlesien v. 26. März 1788 verbietet die Ausfuhr des Holzes
aus den Forsten, welche zur Unterhaltung der Eisenhütten-
werke oder zum Bergbau in Oberschlesien bestimmt sind, da
»in diesen Gesichtspunkten das Holz zur Gewinnung unserer
eigenen Produktion benutzt werden kann«.

Abgesehen vom eigentlichen Bergwerks- und Hüttenbetrieb spielte die Köhlerei auch im 18. Jhrhdt. noch eine
grosse Rolle, einmal um die fern von allen Verkehrsstrassen
aufgespeicherten Holzvorräte zu Nutzen zu bringen und dann,
um den Feuerhandwerkern in Ermangelung von fossilen Kohlen die nötigen Quantitäten Holzkohlen liefern zu können.
Zu den in den entlegenen Waldgebieten gebrannten Kohlen
wurde zwar starkes und gesundes Holz verwendet, in den anderen Waldungen aber wurde vielfach das schwache und dürre
Abfallholz verkohlt *), welches nur schlechte Kohlen liefern
konnte. Dagegen wendete sich eine preussische Verordnung
v. 1779 **), indem betont wird, dass das zum Verkohlen bestimmte Holz »gesund, so viel als möglich nicht gedreht oder
windschief, fest, derb, ausgewachsen und trocken sein muss;
denn aus abgestandenem, gedrehtem, anbrüchigem, dürrem,
stockigtem, schwammigen, altem zu sehr ausgewitterten Lager-
und aus zu schwachem Knüppelholze können nur schlechte
ungare Kohlen, häufig Quandeln und oft Asche gebrannt
werden«.

Die Kohlenbrennerei und der Kohlenhandel scheint für
die Landbevölkerung einträglicher gewesen zu sein als der
Ackerbau und deshalb als eine Art Lieblingsbeschäftigung ge-

---

*) So dürfen nach der Churmainzischen F.O. v. 1744 die Köhler
nur »alte, gefallene, ungesunde, krumme, kurze, und strüppige knörrige
Bäume, Windfälle und was auf dem Stamm ausgetrocknet und nicht
mehr fortwachsen kann«, verkohlen. — cf. auch F.O. f. Jena 1674, VI
3, u. a.

**) Moser, A,. V, 185.

golten zu haben. Wie schon i. J. 1574 im Baden-Durlacher Gebiet *), so wurde auch durch die Preussische F.O. v. 1720 das
Kohlenschwelen eingeschränkt, weil die Unterthanen »ihre vornehmste Hantierung und Ackerbau darüber hintangesetzt haben
und überdem auch die Heiden dadurch sehr angegriffen worden.« Einzelne Merkantilisten unterstützten auch die Köhlerei,
weil »sie eine grosse Anzahl Menschen beschäftigen könne«
und verlangten deshalb, dass das Holz den Köhlern möglichst
billig verkauft werde (v. Witzleben).

Im Oberpfälzischen und Neuburger Gebiet wurde auf den durch
Kohlholz anfallenden Waldzins fast mehr Gewicht gelegt als auf alle
anderen Einnahmen. Die Kohlenmasse müssen vom Polizei- und Forstbeamten geeicht sein, zum Messen sind verpflichtete Messer aufgestellt,
das Mass darf nicht gehäuft, sondern muss gestrichen werden. Die Köhler und die Hammerwerker müssen die Menge der erhaltenen Kohlen
auf ein Kerbholz einschreiben lassen, dasselbe jährlich dem Forstper-
sonal vor Weihnachten abliefern, worauf die Forstleute im Beisein des
Kohlenmessers und von ein bis zwei Urkundspersonen mit dem Hammermeister zusammenzurechnen und das Ergebnis in die Waldrechnung
aufzunehmen haben. Mit den Kleinschmieden wird quartaliter abge-
rechnet und zwar haben dieselben nach Pflichten anzugeben, was sie
erhalten haben. Hierüber werden zwei Verzeichnisse angelegt, wovon
das eine der Forstmeister zur Anlage der Forstrechnung, das andere
der controlirende Beamte erhält. Nach erfolgter Rechnungszusammen-
stellung haben die Hammermeister baare Bezahlung des Waldzinses zu
leisten, im Unterlassungsfalle wird das Hammerwerk gesperrt **).

Die ausgedehntere Verwendung der Steinkohlen an
Stelle der Holzkohlen und des Holzes selbst hat erst mit dem
Ende des 18. Jhrhdts., als die Holzvorräte schon sehr zusam-
mengeschmolzen waren, Platz gegriffen. Erst von da ab wurde
von obrigkeitswegen auf den allgemeineren Verbrauch derselben
hingedrängt, wenn der Transport nicht mit allzu grossen
Opfern verbunden war. Die Steinkohlenlager bei Zwickau
waren schon seit 1479, die im Voigtlande seit 1549, die um

---

*) cf. p. 121.
**) Oberpf. F.O. 1657, IV Art. 10—14; VI Art. 1—4; Holz- und
Kohlenordnung der Oberpf. 1694, IV Art. 3, 4, 5, 8; VI Art. 1—4; Neub.
F.O. 1690, IV Art. 3, 4, 5, 6, 8.

Freiberg und Frankenberg seit 1559 bekannt*). Am frühesten
wurde auch in Sachsen auf die Surrogierung der Holzkohlen hin-
gewirkt. Nach den Resolutionspunkten v. 1697**) haben »die
Unterthanen, insonderheit aber die Schmiede und Schlosser,
welche sich der Steinkohlen erholen können, dieselben zu ihrem
Bedürfniss zu gebrauchen, allermassen denselben kein Holz
noch Holzkohlen ferner zu überlassen sind«.

In Nassau wurde durch Verordnung v. 1756 zum ersten-
male die Benützung der »unterirdischen Holzkohlen« durch
die Branntweinbrenner angeordnet. Die Reichstadt Frankfurt
erliess 1789***) eine Verordnung, dass »zum Steinkohlenbrande,
welcher den grössten Theil des sonst für die Stadt erforderlichen Brennholzes entbehrlich machen kann und bei gehöriger
Einrichtung der Oefen nicht so theuer kommt wie der Holz-
brand . . . von obrigkeitswegen wohlmeinend zu ermuntern«
sei. Die Steinkohlen wurden von der Stadt in grösseren Par-
tien angekauft. — In einer Oesterreichischen Anordnung von
1792 †) wird ausgeführt, »dass, da bei täglich zunehmender Holztheuerung die Entdeckung sowie der Gebrauch der Steinkohlen
als das Surrogat des Holzes alle Anweisung und Erleichterung
verdienen«, dieselben von allen Zöllen befreit werden.

3. Mastnutzung.

Keine andere Waldnutzung war mehr geeignet, gleichzeitig die Kasse und das Gewissen der Landesherrn zufrieden
zu stellen als die Mast. Je tiefer der Merkantilismus das
wirtschaftliche Leben packte, um so grösser wurde ihre Bedeutung, bis endlich der intensivere Kartoffelbau seit dem letzten Drittel des 18. Jhrhdts. ††) die landwirtschaftliche Technik
in andere Bahnen lenkte.

---

*) Roessig, Gesch. der Oekonomie-, Polizei- u. Cameralwissenschaft.
II, 687.
**) Cod. Aug. II, 587 ff.
***) Moser, A., VII, 216 f.
†) Moser, A., XIV, 293.
††) Siehe hierüber Fraas, Gesch. der Landwirtschaft 1852, p. 432 ff.

Die geldbedürftigen Landesherren waren durch die merkantilistischen Anschauungen jener Zeit gegenüber der Verwertung der Waldprodukte ziemlich beengt. Die Unterthanen
verlangten für den Hausgebrauch und für die Gewerbe billiges
Holz, die Furcht vor Holzmangel und andererseits das Interesse
für Erhaltung der Wildbahn erheischten haushälterische Holznutzung. Wenn nun auch diese Rücksichten sehr oft mehr
in Worten als in Thaten hervortraten, so musste doch wenigstens zur Beruhigung der Unterthanen der Schein aufrecht erhalten werden. Da war es nun die Mast, welche erlösend
wirkte auf die landesherrliche Kasse und auf die Bedürfnisse
der Unterthanen und beiden Teilen gleiche Rechnung trug. Für
den Waldzustand hielt man den Schweineeintrieb nicht verderblich, dem »Aerario« brachte er viel Geld, die Landwirtschaft machte er lebensfähig, den Unterthanen verschaffte er
ein billiges Nahrungsmittel und endlich kam durch den Verkauf der gemästeten Schweine viel Geld von aussen in's Land.
Daher sah man in der Mastnutzung das Ideal des wirtschaftlichen Strebens und Denkens verwirklicht.

Die volkswirtschaftlichen Schriftsteller jener Zeiten ver-
säumten auch nicht, die Vorzüge der Mastnutzung hervorzu-
heben. Gleich nach dem dreissigjährigen Kriege macht Kaspar
Klock *) darauf aufmerksam, dass im sog. Reinhardtswald in
Hessen bei einer Vollmast 20 000 Schweine gegen einen Erlös von 30 000 Gulden eingefehmt werden könnten. Und noch
am Ende des 18. Jhrhdts. wird von einem forstlichen Schriftsteller die Frage: »Ob es besser ist, einen Eichenwald durch
die Mast oder durch den Schiffsbau- und Stabholzverkauf zu
benutzen?« dahin beantwortet, dass in Ländern, in welchen
man viel Fleisch zu essen pflegt, die Mast mehr eintrage: doch
werde es nicht schaden, wenn man aus einem mit 20 000 mast-

---

*) »Ex sylvis Mast- Forst- und Holtzgeld Aerarium collocupletari
experientia testatur. Ex una Hassiae sylva (Reinhardts-Wald) si glandis
copia suppetat, annuatim 20 000. suibus faginandis sufficere, et lucrum
inde proveniens ad 30 000. florent. summum ascendere refert C. Dieteri-
cus etc.« In der Schrift De Aerario, II, 1, 33 ff.

tragenden Eichen bestocktem Wald 2—3000 Stücke verkaufe *).

Sehr oft wurde die Mast als willkommenes kompensierendes Mittel benutzt, um den Unterthanen das, was ihnen durch die billigen Holzabgaben geschenkt wurde, durch den Mastzwang wieder abzunehmen. Dies war namentlich in Preussen der Fall.

Wegen der Mast erschienen in der zweiten Hälfte des 17. Jhrhdts. in Brandenburg nicht weniger als 8 Patente und Edikte; schon diese Anzahl würde genügen, die Wichtigkeit der Mastrevenüen aus den Waldungen zu kennzeichnen, wenn dieselbe nicht speziell in diesen Verordnungen hervorgehoben würde. In dem Patent von 1672 **) wird darüber geklagt, dass in den »vergangenen Jahren, da Gott der Allerhöchste die Mast in verschiedenen Wäldern und Heiden . . reichlich gesegnet, sowohl teils die vom Adel als der Magistrat und die Bürgerschaft in Städten, so keine eigene Holzungen und Mast haben, desgleichen die Bauern auf den Dörfern, ungeachtet aller Churfürstlichen Gnade, die sie dann und wann zu geniessen haben, ihre Schweine in fremde Mast, auch wohl gar ausser Landes zu treiben und ihrem Erb- und Landesherrn die Mastgebühr zu entziehen sich unterstanden«. Deshalb wird dies verboten bei Strafe von 3 Thlr. für jedes Schwein, welches in fremde Mast getrieben wird. Da man aber den Adel und den Städten, welche eigene Masthölzer und Mastgerechtigkeit hatten, nicht verbieten wollte, »sich derselben zu gebrauchen«, andererseits aber doch die Mastrevenüe nicht dadurch entzogen werden sollte, so liess man an dieselben die bittende Einladung ergehen, ihre Schweine in die Churfürstlichen Masthölzer zu treiben, mit dem devoten Versprechen, dass von ihnen »am Fehmgeld ein mehres nicht, als was gebräuchlich und von den Benachbarten genommen wird«, gefordert werden soll. Die folgenden Patente desselben Betreffs von 1674, 1679,

---

*) »Oeconomia controversa, oder Entscheidung der verschiedenen in Landwirtschaft sowohl in Schriften als durch die Erfahrg. vorkommenden ökonom. Streitfragen, von dem Verfasser der Oeconomia Forensis. I, Bd. Berlin 1787«. Moser, F.A. III, 325.

**) Mylius IV, I, 557 ff.

1681*) sind vollständig gleichlautend mit dem citierten. In den gleichlautenden Edikten von 1684 und 1687**) wird dem Inhalt der ersteren noch hinzugefügt, dass auch »diejenigen, Städte, so eigene Masthölzer haben, alsdann, wann die Mast in ihren Gehölzen nicht geraten, gleichergestalt verbunden sein« sollen zur Einfehmung in die churfürstl. Waldungen. Zu dem eigene Hölzer oder Mastgerechtigkeit besitzenden Adel wird das Vertrauen gehegt, »dass sie, in anbetracht ihnen aus Unsern Gehölzen, Heiden und Wildfuhren oft nicht ein geringer Nutzen an Bau- und Nutzholz, Triften, Hütung, Weide, Wildpret und dergl. zuwächst, auch überdem absonderlich verschiedene Gnaden von uns geniessen, Unsere Masthölzer, wenn Gott dieselbe gesegnet hat und solche ihnen bequem gelegen, mit ihren und ihrer Unterthanen Schweinen betreiben werden, gestalt solches von Uns in Gnaden erkannt und das Fehmgeld dergestalt moderiert werden soll, dass sie damit werden können zufrieden sein«. Die ferneren Edikte von 1689, 1694 und 1701***) modifizieren die frühern dahin, dass in einer Entfernung der churfürstl. Masthölzer von 5 Meilen vom Wohnort des Verpflichteten der Mastzwang sistiert ist. Das Edikt v. 28. Juli 1710, die »Renovatio Edictorum« v. 1719 und die Forstordnung v. 1720 †) fügen dem gleichlautenden Texte der früheren Bestimmungen aber den Befehl hinzu, dass die Adeligen, die keine eigenen Masthölzer haben, »hingegen doch aus den königlichen Heiden sowohl Bau- als Brennholz bekommen, gehalten sind, ihre Schweine nicht auswärtig, sondern in die königlichen Masthölzer treiben zu lassen und zwar bei Verlust derjenigen Vortheile, die sie nur gemeldeter Massen aus den königlichen Heiden zu geniessen haben«. Bezüglich des Mastgeldes setzt die F.O. v. 1720 fest, dass dasselbe »allemal nach Proportion des Kornpreises zu determiniren« sei; ausser

*) Mylius, IV, 1, 562 ff., 565 ff., 573 ff.
**) Mylius IV, 585 ff. und 593 ff.
***) Mylius IV, 603 ff., 619 f., 629 f.
†) Mylius IV, 651 ff., 677 ff., 695 ff.

dem Mastgeld wurde noch ein »Umgeld« von jedem Schwein als Accidenz für die Bediensteten erhoben *).

Auch die Brandenburger H.O. für das Herzogthum Magdeburg v. 1687 **) sorgt vor allem dafür, dass »dem Jagd- und Mastungsrechte kein Eintrag geschehe«. Kein Privatwaldbesitzer darf in seinen Waldungen »masttragende Bäume abstammen« ohne Churfürstliche Erlaubniss. Die Höhe des Mastgeldes wird als bekannt vorausgesetzt.

Die Cleve-Märkische F.O. v. 1742 ***) hegt zu den Forstbediensteten »das allergnädigste Vertrauen, dass solche das Mastgeld so hoch als immer möglich und nach Proportion des Kornpreises ausbringen werden«.

Nach der Preussischen F.O. für Schlesien und Graz v. 1750 müssen beim Eintreten einer Eichel- oder Buchelmast »die Kammern mit dem Oberforstmeister das Mastgeld concertiren, wobei auf den Getreidepreis besonders mit Attention zu machen ist. (XIII, 2). Zur Einfebmung haben die Amtsunterthanen das Vorrecht. »Es sollen aber auch diese unsere Unterthanen verbunden sein, da sie gemeiniglich aus unsern Forsten einigen Genuss an Hutung oder Holzung haben, ihre Schweine in keine anderen fremden Gehölze bei 3 Rthlr. Strafe für jedes Schwein zur Mast einzutreiben, so lange die Zahl der Schweine, so in unseren Mastholzungen angenommen werden kann, nicht erfüllt sein würde«. XIII, 4). Reichen die Schweine der Unterthanen nicht aus, so werden

*) Dasselbe betrug von jedem Stück (nach Tit. VIII, c):

>3 Groschen Hüterlohn
    1   »   Schaden-Stand
    5   »   3 Pf. Accidenz,

welche 5 Gr. 3 Pf. folgend distribuiret werden, als

dem Oberjägermeister . . .	10 Pf.
vor den Jagd-Rath	3 »
» » Jagd-Sekretarius	2 »
» » Empfänger (des Geldes) . .	3 »
Sa.	1 Gr. 6 Pf.,

diese vier Posten werden uns zur Casse berechnet.

Ferner:

dem Oberforstmeister . 1 Gr.	2 Pf.
» Amtmann . . 10	»
» Holzschreiber 8	»
» Heidereiter . . . 1 Gr. 1	»
Sa. 3 Gr.	9 Pf.

bleiben vorbenannten unsern Bedienten«.

**) Fritsch 301 ff.

***) Stahl, F. M. VIII, 291 ff.

auch solche von Fremden zugelassen. Bleibt schliesslich, wenn alle
Schweine fett sind, noch Mast übrig, so soll diese »durch Licitation an
den Meistbietenden verpachtet oder sonst so gut als möglich genutzt
werden«. (XIII, 12).

In den Pommerischen Forsten wurde die Mastnutzung schon durch
die H.O. für Hinterpommern v. 1681 *) geregelt und die Schonung des
Eichenholzes wegen der Mast angeordnet. Die Höhe des Mastgeldes ist
nicht angegeben. Freischweine hatten nur die Beamten (»Amts-Schweine«),
Priester, Küster und gegen Berechtigungsnachweis die »Schäffer und
Müller«. »Denjenigen aber, so eigene Holzung haben und sich doch der
Mastfreiheit in Churfürstlichen Wäldern und Heiden bisher gebrauchet,
kann solches hinführo nicht zugelassen werden«. (X.)

Nach der F.O. für Vor- und Hinterpommern v. 1777 wurde die Mast
auf dem Wege der Verpachtung oder durch »Fehmen« genutzt. Erstere
Nutzungsweise sollte allezeit der letzteren vorgezogen werden, »um
eine sichere Revenüe in den Etats davon zu haben **). Die
Pachtzeit wurde auf sechs Jahre festgesetzt und als Bedingung gestellt,
»dass an dem Pachtquanto nicht der geringste Erlass stattfindet, wenn
auch die Mast ganz und gar nicht gerathen sollte, sondern es gehe
Alles auf Gewinn und Verlust des Pächters«. Die Pächter müssen in
jedem Revier je nach Verhältnis der Mast »approbirte Freischweine« ***)
jedesmal umsonst und die Schweine der Amtsunterthanen gegen Vergütung von höchstens einem Thaler pro Stück mit einnehmen. Das
Pachtgeld wurde summarisch festgesetzt und wurden ausser dem »Brenn-
geld für den Forstbedienten, pro Stück mit einem Groschen, keine Um-
gelder« berechnet. War die Mast »nicht in Pacht unterzubringen«,
so mussten die Masterträge von den Beamten zweimal geschätzt und
»Fehmen gemacht werden«, d. h. die Forstleute mussten »bemüht sein,
diejenige Anzahl Schweine in die Mast zu erhalten, welche nach der
gemachten Taxe darin fett werden können«. »Damit es nun, wenn
gute Mast ist, au Schweinen nicht fehlen und die Mast nicht liegen
bleiben möge«, dürfen alle Amtsunterthanen und Städtebewohner, welche

---

*) Fritsch 513 ff.

**) cf. Seite 160 ff.

***) »An Freischweinen sollen passiret werden«: Dem Oberforst-
meister 12 Stück, dem Hauptpächter eines jeden Amtes 6 St., dem
Forstschreiber 6 St., dem rechnungsführenden Förster 4 St., dem Unter-
förster 2 St., dem zur Besichtigung der Mast beigezogenen Schulzen
und jedem Masthirten je 1 St., die »Vorwerker« d. h. die Besitzer der
an die Masthölzer stossenden Aecker und Wiesen) für je 100 Rthlr.
Pacht 1 Stück. Ausserdem durften je nach den Verträgen die Pfarrer,
Schullehrer und Messner Freischweine (6—2 Stück) eintreiben.

keine eigenen Mastholzungen hatten, ihre Mastschweine nicht eher in fremde Masthölzer treiben, bevor die königlichen Masthölzer völlig betrieben waren.

Nach der Baden-Badischen F.O. v. 1686 soll der Dehmen, »es beschehe gleich überhaupt oder den Schweinen nach, so hoch als möglich gebracht und ohne einigen Abgang, Nachtheil und Abzug vollkommentlich und urkundlich eingezogen und verrechnet werden«. Dieselbe Bestimmung findet sich auch in der Forstordnung des 18. Jhrhdts.

In Bayern *) wurde es den Forst- und Amtleuten zur Pflicht gemacht, anfangs September alle Jahre an die Regierung zu berichten, wie die vorhandene Eichel- und Buchelmast am besten zu benutzen sei. Der Wald-, Forst- und Jagdherr hatte das Recht auf die Mast, musste aber soviel übrig lassen, »dass auch das Wild den nöthigen Frass hat«. Im allgemeinen diente der Mastanfall zur Befriedigung der Berechtigung und vor allem dem Interesse an der Jagd. Der finanzielle Erfolg stand zurück.

In der Nassauischen F.O. v. 1726 ist das Mastgeld für ein grosses Schwein auf 1 Thlr., für ein mittleres oder kleines auf 35 Albus festgesetzt. Die Nachmast sollte besonders verpachtet und das Pachtgeld für die Herrschaft verrechnet werden (F.O. v. 1711). Die herrschaftlichen Wälder sind in Mastjahren zuerst zu beschlagen. Wenn Unterthanen in ihre Waldungen fremde Schweine einfehmen wollten, so musste der Herrschaft der 5. Pfennig vom Mastgeld verrechnet werden (Nassau-Weilburg 1749).

Auch die F.O. für Hessen-Kassel v. 1683**) bringt ausführliche Bestimmungen wegen der Mast, ohne aber die Höhe des Mastgeldes anzugeben.

— — —

*) Behlen u. Laurop, Syst. Samml. II, p. 62 f., 190.
**) Fritsch 288 ff.

4. Abgaben auf Berechtigung und Vergünstigung *).

Bezüglich des Holzpreises lassen sich im 18. Jhrhdt. zweierlei Strömungen unterscheiden, eine theoretische und eine praktische. Träger der ersteren war einerseits der Merkantilismus, andererseits aber auch noch die nachwirkende, althergebrachte Anschauung, dass die Holzpreise ein gewisses Maximum nicht überschreiten dürften. Diese Theorien hatten die Holztaxen geschaffen, der Merkantilismus hielt sie aus bekannten Motiven fest.

Die praktische Strömung ist eigentlich die Gegenströmung der theoretischen und hat insofern die Stärke auf ihrer Seite, als sie schon durch ihre Existenz auf die Unnatürlichkeit jener hinwies und deshalb schliesslich als Siegerin hervorgehen m u s s t e, dann aber auch deshalb, weil sie ihre Quelle im despotischen Willen der Landesherrn hatte und deshalb von mächtigeren Händen geleitet in das wirtschaftliche Leben eingriff.

Sieht man ab von der Unterstützung des Berg- und Hüttenbetriebes, die als ächtestes merkantilistisches Kind bezeichnet werden muss, so steht unbedingt fest, dass trotz der Holztaxen und ungeachtet aller Einwendungen der finanzielle Gesichtspunkt der Landesherrn in erster Linie stand. Nebenher lief dann noch die Sorge für die Unterthanen, die aber deshalb besonders waldverderbend wirkte, weil die Landesfürsten den dadurch verursachten Ausfall an den Waldrevenüen durch stärkere Nutzung für den freien Verkauf auszugleichen suchten**).

Nur in diesem Zusammenhang lässt sich der anscheinende Widerspruch in allen Forstordnungen erklären, dass ungeachtet der bestimmten aufgestellten Holztaxen und der ewigen Klage über bestehende oder zu befürchtende Holzteuerung dennoch

---

*) Wie im vorigen Zeitabschnitt, so kann es sich auch hier nur um die Erörterung des wirklich Bestehenden und nicht um die Geschichte der Entstehung der Berechtigungen handeln. Letztere würde allein den Umfang der vorliegenden Arbeit überschreiten.
**) cf. das Kapitel über »Geldetat«, Seite 160 ff.

wieder der Verkauf »zum teuersten« dringend empfohlen und
die Wichtigkeit der Waldrevenüen besonders betont wurde.

Die eigentlichen den Unterthanen eingeräumten Vergünstigungen an H o l z n u t z u n g e n hatten daher auch während des 18.
Jhrhdts. entschieden an Weitläufigkeit abgenommen, wobei allerdings zu bemerken ist, dass viele frühere Begünstigungen bereits zu Berechtigungen geworden waren. Sogar den holzverbrauchenden Handwerkern und Gewerben gegenüber liess man
oft trotz Merkantilismus die früher geübte Rücksicht fallen,
als mit der Mitte des 18. Jhrhdts. die finanzielle Ausbeutung
der Waldungen ihren Höhepunkt erreicht hatte *). Nach einer
Nassauischen V. v. 1774 soll »notdürftigen Zimmerleuten und
Unterthanen«, welche das Bau- und Geschirrholz nicht bezahlen können, an den Holzterminen kein Holz angesetzt werden. —
Im Erzgebirge musste schon i. J. 1675 **) das »zum Malz-,
Schenk- und Brauwesen« nötige Holz immer bezahlt und berechnet werden, weil dadurch die Besitzer ihren Nutzen be-
fördern und Kretzschmerei« treiben.

Die Begünstigungen inbezug auf Holznutzungen machten
den Landesfürsten nicht wenig Verdruss und die merkwürdigste
Erscheinung des 18. Jhrhdts. auf dem Gebiete des Holzverschleisses, der Holzwucher, kommt zum grossen Teil mit auf
deren Rechnung. (Vgl. Seite 147 ff.). Welche Blüten die Holzabgabe unter dem marktgängigen Preis getrieben hat, darüber
gibt die fürstlich Speierische F.O. v. 1722 offenen und klaren

---

*) Zu bemerken ist ferner, dass die an einzelnen Orten noch beibe-
haltenen Naturalbesoldungen der öffentlichen Bediensteten im Laufe des
18. Jhrhdts. meist in Geldbesoldungen umgewandelt wurden. So befiehlt die Baden-Durlachische F.O. v. 1723, dass den »Schultheissen,
Bürgermeistern, Anwälten, Weinstechern, Fleischschätzern, Brodwägern,
Hebammen« kein Holz mehr um billigeren Preis abgelassen werde, »in
Ansehung sie um ihren dem gemeinen Wesen leistenden Dienst vorhin
schon belohnt sind«. -- In Württemberg dagegen liess man den Forstbediensteten entgegen dem Vorschlage L a n g e's die nicht spezifizierten
Accidentien noch i. J. 1756, weil sich herausstellte, dass beim Wegfall
derselben die Besoldungen zu sehr hätten erhöht werden müssen.

**) Cod. Aug., II., 571 ff.

Aufschluss*), wenn sie ausführt: »Da doch bekannt, dass ganz aus keiner Schuldigkeit, sondern blosser landesväterlicher Liebe, wir aus unseren sehr ruinirten Waldungen unseren Unterthanen mit unserm grossen Schaden das Holz um einen ganz geringen Preis zukommen lassen, da uns von ausländischen Chur- und Fürsten das Quadruplum davor geboten wird, so kommt es uns am mehresten verdriesslich vor, dass man bei etlichen Gemeinden den Betrug so hoch treibet, dass man das Holz in fraudem legis bei der Herrschaft um den gesetzten wohlfeilen Preis kaufet, herentgegen das Holz aus den gemeinschaftlichen Waldungen dreimal höher wieder an Fremde verkauft, mithin die Herrschaft ganz unnöthiger Ding die Holzgebungslast aufbürdet, mit dem gemeinschaftlichen Wald aber zu der Herrschaft Schaden Wucher treibt.« Nach der F.O. v. 1732 wird daher den Gemeinden mit eigenen Waldungen kein Holz mehr aus dem herrschaftlichen Wald verabfolgt. »Sie sollen in ihren Waldungen besser hausen und sie nicht zum Wucher, sondern mit guter Haushaltung und Nachdenken zur Nothdurft brauchen«.

Die Stellung der Holzabgaben gegen »Miethegeld« hatte sich im Laufe der Jahrhunderte insofern verrückt, als die Miethe sich später nur mehr auf das geringwertige, für die Unterthanen bestimmte Holz erstreckte und damit in Gegensatz zum freien Verkauf gesetzt wurde, während früher das Mietegeld grösstenteils alle Erlöse aus den Waldungen in sich begriff. In der F.O. v. 1720 für die Marken wurde die Miete für Raff- und Leseholz »statt des bishero entrichteten Holzhafers« in Geld ausgeworfen, »jedesmal nach der Cammertaxe für Hafer«. Bei Benützung eines zweispännigen Wagens in der Zeit von Michaeli bis Ostern betrug die Miete 16 Gr. bis 1 Thlr., »je nach dem es nahe oder weit«, nebst dem gewöhn-

---

*) Es ist bemerkenswert, dass die Pfälzischen Forstordnungen im Vergleich mit den F.O. anderer Länder immer die offenste und klarste Sprache führen. Viele Bestimmungen sind hier klar motiviert, während deren eigentlicher Endzweck in den übrigen Forstordnungen nur zwischen den Zeilen zu lesen ist.

lichen Stamm- und Zettelgelde. Nach der Pommerischen F.O.
v. 1777 währt die Einmietungszeit vom 1. Oktober bis 1. März,
während welcher die Mieter wöchentlich zweimal Raff- und
Leseholz mit einem zweispännigen Wagen oder Schlitten heim-
bringen können. Da das Einmiethen blos auf Brennholz zu
eigenem Bedarf geht, so können auch die Professionisten sich
nicht in Ansehung des zu ihren Handthierungen nöthig haben-
den Nutzholzes einmiethen, sondern sie müssen solches nach
der Holztaxe bezahlen«. (III. 15.)

In den meisten Preussischen Gebieten wurden die in den
früheren Jahrhunderten gewährten Abgaben im Vergünstigungswege aufrecht erhalten, aber immer unter nachdrücklicher Betonung des Charakters der Freiwilligkeit seitens des Waldbe-
sitzers. So führt die F.O. v. 1720 aus: »Wenn Wir auch
einigen Unsern Vasallen und Unterthanen einiges Holz zu ihrem
Bau oder auch zur Feuerung aus Gnaden schenken oder
sonsten um halben oder dritten Teil Bezahlung verwilligen«,
so haben die Bediensteten sich genau an die Vorschrift zu
halten. In gleicher Weise hält die Preussische F.O. für Schlesien und Graz v. 1750 genau die Fälle auseinander, wo Holz
an Unterthanen ganz oder teilweise verschenkt wird.

Die Armenpflege wurde auch im 18. Jhrhdt. in demselben Masse geübt wie früher. Die Weimarische F.O. v. 1775
gesteht z. B. »den wirklich armen Unterthanen, so für sich
kein Feuerholz zu bezahlen im Stande sind«, zu, jede Woche
einen Tag dürres Holz aufzulesen. Hiezu werden »Holzlese-
zeichen« gegen Einreichung von »Armenspecifications« verabfolgt. Auch ein Brandenburg-Bayreuthisches Reskript v. 1783
betont besonders, dass den »wirklich Armen und Nothleiden-
den die billige und unschädliche Selbstbeholzung nicht entzogen werde«.

Wie schon oben bemerkt (Seite 138 ff.), hatten die zügel-
losen Zeiten während und nach dem 30jährigen Krieg zu allerlei Uebergriffen in dem Walde die Handhabe geschaffen, nicht
nur inbezug auf Nebennutzungen, sondern auch bei den Holznutzungen. In Folge dessen scheint der Holzreichtum, welcher

sich während und nach dem Kriege angesammelt hatte, gegen
Ende des Jhrhdts. bereits stark dezimiert gewesen zu sein *)
und jedenfalls nicht ohne Mitwirkung der neu entstandenen
Berechtigungen. In Verbindung mit den spekulativen Tendenzen der Landesherrn trachtete man daher nach einer Einschränkung derselben und forderte wiederholt die Nachweise
für den Besitzstand des Rechtes. Die Baden-Badische F.O. v.
1686 ermahnt die Berechtigten zur Holzersparnis, da von dem
bisher abgegebenen Quantum etwas eingezogen werden müsse
und die, welche mit ihren Gaben nicht auskommen, das weitere erforderliche Brennholz sich kaufen müssten. Zudem
müssen alle Holz- und Weiderechte durch einen »glaublichen
Schein, Urkund, Brief« nachgewiesen werden, widrigenfalls dieselben gekündigt werden. Die Badische F.O. v. 1723 führt
aus: »Weil das Eichen- sowohl als Fohrenholz in gesammten
Ober- und Unterlanden sehr nahe zusammengehet und klemm
wird, so kann man ohne Noth den Unterthanen, in Sonderheit
denen zu Graben, Mühlburg, Neureuth, Spöck, Rintheim, Hags-
felden, Blankenloch und Büchig, als Hardt- und Waldgenossen,
die sonst gewöhnlichen Gaben unmöglich auch in dem alten
Preis mehr geben, sondern es sollen sich dieselben wegen ihrer
Nothdurft an Klafterholz mit liegenden und abgängigen Fohren
oder Aspen begnügen lassen und dafür einen billigen Werth
bezahlen«.

Wie früher, so bezogen sich auch im 18. Jhrhdt. die meisten
Holzberechtigungen auf das Bauholz. In den altbayerischen
Gebietsteilen scheinen die Bauholzberechtigungen mit oder ohne
Entrichtung des Waldzinses so grosse Ausdehnung gehabt zu
haben, dass für sonstige Abgaben nicht viel mehr übrig blieb;
daher musste auch das Bedürfnis immer genau amtlich kon-

---

*) Dafür sprechen die vielen Einschränkungen aller Art inbezug
auf die Holznutzungen. Nach einem Regl. für das Fürstentum Blan-
kenburg v. 1693 sollte z. B. mit dem Verkauf des »Tannenbauholzes ganz
mässig verfahren« werden, weil es »sehr abnimmt und zusammenrücket«.
Aehnliche Vorschriften finden sich gegen Ende des 17. Jhrhdts. in allen
Forstordnungen.

statiert werden. Die sächsische Resolution für den Erzgebirgischen Kreis v. 1675 *) ist hauptsächlich gegen die Ausdehnung
der Freiholz- und Bauholzabgaben an die Berechtigten gerichtet,
die fortan nur im Sinne der Forstordnung gehandhabt werden
sollten. »Das übrige Bedürfnis an Holz, es habe Namen wie
es wolle, sollen die Unterthanen der Taxe nach bezahlen«! —
Durch die Pommerische F.O. v. 1777 wurden alle Berechtigten
auf Bauholz verpflichtet, »ihren Brennholzbedarf auch aus den
königlichen Forsten zu nehmen und für das Raff-, Lager- und
Leseholz den üblichen Brennzins zu erlegen«. Derartige Retor-
sionsmassregeln mussten sich die Berechtigten öfter gefallen
lassen.

Im Allgemeinen zeigen die mit den Bauholzrechten so eng
verknüpften baupolizeilichen Vorschriften des 18.
Jhrhdts. ein gegen die früheren Zeiten wenig verändertes Bild:
Steinmauern, egyptische Ziegel, Ersparung des Eichenholzes,
rechtzeitige Verwendung des Bauholzes u. s. w. blieben auch
jetzt noch die Schlagwörter.

---

*) Cod. Aug. II, 571 ff.

3. Kapitel.

Forstpolitik im engeren Sinne.

1. Holzhandel nach Aussen und im Innern.

Der Verkauf des Holzes ausser Land war auch in diesem Zeitabschnitt in allen Forstordnungen schlechthin verboten oder nur bedingungsweise erlaubt. Die Verbote erstreckten sich aber nur auf den Verschleiss des Holzes seitens der Unterthanen, während die Landesherrn sich hierin freie Hand behielten und, wie schon erwähnt, vor allem den Holländerholzhandel fleissig betrieben.

Zu den früheren Motiven, den Holzexport zu verbieten, kamen in dieser Periode wesentlich neue hinzu oder es traten wenigstens die früheren unter einem veränderten Gesichtspunkte auf. Die neuen Motive lagen im Holzwucher und — last not least — im Merkantilismus.

Der Holzwucher war auf den Verkauf des Holzes ausser Landes besonders angewiesen und hatte in demselben sein eigentlich belebendes Element. Waren die Holztaxen im Inlande nieder, so liessen sich höhere Preise nur ausserhalb der heimatlichen Grenzpfähle erzielen und daher kam es auch, dass die Landesherrn mit eifersüchtiger Neugierde den Stand der Holzpreise in den benachbarten Ländern verfolgten. Das Wesen des Holzwuchers bestand allerdings darin, mit dem Verkauf der vorhandenen Holzvorräte solange hintanzuhalten, bis die dadurch eintretende Holznot das künstliche Gerüste der Holztaxen sprengen und die Preise unter allen Umständen in die Höhe treiben musste. Allein hiezu war Geduld und Zeit nötig, letztere um so mehr, als die despotische Gewalt der Landesherrn immer wieder hemmend auf die wirtschaftliche Notwendigkeit der Preiserhöhung für kürzere Zeitabschnitte einzuwirken im stande war. Um daher diese Klippe zu umgehen, suchte man ein abgekürztes Verfahren, als welches sich hauptsächlich der Exporthandel am förderlichsten zeigte.

Die zweite Art des Holzwuchers, der Wiederverkauf des auf dem Vergünstigungswege empfangenen Holzes, und endlich der Verkauf des eigenen Holzes um hohen Preis bei gleichzeitigem Bezug von billig taxiertem Holz aus den landesherrlichen Waldungen — war nicht weniger als die erste auf den Handel mit dem Auslande angewiesen.

Die Holzausfuhrverbote sind daher als eines der vielen versuchten Gegenmittel gegen den Holzwucher auch im 18. Jhrhdt. sehr betont worden und wurden in einigen Staaten bis gegen Ende dieser Zeitperiode lediglich zu diesem Zwecke aufrecht erhalten.

In der Pfalz wurde durch die F.O. v. 1712 den Gemeinden der Verkauf von Bau- und Brennholz an Ausländische (Fremde und Ausmärker) verboten und durch die Speierische Verordnung v. 1732 besonders eingeschärft, das »Klafterbrennholz nicht anderwärts hin zu verkaufen, zu verschenken, zu vertauschen, wegzulehnen, zu veralienieren, Handel und Wandel damit zu treiben oder sonsten wohin als zu seinem Hausgebrauch und Nutzen zu verwenden«. Das Verbot wurde noch i. J. 1770 wiederholt mit dem Zusatz, dass mit dem um die Forsttaxe erhaltenen Holz kein »Wucher getrieben werde«. — Die F.O. für Baden-Durlach v. 1723 befiehlt: ›Wo auch irgend die Gemeinden und Unterthanen eigenthümliche Wälder hätten, so solle ihnen einig Bau- oder Brennholz daraus an Fremde eigenen Willens zu verkaufen nicht erlaubt sein, sondern wenn sie hauiges Holz haben und verkaufen wollen, so sollen sie selbiges zuvor Uns anbieten und allenfalls um Erlaubniss einen andern Käufer zu suchen bitten«. Die Holzordnung der Reichsherrschaft Eglof im Allgäu v. 1787 *) verbietet ebenfalls, das

---

*) Moser, A., II, 161 ff.

eigene Holz in natura oder als Kohlen an Auswärtige zu verkaufen, weil dann die herrschaftlichen Waldungen zu stark
ausgenutzt würden. Eine Fürstlich · Würzburgische Verordnung v. 1787 *) führt aus: »Kein Unterthan verkaufe sein aus
den herrschaftlichen oder Gemeindewaldungen durch Kauf oder
unentgeltlich überkommenes Bau- und Nutzholz bei Strafe der
Confiskation und ein Gulden fränkisch für jeden Schuh wieder
an die Holländer Holzhändler oder deren Unterkäufer«.

Das Interesse des Merkantilismus an dem Verbote
der Holzausfuhr war in der Ansicht begründet, dass durch den
Export von Holz als Rohware der einheimischen Bevölkerung
Arbeitsverdienst entzogen und dem Auslande zugewendet werde.
»Man hindert nicht allein dadurch eine mögliche grössere Bevölkerung des Landes, sondern setzt auch dadurch andere Staaten in den Stand, dass sie eine grössere Bevölkerung haben
können« **). Neid und Missgunst gegen das Nachbarland waren
für die Merkantilisten die lebendigsten Triebfedern, den Holzexport zu verbieten, und deshalb verstieg man sich zu dieser
Massnahme selbst dann, wenn das Inland an der Gewinnung
und Zurückhaltung des einen oder andern Sortimentes kein
Interesse hatte. In der Blankenburger F.O. v. 1705 und 1709
wird das Stockroden hauptsächlich deshalb untersagt, weil die
Unterthanen »hierin ihren eigenen Nutzen suchen, mit den
Stöcken ausserhalb Landes fahren und verkaufen, welches man
aber also weiter geschehen zu lassen nicht vermeinet«, — und
die Churpfälzische F.O. v. 1711 verbietet den Lohe- und Rin-
denhandel nach dem Ausland, weil »bei anderen Benachbarten
es auch geschieht«, also nur als Retorsionsmassregel gegen
das Ausland. — Im Nassau-Weilburgischen Amt Kirchheim
wurden i. J. 1789 die Holztaxen für die Ausländer je um eine
Einheit erhöht; Nussbäume, Eichenwellbäume zum Mühlenbau
und Erbsenreiser durften an die Ausländer gar nicht abgegeben
werden.

---

*) Moser, A., XIII, 276. — Die Verordnung erstreckte sich nament-
lich auf den Spessart.

**) Stahl, F. M., 1763, II, p. 255.

Alle Waldprodukte, welche das Inland selbst brauchen
und verarbeiten konnte, sollten nicht in das Ausland abgeführt
werden. Deshalb erstreckten sich die Verbote bald allgemein
auf alles Holz, bald nur auf einzelne Sortimente und Holz-
arten *). Sogar während des 30jähr. Krieges und unmittelbar
nach demselben, wo im allgemeinen von einem Holzmangel
nicht die Rede sein konnte, finden sich die Holzausfuhrverbote.
So wurde in der F.O. für die Oberpfalz v. 1657 die Ausfuhr
von Brettern, in der Salzburger F.O. v. 1659 die Ausfuhr von
Eichen- und Lärchenholz verboten, in letzterem Fall mit der
Motivierung, »dass nicht bei der Zeit grossen Aufgangs den
Nachkömmlingen ein Abgang einschleiche«. — In der F.O. v.
1755 wurden die »Drexler, Rädermacher, Schäffler, Gabel- und
Rechenmacher und dergleichen Leute« besonders gewarnt, Eichen-
und Lärchenholz aus dem Lande zu führen, weil man das Holz
im Lande selbst brauchte und weil man dem Nachbarlande
den Arbeitsverdienst nicht gönnen wollte.

Durchschlagend wirkte die Furcht vor Holzmangel
als Motiv zur Erlassung von Ausfuhrverboten erst in der zweiten Hälfte des 18. Jhrbdts., nachdem die spekulative Ausnutzung der Wälder während der ersten Hälfte des Jahrhunderts dieselben in einen Zustand gebracht hatte, der in Wirklichkeit zu ernsten Besorgnissen für die Beschaffung des nötigen Holzes Anlass gab. Deshalb werden in ersterem Zeitraum
die Ausfuhrverbote bedeutend schärfer accentuiert und wiederholt in Erinnerung gebracht. Als hieher gehörig ist eine
Preussische Verordnung der Churmärkischen Kriegs- und Domä-
nenkammer v. 28. März 1788 **) zu erwähnen, die das Verbot
der Brennholzausfuhr wiederholt und namentlich die Holzhändler darauf aufmerksam macht, dass sie keinen »Exportations-
pass« mehr erhalten. — Die Provinzialordnung für Fulda v.
1787 und die F.O. v. 1791 gehen sehr strenge gegen den Holz-

---

*) Auch andere Waldprodukte, wie Harz, Pottasche, Theer u. s. w.
durften in der Regel nicht ausgeführt werden. Churpfalz 1711, Salzburg 1713, Baden-Durlach 1723.

**) Moser, A., II, 334.

verkauf ausser Landes vor und in Bayern wurde durch Verordnung v. 3. März 1764 eine Universalholzsperre zu Wasser angelegt *). — Ein Speierisches Reskript v. 1768 fordert auf, »den reifen Bedacht zu nehmen, wie sonderlich die Ausfuhr des Holzes aus dem Land sorgfältig verhindert werden möge, wegen der sich äussernden Abnahme des Gehölzes«.

Der Holzexport auf dem Wasser war nicht immer Selbstzweck, sondern vielfach wurden die Flösse lediglich als Transportmittel für andere Rohmaterialien, wie Steine, Kalk u. s. w. und für Kaufmannsgüter benützt. Da die Flösse nicht mehr stromaufwärts transportiert werden konnten, mussten dieselben an ihrem Bestimmungsorte verkauft werden ; hierin aber lag die Gefahr zur Umgehung der eigentlichen Ausfuhrverbote, weshalb man in Bayern und Württemberg verlangte, dass als Aequivalent hiefür der Warenverkehr zu Gunsten des Landes geregelt und gehandhabt werde. Durch den Vertrag v. 20. Sept. 1740 zwischen Oesterreich, Württemberg und Esslingen, das Flosswesen auf dem Neckar betr., wurde den Württembergischen Unterthanen der Verkauf von Bauholz aus »Commun- und eigenen Wäldern« mit der »Reservation« erlaubt, dass denselben »ebenso viel Flösse nebst deren Ablass nach Proportion der Anzahl der in- und auswärtigen Schifferschaft verkauft werde und da auch bei den Ausländern das Reciprokum geschehen kann, dadurch eine vollständige Gleichheit zwischen beiderlei beobachtet werden solle«.

In Bayern wurden auf der Loisach und Isar Brennholz und andere Holzwaren auf Flössen nach München gebracht; es durfte aber nach einer Verordnung v. 22. Aug. 1746 kein Floss auch ohne Oblast weiter und ausser Landes gehen, es sei denn, dass es mit Wein oder anderen Kaufmannsgütern beladen gewesen wäre **). In gleichem Sinne verordnet ein Befehl der Churfürstl. Bayerischen Hofkammer v. 1788 ***), dass, wenn oberländische Flossfahrer in's Unterland Bayern Baumaterialien,

---

*) Sammlung der Churbayer. Landesverordnungen p. 465.
**) Moser, A., XII, p. 58 ff.
***) Moser, A., IV, p. 238 f.

Kalk etc. führen und diese Ladung im Inlande abstossen, dieselben auch ihren Floss allda verkaufen müssen; »ein leerer Floss, welcher nicht wieder auf's Neue mit ungesperrten Commercial-Artikeln befrachtet wird, darf nicht ausser Landes passiren«.

Endlich ist noch eine Finanzoperation zu erwähnen, welche zugleich Prohibitivmassregel gegen zu starke Holzausfuhr und staatliche Einnahmequelle sein sollte, nämlich die Erhebung von Zoll, Mauth oder Accis vom Holzhandel. Dieselbe ist für diese Periode nicht neu, vielmehr wurden schon in den ältesten Zeiten bei der Holzflösserei Zölle erhoben, deren Erhöhung, Herabsetzung oder Aufhebung wiederholt Gegenstand landesherrlicher Verträge zwischen Nachbarstaaten war. So erkaufte schon i. J. 1298 Berlin für 220 ℔ Brandenburgisch das Recht, einen Zoll vom Flossholz erheben zu dürfen *). Weitere Beispiele dieser Art wurden schon oben erwähnt (Seite 76 f.).

Eine sehr detaillierte Accisordnung hatte Württemberg **). Für das ins Ausland verkaufte Flossholz wurden z. B. bei der Abfuhr 1 kr. vom erlösten Gulden, für Schnittware 4 kr. pro Wagen vom Verkäufer erhoben. Auch für das eingeführte Holz musste Accis gezahlt werden, wie überhaupt auch der Holzverschleiss im Innern des Landes der Accisordnung unterworfen war.

In Baden wurde durch die Kreisordnung v. 16. August 1700 ***) von allem Holz, »so verkauft wird, es sei Brenn-, Bau- oder anderes Holz, als Fasstangen, Reifstangen und Reife, Fassbänder, gemachte Kübel, Wagner- und andere Waar«, Accis erhoben, »dem erlösenden Gulden nach«. Auch die Communen, die aus eigenen Wäldern Holz verkauften, waren »davon den gebührlichen Accis abzutragen schuldig«. »Ebenfalls ist aller geschnittener Zeug von Brettern oder Borthen, Rahmschenkeln, Latten und dergleichen, es werde selbiger entweder von aussen

---

*) Pfeil, Forstgesch. Preussens p. 51.

**) Zusammengestellt im »Realindex und Auszug der Hochfürstlich-Württembergischen Forstordnungen etc., Stuttgart 1748«.

***) Im Generallandesarchiv zu Karlsruhe.

hereingebracht oder selbsten im Lande geschnitten, von denjenigen, so solchen verkaufen, gebührend zu veraccisen«. Durch diese Verordnung wurde also der gesamte Holzverkauf mit einer Steuer belegt zu Gunsten der landesherrlichen Kassa. — Die F.O. für die Oesterreichischen Vorlande v. 1786 betont besonders, bei der ausnahmsweise zugelassenen Holzausfuhr »den Zoll abzufordern und die tarifmässige Mauth abzunehmen«. Ein Reichskammergerichtsurteil v. 1762 *), »in Sachen der Unterthanen des Oberamts Solms-Hohensolms« gegen den dort residierenden Grafen, erkennt zu Recht, dass die Unterthanen »den hergebrachten zehnten Pfennig von dem ausser Land verkauften Klafterholz« zu bezahlen schuldig sind.

Soweit der Holzverkauf seitens der Privaten und Kommunen nicht auf ein eigentliches Wuchergeschäft hinauslief, entsprach es den merkantilistischen Ideen, den Holzhandel innerhalb des Landes im Interesse einer lebhaften Geldzirkulation zu begünstigen. Am weitesten gieng hierin Württemberg, indem durch den Landtagsabschied v. 18. April 1739 **) der Holzhandel der Privaten und Kommunen im Lande unter der Bedingung frei gegeben wurde, »dass solches auf kein schädliches Propolium und Wuchertreiben hinauslaufe«. Schon im Jahre 1682 war das Holz, welches aus Kommunewaldungen gekauft und im Lande zu feilem Kauf auf den Markt geführt wurde, für zollfrei erklärt worden ***). Nach einer F.O. für Bern v. 1786 sollte ebenfalls »der Holzhandel, es sei Bau-, Brenn- oder Geschirrholz, von einem Ort an das andere, wie bis hin, im Lande frei und offen bleiben«, während der Verkauf oder Vertausch ausser Landes strenge verboten war.

Die Holzeinfuhr war in Württemberg nach einem Reskript v. 1739 †) »indistincte und ohne Concessionsgeld« erlaubt und durch den Vertrag zwischen Württemberg, Oester-

---

*) Moser, A., IX, 95.
**) Moser, A., I, 1788 p. 139 ff.
***) Moser, A., I, 1788 p. 94.
†) Realindex p. 78.

reich und Esslingen v. 1740 *) wurde diese Erlaubnis unter
dem Vorbehalte bestätigt, dass, »im Fall durch einen unver-
muthet entstehenden Sturmwind in den Württembergischen
Landen, wie zum Exempel in anno 1739 geschehen, das Holz
tausendweise zu Boden gerissen wurde«, zuvor das inländische
Holz konsumiert werden muss. — Nach einer Nassauischen
Verordnung v. 1752 sollte das Bauholz womöglich aus dem
Auslande bezogen werden, dagegen wurde 1779 die Einfuhr
fremder Lohe verboten, weil dadurch Geld ausser Landes gienge.
Das preussische Regulativ für Schlesien v. 1788 erklärt zwar
den Holzhandel für frei, »der Handel mit dem benachbarten
polnischen Holze« wurde aber noch einer Beschränkung durch
eine Abgabe unterworfen.

2. Waldrodungen. Forsthoheit.

Die Periode nach dem dreissigjährigen Krieg, in der Waldrodungen erwünscht waren und sogar begünstigt wurden, war
bald vorüber und schon zu Ende des 17. Jhrhdts. überwogen
die mittelbaren schlechten Folgen dieser vielbewegten Zeit die
wenigen Vorteile, welche der Wald ihr zu danken hatte, um
ein ganz Bedeutendes. Als eine solche nachteilige Folge muss
die Thatsache bezeichnet werden, dass in dem Bauernstande jeder
Sinn für wahre Wirtschaftlichkeit erloschen war und dass
jeder das für sich zu retten suchte, was der Augenblick ihm
zu nehmen möglich machte. Zu diesem Gebahren waren die
despotische staatliche Bevormundung und die bis in die Mitte
des 18. Jhrhdts. fortdauernde Jagdübertreibung **) der Landesherrn die vornehmste Veranlassung. Der Bauernstand hatte
das Vertrauen zu dem Wohlwollen seiner Obrigkeit verloren
und erklärte jeder staatlichen Institution den Krieg, selbst
wenn sie ehrlich gemeint war.

---

*) Moser, A., XII, p. 124.
**) Noch i. J. 1744 wurde in der Churmainzischen F.O. verboten,
dass »die Stifte, Klöster, Städte, Bauern, Gemeinden ihre im Wildbann gelegenen eigenen Hölzer verhauen« und etwas daraus
ohne Erlaubnis verkaufen.

Deshalb wurden auch die Rodungsverbote, welche namentlich in Süddeutschland immer und immer wiederholt wurden,
selten befolgt, zumal die zunehmende Bevölkerung nach neuem
landwirtschaftlichen Areal verlangte. Zur Umgehung der
Rodungsverbote trug die althergebrachte Sitte, sog. »Einfänge«
zu machen, viel bei. Dieselben waren Rodeflächen, welche zum
Schutze gegen das Wild umfriedigt wurden und damit in das
Eigentum des Nutzniessers übergingen. Das Recht, solche
Einfänge zu machen, wurde von den Landesherrn' meistens ausdrücklich verliehen, doch lässt sich denken, dass die Grösse
der Fläche gerade nicht immer peinlich eingehalten wurde.
Die F.O. für die Vorderösterreichischen Lande (Breisgau)
v. 1705 gebietet, »es solle niemand mehr ein Gereute in den
Hochwäldern noch in den Vorhorsten und Hölzern — noch in
den Wäldern und Vorhölzern und in den verhackten Schlägen
einen Einfang machen, er habe denn zuvor mit einem glaub-
würdigen Schein bewiesen, dass solcher Ort und Platz ihm zuständig sei.«

Das rücksichtslose Vorgehen der Bauern gegen den Wald
konstatiert ein fürstl. Speierisches Reskript v. 1723 mit den
Worten, dass die »Dorfschaften in allen Orten sich einfallen
lassen, nach Belieben in den ihrigen und herrschaftlichen Wäldern auszurotten«, und eine weitere Verfügung v. 31. Januar
1724, worin beklagt wird, »dass verschiedene Gemeinden unter
dem Vorwand, es wären ihre privative zuständige gemeine
Waldungen, Allmenden und Güter, damit schalten und walten,
wie es ihnen beliebt« und dieselben ausroden. Hieraus lässt
sich auch mit Sicherheit schliessen, dass die Reaktion gegen
die landesherrliche Forsthoheit schon lange in dem Bauernstande gährte, was namentlich auch von den Schriftstellern
jener Zeit betont wird. v. C a r l o w i t z betrachtet es als voll-
endete Thatsache, »dass jedermann lieber Feld und Wiesen
als Holz besitzen will und also dahin inklinieret, wie dieses
zu vertilgen und teils gänzlich auszurotten« sei. In Wirklichkeit war es auch kein beneidenswerter Standpunkt, unter dem
Drucke des immer mehr emporwuchernden Kameralistentums

Eigentümer von Wald und Grundstücken zu sein. Im Bay-
reuthischen Gebiet durfte niemand einen Hopfengarten anlegen,
ohne dass der Oberforstmeister zuvor untersucht hat, »ob die
Gegend und der anliegende Holzwuchs so beschaffen sei, dass
dergleichen Anlage mit den erforderlichen Stangen mit Kon-
tinuation versehen werden könne« *).

Zum offenen Durchbruch kam die Reaktion gegen die
Forsthoheitsrechte des Staates vollends, als in der 2. Hälfte
des 18. Jhrhdts. die physiokratischen Ideen alle Gemüter in
Aufregung hielten. Ausgehend von dem tonangebenden Frank-
reich jener Zeit, traten dieselben als mächtiger Strom gegen die
Polizeiherrschaft auf, die nach dem Gournay'schen Satze: »Laissez faire et laissez passer, le mond va mieux« nicht mehr als
zeitgemäss galt. Mit den entrüstetsten Worten kämpfte man
nun gegen das Kameralistentum und die fiskalische Bevormundung an. Heinrich Jung verdammte dieselbe mit dem Aus-
rufe, es sei doch seltsam, zwischen Menschen und Bäumen zu
wählen **).

Obwohl aber der Ansturm gegen die staatliche Bevormundung der Privatwaldwirtschaften hauptsächlich die Konsequenz des Physiokratismus war, so wäre derselbe doch nicht
mit der wirklich aufgewendeten Heftigkeit geführt worden,
wenn der Vollzug der Forsthoheitsrechte ein
wohlwollender und unparteiischer gewesen wäre.
Letzteres war aber nicht der Fall. Vielmehr scheint den Forstbeamten weniger das Wohl des Staates als die Füllung ihrer
eigenen Geldtasche als Richtschnur in der Ausübung der Forsthoheitsrechte vor Augen geschwebt zu haben und deshalb war
mancher Notschrei nicht sowohl gegen das System als solches
als vielmehr gegen die Parteilichkeit der Beamten gerichtet. Mit
den freiheitlichen Ideen war eben auch der Aemterkauf und
die Korruption der Beamten aus der Seinestadt gekommen.
»Im ganzen Lande ist kein Acker, Wiese noch Bach, kein

---

*) V. v. 1782, Moser, A., VII, 186.
**) Roscher, Gesch. d. Nationalök. p. 554.

Grenzstein, kein Recht, kein Zehnte, Hut noch Weide vor diesen
Geiern sicher. In den Forsten darf kein Eigentümer einen Stamm
fällen, ohne sich erst vom Forstmeister an bis zum Forstknechte
abzufinden« *). Heinrich Chr. von Brocke beantwortet die Frage,
ob die Administration der Gemeindewaldungen durch landesherrliche Forstbedienstete zu empfehlen sei, dahin, dass, »so
einen guten Anschein dieses hat, so schlecht diese Administration doch öfters ausfällt; denn die guten Absichten der
Gesetze werden selten erreicht, der Landesherr kann nicht
wissen, ob sie so ausgeführt werden, wie seine Meinung gewesen. Er muss sich auf die Bedienten verlassen, bei diesen
aber herrschet oft Parteilichkeit, Dummheit und Eigennutz.
Wie viele Oberforstbedienstete trifft man an, welche sich besser
auf Kabalen zu machen, auf die Wahl guter Maitressen und
eines guten Glas Wein als auf die Holzungen verstehen. Es
werden solche aus Offizieren und aus solchen Leuten gemacht,
welche die Forstwissenschaft nie erlernt haben. Diese wählen
sich wieder Unterforstbedienstete von ihren Lakaien oder solche,
welche es sich gefallen lassen, eine von ihrem Herrn abgenutzte
Beischläferin zu heiraten. Es bringt diese einen Förster- oder
Gehägereuterdienst zum Brautschatz mit« **). Derartige, wenn
auch nicht immer so scharfe Urteile über die Bestechlichkeit
des Beamtenstandes finden sich in der ganzen Litteratur des
endenden 18. Jhrhdts. zerstreut und sogar die landesherrlichen
Verordnungen fanden es für nötig, besonders einzuschärfen,
dass nichts »aus Freundschaft oder Gunst« ***) aus dem Walde

---

*) Friedrich Karl v. Moser: »Ueber den Diensthandel teutscher
Fürsten 1786«. (Anonym) p. 67 f.
**) »Wahre Gründe der physikalischen und experimental allge-
meinen Forstwissenschaft«, III, 105 von Heinrich Christian von Brocke.
***) Instr. für den fürstl. Speierischen Oberjäger diesseits des Rheins,
Nr. 7. Die Speierische V. v. 1. Septbr. 1770 gebraucht für derartige
Unterschleife den technischen Ausdruck: »Casus pro amico spielen lassen«.
Die eigentlichen »amici« scheinen aber die Reichen gewesen zu sein,
die neben dem Holzgeld den Forstleuten noch »Extraprämien« zukom-
men liessen. Wenigstens betont diese Verordnung noch besonders, dass

abgegeben und »jeder Unterschleif im Forsthaushalte« *) verhütet werde.

Mit dem Beginn der zweiten Hälfte des 18. Jhrhdts.
fing man auch an zu rechnen. In manchem denken-
den Kopfe tauchten bereits Anklänge von bodenstatischen Ideen
auf und man begann abzuwägen, welche Kulturart dem Boden
den grössten Nutzen abgewinnen könnte. Genährt und unterstützt wurden diese zweifellos aus eigener Initiative angebahnten
theoretischen Auseinandersetzungen durch die Einwirkung
der Physiokraten, indem dieselben den Ackerbau als einzige
produktive Wirtschaft priesen. Das Resultat, zu welchem diese
primitiven Rechnungsversuche führten, war nicht immer das
gleiche. In Stahl's Forstmagazin ist im J. 1764 von einem
Peter Krezschmer der Beweis geführt, »dass ein Stück Feld
durch den Anbau des Holzes höher als durch den Acker- und
Wiesenbau benutzt werden könne« (p. 289 ff.), und in derselben Zeitschrift findet sich eine Abhandlung: »Versuch, wie
die Holzung so einträglich als der Getreidebau zu machen und
dass allerlei Holz in ordentliche Gehaue einzuteilen sei« (p. 303).
In einer Abhandlung, betitelt »Theoretische Einleitung in die
Forstwissenschaft« wird auseinandergesetzt, dass der Waldbe-
sitzer beständig auf den Nutzen sieht, »den er aus den zu
erlangenden Waldungen (durch Aufforstung von Ackerfeld)
durch alle Rubriken ziehen kann, weil er sie nicht des Prachtes
wegen wachsen lässt und hiemit vergleichet er seine Kosten,
Zeit und Arbeit«.

Gleichwie nun die Theoretiker in ihren Schlüssen nicht
einig wurden, so ging auch die Praxis in den Forstordnungen
der verschiedenen Länder weit auseinander. Die F.O. für
Kärnthen v. 1745 stellt den Grundherrn anheim, ihren Unterthanen »das Sengen, Brennen, Schwendung und allerhand Aus-
rottung« in denjenigen Waldungen, welche nicht zu Nutzen
gebracht werden können, unter der Bedingung zu erlauben,

der Reiche kein besseres Holz empfange wie der Arme, »da die Zahlung
des Armen ebenso gut als die des Reichen ist«.

*) Instr. f. d. Obristen v. Stein in der Mark Brandenburg v. 1786.

dass »Baufelder, Wiesen und Viehweide« daraus gemacht werden. Aehnliche Zugeständnisse macht auch die F.O. für Steiermark v. 1767, nur musste zuvor das »Direktions-Hofkollegium
für Münz- und Bergwesen« gehört werden. Dagegen ist in
Oesterreich ob und unter der Enns unter keiner Bedingung
gestattet, »Wiesen, Aecker, Viehweiden oder Weingärten aus
den Wäldern zu machen«. In den Vorderösterreichischen Ländern (Breisgau) ist die Rodung von landesherrlicher Erlaubnis
abhängig und die Obrigkeiten sollen »aus patriotischem Eifer«
dahin wirken, dass die aus den Waldungen entstandenen Weingärten, Aecker und Wiesen, welche entweder gar keinen oder
doch sehr geringen Nutzen abwerfen, nach und nach wieder
aufgeforstet werden. — Die F.O. für Weimar v. 1775 verbietet
ausdrücklich »die Ausrodung des Holzes, um solche Gegenden
neuerlich zu Aeckern oder Wiesen zu machen bei Verlust des
Grundstücks«.

Eine ganz besondere Stellung zu den Waldrodungen nahm
während des ganzen 18. Jhrhdts. P r e u s s e n ein. In den ausgedehnten entlegenen Waldflächen wurden noch in der 2. Hälfte
jenes Jhrhdts. die nach dem 30 jährigen Kriege inaugurierten
Waldkolonisationen fortgesetzt, um auf diese Weise dem Boden
die höchste Rente abzugewinnen. So bestimmt die F.O. für
Pommern v. 1777: »Wälder, die zu weit von schiff- oder floss-
baren Strömen entlegen sind und woraus kein Holzabsatz gemacht werden kann, sondern worin das Holz verfaulen muss,
sonderlich wenn der Boden gut ist, ingleichen Brücher, wo
wenig Holz wächst, wollen Wir roden und urbar machen und
Kolonien darauf ansetzen lassen, von welchen der Zins nach
Abzug der Anlagekosten zur Forstkassa fliessen soll«. Der
Zins wird als »neue Revenüe zum Forstetat« bezeichnet. Dem
Adel wurden für seine Waldungen noch besondere Rechte eingeräumt, indem es nicht »als Holzverwüstung angesehen werden
soll, wenn ein adelicher Grundbesitzer, sonderlich an Orten,
wo kein Holzdebit ist, einen Teil seiner Forste ausrodet, um
es zu Acker und Wiesen zu machen, und soll nur für eine
Holzverwüstung gehalten werden, wenn ein solcher Gutsbe-

sitzer nicht soviel von seiner Heide übrig liesse und in forst-
mässigem Stande hielte, als daraus zu seiner eigenen und seiner
Unterthanen Notdurft an Bau-, Nutz- und Brennholz immer-
während erfolgen kann«. Auf Private erstreckte sich diese
Bestimmung aber nicht. Durch eine preussische Verordnung
v. 1790 wurde das Nawra'sche Revier in der Grösse von ca.
1000 Magdeburger Morgen (»welches in gegenwärtiger Verfassung der Forstkassa nicht die mindeste Einnahme gewährt«)
der landwirtschaftlichen Benutzung überlassen, da hiedurch
»die Forstkassa eine jährliche sichere Revenüe von 166 Thlr.
16 Gr.« erhielt. Blössen und holzleere Plätze im Walde über-
liess man gern der landwirtschaftlichen Benutzung, weil sie
auf diese Weise mehr Geld einbrachten als durch die Holzbe-
stockung. Nach der F.O. v. 1720 können, »wenn sich in den
Heiden und Wildbahnen einige Oerter befinden, welche zu
Aecker und Wieswachs ohne Nachteil der Gehege geräumt
werden können, solche auf's beste an den Meistbietenden verpachtet werden«. Das Geld ist an die Kammer-Rentei einzuliefern.

Auf gleiche Stufe mit dieser Anordnung ist wohl eine
Württembergische Verfügung v. Jahre 1770 zu stellen, dass,
»wenn überflüssiges Holz und daneben viele waldlose Plätze
vorhanden sind, solche zum Frucht- und Grasbau zu verleihen
oder zu verkaufen sind, damit nichts unbenutzt liegen bleibe«.

3. Nebennutzungen.

Die Unsumme von Elend, welche der 30jährige Krieg dem
unterdrückten Bauernstande als Erbteil für die nächsten hundert Jahre hinterlassen hatte, nötigte die Landwirtschaft zu
einem verzweifelten Kampfe um ihre vitalen Interessen und zu
einer Rücksichtslosigkeit gegen alles und jedes, was denselben
dienen konnte. Zähes Festhalten an den wenigen Vorteilen,
welche sich die Landbevölkerung aus den unruhigen Zeiten zu
verschaffen wusste, und das Bestreben, sich dieselben auch für
die Zukunft zu sichern, stempelte die Zeit nach dem Kriege
zu einer Kampfperiode zwischen Wald und Ackerbau.

Zu keiner Zeit wurde der Nachweis für den Besitzstand
des Rechtes in den Forstordnungen so strenge gefordert, als
gerade in der zweiten Hälfte des 17. Jhrhdts., ein Beweis, dass
während des 30jährigen Krieges viele Gewohnheiten zu sog.
Rechten gemacht wurden, gegen welche Auffassung sich die
Landesherrn wehrten. Voran standen aber hierin die Nebennutzungen, die der Landwirtschaft mehr wert waren als alle
Rechte auf Holz. So verlangten die Forstordnungen für Eisenach
(1645), Jena (1674), Sachsen-Coburg (1653) den genauen Nachweis des Rechtes zur Weidenutzung und die Brandenburg-
Hinterpommerische F.O. v. 1681 verbietet den Bauern, mehr
fremdes Vieh, als ihnen kraft Rechts erlaubt ist, in die Waldungen
zu treiben.

In Sachsen wurde durch Verordnung v. 1665 *) die Harz-
nutzung eingeschränkt und befohlen, »zur Beförderung des
Wiederwachses an Holz die Blössen, Gras- und Heuplätze, item
Kohlgehäue gänzlich oder nach pflichtbarer genauer Erwägung
soviel davon abzuschaffen und einzuziehen, wie es des Amtes
gegenwärtige Notdurft erheischet«. Durch Resolution v. 1697
für die »Erz- und Obergebirgischen Kreise« mussten die Weide-
und Grasnutzungen wieder auf den Umfang nach der F.O. v.
1560 restituiert werden.

Auf diese Weise gelangten die Nebennutzungen noch im
17. Jhrhdt. zu einer volkswirtschaftlichen Bedeutung, wie sie
die früheren Zeiten nie aufzuweisen hatten. Durch die Thatsache aber, dass deren Nutzung auf grund faktischer oder vor-
geschützter Rechtstitel erfolgte, wurde bezüglich der Intensität der Nutzung die Bedürfnisbefriedigung hauptsächlich
massgebend und der finanzielle Gesichtspunkt trat noch zurück.
Damit ist allerdings nicht gesagt, dass in der blossen Befriedigung des Bedarfs auch eine Garantie gegen die waldver-
wüstende Ausdehnung der Nebennutzungen gelegen wäre; im
Gegenteil ist es mehr als wahrscheinlich, dass die eingebil-
deten Bedürfnisse die wirklichen weitaus überwogen und Ueber-

---

*) Hauptresolutiones in Holz- und Forstsachen, Cod. Aug. 563 ff.

schreitungen der erlaubten Grenze mehr die Regel als die Ausnahme bildeten. Hiegegen half auch das oft versuchte Mittel
nicht, den Umfang des Rechts zu fixieren, wie die oben an-
geführte Stelle aus der Hinterpommerischen F.O. v. 1681
beweist.

Während nun im 18. Jhrhdt. diese Rechtsbezüge an Nebennutzungen ungeschmälert aufrecht erhalten wurden, fingen
die Landesherrn auch an, den privatwirtschaftlichen Gesichtspunkt bei der Verwertung derselben immer mehr in den
Vordergrund treten zu lassen. Hiezu wurden sie durch ihre
Geldnot nicht weniger als durch die Betonung der Wichtigkeit
gerade dieser Einnahmequellen von seiten der meisten merkantilistischen Schriftsteller veranlasst.

Gegen Ende des 18. Jhrhdts. waren es ferner auch die
physiokratischen Ideen mit ihrer Betonung der Produktivität
der Landwirtschaft, welche entgegen der von einzelnen Forstleuten bereits gewonnenen Ueberzeugung von der Schädlichkeit
der Weide und der Streugewinnung *) gerade diesen Nutzungen
das Wort redeten. Nachdem die Landwirtschaft fünf Jahrhunderte lang technisch und allgemeinwirtschaftlich keinen
Fortschritt zu verzeichnen hatte, setzte sie jetzt um so stärkere
Hebel an, um dem sichtlich erreichten Aufschwung um diese
Zeit noch günstigere Bahnen zu ebnen. »Die Forstaufsicht
scheint mir eine Tyrannei zu sein, — heisst es in einem Pro-

---

*) v. Witzleben nennt als die »noch nicht genug anerkannten
inneren Gebrechen und Hindernisse« für die Thatsache, »dass in den mehr-
resten Ländern die Waldungen bei weitem das nicht mehr sind, was
sie sein sollten«, den »noch so allgemein üblichen Missbrauch der Wald-
nebenbenutzungen, und a) des Weidgangs, b) des Laub- und Streusam-
melns, c) der Mast und Eicheln- und Buchelnbenutzung . . . . Unentbehrlichkeit für die Landwirtschaft! ist der Ausruf, der die Streunutzung
hauptsächlich beschönigen soll — Unentbehrlichkeit! Das Schild, hinter
dem sich Bequemlichkeit, Unkunde des Schadens und der mangelnde
Zusammenhang der gesamten Staatswirtschaft bei den Vorstehern der
Landwirtschaft zu verbergen pflegt«. Neujahrsgeschenk für Forst- und
Jagdliebhaber auf das Jahr 1799, herausgegeben von v. Wildungen,
Marburg.

memoria des Fürsten zu Wied-Neuwied *), — wodurch der arme
Landmann genötigt wird, Holz anstatt Vieh und Frucht zu
haben, wodurch er im Genuss seines Eigentums eingeschränkt
und verkürzt wird. . . . Laub ist eine Gabe des Waldes wie
das Holz, warum sollte man es nicht benutzen können«?

Durch das Zusammenwirken aller dieser Verhältnisse waren
nun die waldschädlichen Nebennutzungen selbst in Waldungen
mit den besten Absatzlagen für Holz die Hauptnutzungen geworden.

So trat die W e i d e im 18. Jhrhdt. gegenüber den
früheren Jahrhunderten bedeutend in den Vordergrund und
wurde nicht nur von den Berechtigten geübt, sondern allen,
welche das geforderte Pachtgeld zahlten, zugestanden. Auch
hier zeigt sich die nach dem 30jährigen Kriege fort und fort
gesteigerte Tendenz, neue Geldquellen aufzufinden.

In der Brandenburg-Magdeburgischen F.O. v. 1687 wurde
den Unterthanen und Fremden die Weide erlaubt, wenn sie
»an einigen Orten ohne Schaden der Gehölze, Gehege und der
Wildbahn« nach dem Ermessen des Oberforstmeisters geschehen
könnte. Die Preussische F.O. v. 1720 dagegen weist besonders darauf hin, dass in den »Gehegen und Wildfuhren durch
Einnehmung von einigem Vieh, wo gute Weide vorhanden,
einiger Vorteil« für die königliche Kasse verschafft werden
kann. Deshalb sollen die Beamten und Bediensteten »dahin
sehen, dass hierunter nichts negligieret und verabsäumt werde,
wie denn die Hütung in den Heiden und Wäldern sowohl an
die Unterthanen als Fleischer und Schlächter jedesmal auf sechs
Jahre gegen ein Gewisses verpachtet und in den jährlichen
Etats eingeführt werden soll«. Der Weidehafer der Berechtigten sollte fortan »an Gelde erlegt werden«.

Die Pommerische F.O. v. 1777 gestattet »die Hütung in
den Forsten niemand als denen, die entweder dazu ausdrücklich konzessioniert sind oder die solche Servitut auf andere
rechtliche Art erlangt haben oder d a f ü r W e i d e g e l d   n a c h

---

*) v. 1792; Moser, A., XIV, 294.

den an jedem Orte üblichen Sätzen erlegen«, und
verlangt, dass die in Schonung gelegten Flächen im Interesse
des ungehinderten Weidegangs nie mehr als ¼ der Gesamtfläche
des Reviers betragen sollen.

Die Nassauische F. u. W.O. v. 1713 schränkt das »Schlag-
weishauen« des Klafter- und Brennholzes ein, da hiegegen vor-
gestellt worden ist, dass solches wegen der kleinen Distrikte
und des abgehenden Weidgangs nicht allerorten zu bewerk-
stelligen sei; den Unterthanen solle aber soviel thunlich der
notdürftige Weidgang gelassen werden. Durch Verordnung
v. J. 1761 wurden bei eingetretenem Futtermangel auch die
eingehegten Distrikte der Weide geöffnet.

Nach der Baden-Badischen F.O. v. 1686 haben die Forstleute, falls sich im fürstlichen »Forst- und Wald« »unver-
liehene Weiden« befinden, zu berichten, »ob wir es selbst mit
eigenem Vieh beschlagen, oder aber Kommunen für ihre Zucht,
oder Metzgern zur besseren Belegung der Metzig und Fleischbänke verleihen wollten« und »umständlich, wie es beschaffen
und wie solche Weiden zum nützlichsten Eintrag zu bringen
schriftlich zu erinnern«. Wer sich über Besitz des Weiderechts
nicht genugsam »durch schriftlichen Schein der Bewilligung«
ausweisen kann, dem wird die Weide gekündigt.

Obwohl seit Beginn des 18. Jhrhdts. immer mehr und
mehr in die entfernteren Waldgebiete zurückgegriffen wurde,
so gab es doch noch sehr grosse Komplexe, deren Abgeschlossenheit jede rationelle Holznutzung ausschloss und in denen
neben der Kohle H a r z , A s c h e und T h e e r die einzigen
Produkte waren, welche den Wald dem Markte ökonomisch
näher zu bringen vermochten. Im Solling hatte das Buchenholz im Innern des Waldes zu Anfang des 18. Jhrhdts. einen
so schlechten Absatz, dass 2395 Buchen zu Asche verbrannt
wurden. Dieselben lieferten 82 Ztr. 2ʒ ꝓ Pottasche. Ausserdem wurde noch für 270 Thlr. Holz zum Aschenbrennen verkauft *).

---

*) Pfeil, Krit. Bl. 1845, I, p. 124.

Unter solchen Umständen wurde das Aschenbrennen und Harzen in sehr vielen Ländern fortgesetzt.

Die Preussische F.O. v. 1720 gebietet, dass in den entlegenen Heiden, »wo viel Lagerholz verderben und umkommen muss, weil es wegen der Ferne nicht zu nutzen«, gewisse Pottaschensieder angesetzt werden, die die Pott- und Weideasche um gewissen Macherlohn liefern müssen.

Nach der H.O. für Schlesien und Graz v. 1750 ist zwar die Neuanlage von Glashütten, Pottaschensiedereien und Pechschwelereien »ohne Approbation« verboten, in den Gegenden aber, »wo überflüssig Holz vorhanden und die Forsten so entlegen sind, dass wegen des schweren Transports der Debit des Holzes nicht geschafft werden kann«, dürfen solche Gewerke angelegt werden, »um einen wirtschaftlichen Nutzen aus den Forsten zu ziehen«.

In den Waldungen Pommern's sollten »die Theeröfen alle 6 Jahre an den Meistbietenden verpachtet werden«. Als Bedingung war gestellt, dass kein anderes als »Stuben-Kienholz zum Ausbrennen genommen und die Schwelbäume oder das Holz zum Bratfeuer nach der Taxe verkauft, der Theer nicht über die festgesetzte Taxe abgegeben und der Pacht zu einem Vierteil in Gold bezahlt werde«. Glashütten durften in den Forsten angelegt werden, »woraus wegen Entlegenheit kein Brennholz-Debit zu machen«. »Die Beuten und das Aschenbrennen sollen aber keineswegs in den Forsten geduldet werden, da es zum Verderben des Holzes gereichet und dadurch Feuerschaden entstehen kann«.

Am ärgsten scheinen die Glasmacher im Spessart gehaust zu haben. Laut der Churmainzischen F.O. v. 1744 waren die Glashütten »in der Kellerei Rothenbuch (Rodenbuch) zu ganzen Dorfschaften angewachsen *), also dass die Unterthanen an der Zahl gar zu sehr überhand genommen und bei Abgang der nötigen Baufelder ihre Nahrung fast alleinig in den

---

* Nach dem Spessarter Försterweistum v. 1589 sollten »nicht mehr in dem Spessart sein denn vier Hütten, die da Glas machen« !

Waldungen mit deren augenscheinlichen Verderb und Ruin
suchen«. Die fernere Ansiedlung von Glasmachern wurde daher
verboten.

In den altbayerischen Landen durften die vorhandenen
Theeröfen, weiche einen Zins zahlten, beibehalten werden, wenn
es den Waldungen nicht schädlich war und nur liegendes Kienholz verwendet wurde.

Durch die Churpfälzische F.O. v. 1711 wurde das Harzen
ganz abgeschafft, »ausgenommen in den fern- und ungelegenen
Wäldern, daraus man das Holz nicht zu Nutzen bringen kann«.
»Dürre Tannenbäume, abgebrochene Stumpen und alte kurze
Erdstöcke mit den Wurzeln sollen in Pechöfen zu Theer oder
Karchschmier gebrannt werden«.

Aehnliche Bestimmungen waren auch in Baden geltend.

Ein Patent für den Oesterreichischen Breisgau v. 12. Novbr.
1768 verbietet aufs strengste das Aschenbrennen, »es wäre
denn Sache, dass die Waldungen auf steilem Gebirge und solchen Gegenden sich befinden, wo das schlagbare Holz nicht
abgeführt, geflösst und wegen Entlegenheit nicht an den Mann
gebracht werden könnte«.

Das Streurechen erlangte nach dem 30jährigen Kriege
und speziell gegen Ende des 18. Jhrhdts., nachdem durch die
allgemeine Einführung des Kleebaues in der Landwirtschaft
die Sommerstallfütterung des Rindviehes und der Schafe Regel
geworden war, eine masslose Ausdehnung und wurde von den
Landesfürsten mit wenigen Ausnahmen *) in der guten Absicht,
die Landwirtschaft zu unterstützen, meist ohne jedes Entgelt
zugelassen. Trotzdem finden sich aber in den Forstordnungen
wenige Angaben hierüber, ja die meisten schweigen sich hierüber
gründlich aus, was nur dadurch zu erklären ist, dass man
diesen Nutzungen nicht die forstliche Bedeutung beilegte, welche
sie leider für den Waldzustand hatten **). Dann aber kommt

---

*) In Hessen-Cassel sollte noch nach der F.O. v. 1682 das »Laub-
streifen, weil dasselbige in dem jungen Holz schädlich ist, abgeschafft und
nicht gelitten werden«.

**) Eine Ausnahme hievon machte Florinus, der, obwohl Land-

hinzu, dass die Bauern sich durch Bestechung der Forstbediensteten sehr oft mehr Streu zu verschaffen wussten, als ihnen
rechtlich zustand, eine Defraudation, welche in einzelnen Gegenden noch bis tief in das 19. Jhrhdt. herein blühte und deren
endgültige Beseitigung heute noch bei manchen Landwirten
»die guten alten Zeiten« schmerzlich vermissen lässt.

Ein fürstl. Speierisches Reskript v. 1. Septbr. 1770 gibt
genauen Aufschluss über die bei der Streuabgabe gehandhabte
Praxis mit den Worten: »Es ist uns längstens bekannt gewesen und haben es niemals billigen können, dass an allen
Orten und Enden das Laub in herrschaftlichen Waldungen
von den Unterthanen gesammelt zu werden gegen eine
sichere Abgift vor die Jägerei erlaubt gewesen, daher wir
solches wegen unserer Unterthanen zwar nicht ganz abstellen,
jedoch dahin limitieren und restringieren, dass allein in hohen
Waldungen das Laubsammeln dergestalt gestattet sein solle,
dass der mit Gefährt Laub sammelnde Unterthan nicht in die
Walddicke fahre«. Durch eine spätere Verordnung v. 1744 wird
der Gebrauch eiserner Rechen verboten und zugleich verfügt, dass
»das Laubsammeln nicht alle Jahre in einem und dem näm-
lichen Distrikt angewiesen werden, sondern ein Distrikt 3—4
Jahre verschont bleiben solle«.

In den Oesterreichischen F.O. v. 1766 und 1786 wird das
»Laub- und Streurechen, in so weit die Notdurft der Unterthanen es fordert, nur in solchen Hochwäldern erlaubt, wo der
Vieheintrieb erlaubt ist. Doch soll dieses niemals mit eisernen,
sondern hölzernen Rechen und in der Herbstzeit geschehen
und mit dem Bezirke jährlich abgewechselt werden, um einem
Orte nicht durch das mehrere Jahre hindurch folgende Rechen

---

wirt, schon 1702 gegen den übermässigen Bezug von Waldstreu (»Wald-
mist«) eiferte. Fraas, Gesch. 1865 p. 506. Dagegen ermahnt Döbel in
seinen »Jägerpraktika 1746« zum herzhaften Zugreifen nach Waldstreu:
»derowegen ich das Streurechen zwar nicht gänzlich verwerfe, sondern
vielmehr den Haushaltungs- und Ackerbauliebhabenden anbei animiren
will, dass er sich des Streulaub- und Moosrechens befleissigen möge«.
(III, 67.)

die zum Wachstum unentbehrliche Decke zu
nehmen«.

Welche Streuquantitäten aus den Waldungen Bayerns gezogen wurden, lässt sich aus den Verordnungen von 1763 und
1778 schliessen. Darnach sollte in der Ebene und in den
Wildbahnen am 15. März mit dem Rechen begonnen werden.
Ein ganzer Hof erhielt jährlich zwanzig, ein halber zehn Wagen Streu. Vom 1. Mai bis 15. Juli und
vom 1. Septbr. bis 15. Oktober war das Streurechen in den
Wildfuhren einzustellen, vom 1. Novbr. ab in allen Waldungen.
Ein Teil der Waldungen sollte jährlich abwechselnd zum Streurechen unentgeltlich den Berechtigten angewiesen werden.
Wenn keine Streuberechtigten vorhanden waren, so sollte nach
der Verordnung v. 14. März 1789 die Nadel- und Laubstreu
fuderweis zum Besten des Aerario an die benachbarten
Unterthanen, so wie sie sich jährlich melden, ohne jede Parteilichkeit verkauft werden. Junge Hölzer sind mit dem Streurechen zu verschonen. Im hohen Gehölze darf ein dreijähriger
Turnus eingehalten werden. Die Moosstreu sollte ebenfalls jährlich meistbietend verkauft werden. Gegen den eingerissenen
Missbrauch, die Streu platzweise und pauschaliter anzuweisen,
wurde unter dem 25. Juni 1796 eine Verordnung erlassen und
hierin besonders betont, dass dieselbe fuderweise um einen an-
gemessenen Preis zu verkaufen sei und das Streurechen jederzeit auf eine dem Wald unschädliche Art geschehe*).

In Nassau wurde durch die F.O. v. 1726 und 1748 das
Streurechen noch wesentlich eingeschränkt, 1749 gänzlich verboten, »weil die Wurzeln und jungen Pflanzen beschädigt werden«, durch die W.O. v. 1757 aber wurde dasselbe bei eingetretenem Strohmangel mit hölzernen Rechen in allen Waldungen
gestattet. Nach einer Verordnung v. 1779 durfte der »Be-
spannte« alle 14 Tage, der »Unbespannte« alle 4 Wochen einen
Karren voll Streu holen.

---

*) Behlen und Laurop, Syst. Sammlg. 4. Bd. II, p. 68 u. 192.